비극의 탄생 02

시민을 위한 예술을 말하다

디오니소스의 예술

비극의 탄생 02 디오니소스의 예술
시민을 위한 예술을 말하다

펴낸날 | 2023년 10월 25일

원저 | 프리드리히 니체
번역과 주해 | 이남석

편집 | 정미영, 이승희
디자인 | 랄랄라디자인, 김대진
마케팅 | 홍석근

펴낸곳 | 도서출판 평사리 Common Life Books
출판신고 | 제313-2004-172 (2004년 7월 1일)
주소 | 경기도 고양시 덕양구 중앙로558번길 16-16, 7층
전화 | 02-706-1970 팩스 | 02-706-1971
전자우편 ! commonlifebooks@gmail.com

2023 © 이남석

ISBN 979-11-6023-338-4 (94160)
ISBN 979-11-6023-336-0 (세트)

FRIEDRICH

NIETZSCHE DIE GEBURT

DER TRAGÖ

DIE

비극의 탄생 02 디오니소스의 예술
시민을 위한 예술을 말하다

프리드리히 니체 원저 | 이남석 번역·주해

평사리
Common Life Books

2권을 읽기 전에

　2권은 주로 디오니소스적 예술을 다룬다. 비극의 디오니소스적 요소는 서정시(5장), 민요(6장), 합창가무단(7장과 8장), 디오니소스적 영웅(9장과 10장)이다. 니체는 서정시와 민요를 주로 음악적 측면에서 설명하고, 합창가무단을 예술적 측면과 철학적 측면에서 다루고, 디오니소스적 영웅을 비극의 주인공의 측면에서 다룬다.

　2권에서 니체는 우리의 기존 독서 상식을 완전히 깨뜨리는 놀라운 주장을 한다. 그 놀라운 주장에 전율을 느끼지 못한다면, 심하게는 니체의 주장에 덜덜 떨지 않는다면, 2권에서 감동을 느낄 수 없고 이해할 수도 없다. 극단적으로 말하면 우리는 니체의 주장에 온몸을 덜덜 떨며 눈물을 흘리며 감동을 해야 한다. 니체는 비극을 언어와 문자로 전달하는 내용과 도덕과 윤리 등의 가치 중심적 책읽기가 아니라 음악으로 느껴야 한다고 폭탄선언을 한다.

　'비극의 음악적 읽기'는 고전문헌학을 전공하고, 각 언어에 내재된 운율의 느낌을 알아야만 주장할 수 있는 니체만의 혁명적 선언이다. 번역된 글로 그리스 비극을 접할 수밖에 없는 우리로서는 전혀 이해할 수 없는 주장이다. 그럼에도 우리는 니체의 주장을 편견 없이 몸으로 느끼고 머리로 수용해야만 한다. '비극의 음악적 읽기'는 니체가 기존의 모든 사상과 단절하고 전혀 새로운 길을 개척할 수 있었던 핵심 토대이기 때문이다.

5장은 서정시를 다룬다. 니체는 디오니소스적 예술의 첫 번째로 지극히 주관적인 감정을 표현하는 서정시를 다룬다. 그는 고대 서정시인 아르킬로코스를 예로 들어 설명한다. 그는 서정시가 지극히 주관적인 예술임에도 불구하고 시대와 공간을 넘어 어떻게 만인의 공감을 불러일으키는가를 알려 준다.

그는 실러의 시창작론을 수용한다. 그는 서정시인이 시를 쓸 때 말이나 언어를 먼저 생각하지 않고 음악을 먼저 떠올린다는 실러의 주장을 수용한다. 시정시에는 이미 음악이 있으며, 음악은 모두가 공감하는 공통적인 갈망을 드러낸다고 니체는 주장한다.

니체는 서정시란 개인적 감정을 표현한다는 점에서 소문자인 나(ich)의 주관적인 감정을 표현하지만 모두가 공감하는 나(Ichheit)를 표현한다고도 말한다. 그는 주관적인 나인 소문자 나(ich)가 객관적인 나인 대문자 나(Ich)를 뛰어넘어 어떻게 모두가 공감하는 나(Ichheit)로 발전하는지를 살펴보라고 말한다.

니체는 실러의 견해를 바탕으로 서정시인이란 음악가라고 주장한다. 또한 니체는 쇼펜하우어의 노래의 본질론을 바탕으로 주관과 객관이 통일된 예술, 다시 말하면 예술 창조자는 개인의 감정을 표현하는 예술가이지만 그 역시 모든 사람이 공감하는 예술의 대상이 된다는 점에서 예술 작품이 된다는 놀라운 결론을 내린다.

6장은 뜻밖에 민요를 다룬다. 6장은 민요의 음악 철학적 고찰이다. 니체는 고대 서정시인 아르킬로코스가 서사시의 장단단(육절운율)이 아닌 민요의 단장격(이암보스격)을 문학에 도입했다고 말한다. 엄밀하게 말하면 아르킬로코스가 민중이나 하층민이 주로 노래하던 민요의 단장격을 서정시 안에 받아들였다고 니체는 주장한다.

니체는 민요가 호메로스의 서사시와 맞먹을 만큼 중요하며, 엄청난 전파력을 가졌다고 말한다. 니체는 민요란 누구나 다 입으로 흥얼거리는 근원적인 선율에 수없이 많은 가사가 달라붙는다고 말하면서, 음과 음악이 가사보다 중요하다고 주장한다. 민요에 따라붙는 가사들은 주로 서사시보다 서정시라는 사실에 유의할 필요가 있다.

니체는 이미 아르킬로코스 때부터 가사가 음악을 모방하고 있다고 말하며, 음악이 중심이고 가사는 부수적이라고 주장한다. 니체는 선율보다 가사가 더 중요하다고 생각하는 플라톤과 대척지점에 섬으로써 새로운 철학의 세계로 나갈 준비를 한다.

나아가 니체는 베토벤의 《전원》교향곡을 예로 들면서 같은 곡을 들어도 서로 다르게 표상한다고 주장한다. 하나의 음악을 듣고 서로 다른 생각을 한다는 그의 주장은 이미 기표와 기의의 불일치 현상을 예감케 한다.

니체는 이데아를 모방한 다른 예술들과 달리 쇼펜하우어의 '음악은 의지'라는 주장을 수용하고, 음악을 이데아의 또 다른 표현이라는 놀라운 형이상학적 주장을 한다. 니체는 이런 음악론에 근거하여 자신의 형이상학을 정초한다.

언어보다 음악이 앞서는 서정시(5장)와, 가사보다 근원적인 선율이 중심인 민요에 주의를 기울이자. 니체는 서정시와 민요를 통해 디오니소스적인 것이란 언어, 말, 개념이 아니라 선율과 음악이라고 말한 셈이다.

7장과 8장은 합창가무단을 다룬다. 니체는 합창단에 관한 우리의 일반 상식을 산산이 깨부순다. 니체는 합창단을 합창가무단으로 이해해야 한다고 주장한다. 우리가 고대 비극을 전혀 이해할 수 없었던 건, 합창단을 노래만 부른다고 생각하는 일반 상식 때문이다. 고대 비극의 합창단은 노래만 부르는 합창단이 아니라 춤추고 노래를 부르는 합창가무단이다.

7장과 8장은 파격적인 합창가무단을 다룬다. 7장은 합창가무단이 무엇인가라는 문제를 다룬다면, 8장은 합창가무단의 역할과 기능을 중심으로 다룬다.

7장은 우리가 알고 있는 노래만 부르는 합창단이 아니라 춤추고 노래 부르는 합창가무단이 무엇인가를 다룬다. 니체는 합창가무단에 대한 다양한 주장들, 아리스토텔레스에 근거한 민중설, 슐레겔의 이상적 관객설, 실러의 코로스론을 비판적으로 검토한다.

니체는 실제 현실과 무대 위 가상 세계를 구분해 주는 실러의 코로스론을 기본적으로 수용한다. 그는 합창가무단이 무대 앞에서 춤추고 노래 부름으로써 관객들이 무대 위 가상 세계를 마치 실제세계인 것처럼 받아들이게 된다고 주장한다. 오케스트라가 무대 앞에 있는 오페라나 뮤지컬 공연장을 연상하면 니체가 말한 합창가무단은 쉽게 이해가 된다.

　니체는 합창가무단이 곧 비극이며, 합창가무단이 형이상학적 위로를 준다고 말한다. 형이상학적 위로란 인간의 삶이 고통스럽고 유한함에도 불구하고 고통과 유한함에서 벗어나게 해 주는 걸 뜻한다. 고통과 필멸의 인간이 비극을 보면서 위로받을 수 있는 건 사티로스로 구성된 합창가무단 덕분이라는 것이 니체의 주장이다. 합창가무단은 1권에서 아폴론적 예술인 조각의 관능미와 서사시의 소박성이 주는 위로와 전혀 다른 형이상학적 위로를 우리에게 전해 준다.

　니체는 여기서 갑자기 도약하여 디오니소스적 인간과 햄릿이 같은 유형의 인간이며, 그들은 행동하는 인간이라고 주장한다. 춤추고 노래하는 사티로스적 인간이 곧 햄릿이며, 그들은 인식하고 반성하기보다는 행동함으로써, 즉 춤추고 노래하면서 환영의 베일 속에서 사물의 본질을 드러낸다. 니체는 곧 사티로스로 구성된 합창가무단이 삶의 무서움과 터무니없음으로부터 인간을 구원한다고 강조한다. 음악을 통한 형이상학적 구원이 여기에서도 드러난다. 자라투스트라가 말하는 춤의 해방성도 이미 사티로스로 구성된 합창가무단에서 나타난다.

　8장은 합창가무단이 실제로 어떤 역할을 하는지를 중심으로 다룬다. 니체는 근대의 양치기와 사티로스 합창단을 구분하면서, 실러의 코로스론에 근거하여 합창가무단이 현실이 쇄도하는 걸 막아 주는 살아 있는 장벽이라고 말한다. 장벽은 한편으로는 무대와 무대 밖을 나누는 역할을 하는 동시에 다른 한편으로는 현실의 고통을 막아 주는 역할을 한다. 관객은 합창윤무단을 바라보면서 디오니소스적인 자신을 찾아낸다. 이점에서 합창가무단이란 디오니소스적 대중의 환영이라고 니체는 주장한다.

니체는 근대의 개념 통합적 은유론을 비판하면서 미학적 현상이란 추상적인 것이 아니라 살아 있는 놀이라고 주장하고, 진정한 시인이란 내적인 본질을 투시하고 드러내는 자라고 말한다. 합창가무단은 아폴론적 파이안과 달리 자신이 가지고 있는 개별성을 포기하고 전체 속의 하나가 되는 현상을 발휘한다. 관객은 합창가무단을 바라보면서 자신도 전체 속의 일부가 되고 사티로스와 같은 상태에 빠진다. 관객은 비극을 관람하면서 형이상학적 세계로 하나가 된다.

니체는 합창가무단이란 디오니소스적으로 흥분된 전체 대중의 상징이라고 결론짓는다. 이에 따르면 우리는 곧 사티로스이자 합창가무단이며, 디오니소스신을 받드는 존재로서 개별적인 존재가 아니라 하나가 된 전체가 된다. 아폴론이 개별화의 신이라고 한다면, 디오니소스는 융합화의 신으로 등장한다. 우리가 극예술을 보면서 극에 통합되고, 공통의 감정을 갖는 것은 바로 디오니소스적 예술의 효과임이 더욱 분명해진다.

니체는 디오니소스의 화신인 합창가무단을 설명하면서도 아폴론적인 것의 역할을 잊지 않는다. 비극 안에서 합창가무단에 의한 관객의 극과의 통합 효과를 인정하면서도 아폴론적 꿈의 상태, 다시 말하면 비극이 형상으로 다가온다는 점에서 아폴론적 예술의 힘을 망각해서는 안 된다고 니체는 강조한다.

9장과 10장은 비극의 주인공론(영웅론)을 다룬다. 니체는 여기서도 우리의 상식을 전복한다. 그는 3장에서 아폴론을 올림포스 세계의 아버지로 해석했다. 꿈의 신이자 형상의 신인 아폴론은 제우스와 올림포스의 다른 모든 신들의 아버지로 격상된다. 올림포스 신화를 전복적으로 해석한 니체는 또 다른 전복적인 주장을 한다. 그는 비극의 영웅 또는 주인공들이 디오니소스의 또 다른 분신에 지나지 않는다고 말한다.

9장은 오이디푸스를 수동적 영웅으로, 프로메테우스를 능동적 영웅으로 다룬다. 오이디푸스는 수동적 영웅이다. 그는 자신의 의지와 무관하게 이미 정해진 운명에 의해 아버지를 살해하고 근친상간을 하기 때문이다. 프로메테우스는 능동적 영웅이다. 그는 제우스가 아들 신들에 의해 죽임을 당한다는 신탁과 인간에 대한 사랑 때문에 벌을 받는다는 걸 알면서도 최고 신 제우스에 저항하고 싸우기 때문이다.

니체는 수동적 영웅과 능동적 영웅을 설명하면서 명랑성에 관한 기존 상식을 또 깨뜨린다. 우리는 명랑성을 '슬퍼하지 않고 즐거워하는, 힘들어 하지 않고 유쾌하다.'라고 말한다. 니체는 이를 파괴한다. 그리스적 명랑성이란 극심한 고통 뒤에 오는 진정한 기쁨, '가혹한 긴장 뒤에 얻어지는 행복'이라고 니체는 선언한다. 그는 오이디푸스도, 프로메테우스도 엄청난 고통을 겪고 난 다음에야 타인에게 행복과 기쁨을 나눠 주고 스스로도 안락한 상태에 접어든다고 증명한다.

니체는 한발 더 나간다. 그는 프로메테우스를 아폴론과 디오니소스의 통합적 존재로 설명한다. 프로메테우스는 디오니소스의 분신이며, 동시에 제우스와 다른 프로메테우스적 올바름을 실천한다는 점에서 아폴론적인 올바름의 계승자이다. 프로메테우스는 아폴론과 디오니소스를 통합한 비극의 중요 주인공이 된다.

9장은 니체의 사상에서 중요한 내용을 맹아적 형태로 드러낸다. 니체는 그리스 비극을 중심으로 대화의 한계와 춤의 중요성, 여성적 종교로서 기독교에 대한 비판과 '신은 죽었다'의 맹아를 드러낸다. 니체는 또한 '현명한 마법사는 근친상간에서만 태어날 수 있다는 이야기'라는 복선을 던져 놓는다. 이 복선은 24장에서 충분히 설명된다. 근친상간에서 태어난 현명한 마법사 지크프리트는 모든 질서를 파괴하는 존재로 나타난다.

10장은 디오니소스의 분신인 비극의 주인공이란 누구인가를 다룬다. 니체에 따르면 비극의 주인공들은 결코 죽지 않는다. 그들은 디오니소스의 분신들이기 때문이다. 디오니소스는 거듭 태어나는 자이다. 그는 세 번이나 형태를 달리하고 태어난다.

니체는 거듭 태어나는 자를 통해 인간에게 종교를 믿으면서 사후 영생과 행복을 바라지 말라고 넌지시 말한다. 인간은 태어나면 오이디푸스와 프로메테우스처럼 고통을 겪지만, 마침내는 행복을 얻는 존재로 거듭 태어날 수 있다는 것이 니체의 기본 사상이다. 사후 영생과 행복을 위해 종교에 의지하지 말라는 니체의 기본 사상은 디오니소스의 분신으로서 비극 주인공들에 이미 내재되어 있다.

니체는 프로메테우스가 결국 제우스에게 승리를 거두는 것처럼 비극의 영웅들이 호메로스의 신화를 고색창연하게 만든다고 강조한다. 비극에 의한 호메로스 신화의 교체는 자연스러운 신화의 교체 현상이다. 니체는 자연스러운 신화 교체 현상과 달리 신화가 죽임을 당하는 신화의 소멸 현상도 다룬다. 역사적 근거가 신화를 재해석하고 재단하는 경우이다. 현재 우리가 접하는 일반적인 신화의 소멸 현상이다.

니체는 10장 마지막 절에서 3권에서 다룰 내용을 고지한다. 그는 고대 3대 비극 작가 중 하나인 에우리피데스가 신화를 파괴하는 자라고 규정한다. 에우리피데스가 디오니소스를 떠나자, 아폴론마저 비극을 떠나고, 결국 비극은 종말을 고한다고 니체는 주장한다.

차례

일러두기

* 이 책은 *Friedlich Nietzsche: Die Geburt der Tragödie Oder Griechenthum und Pessimismus*을 원본으로 삼았다.
* 원문의 굵은 글씨는 원서를 따랐다.

서정시와 서정시인

1. 주관적 감정의 보편적 감정으로 전환

이제$_{jetzt}$[1] 우리는 우리 탐구의 고유한 목적에 근접했다. 우리의 목적은 디오니소스적-아폴론적 작가와 그 예술 작품의 인식이며, 그것도 아니면 최소한 저 신비한 도입부의 불안한 이해[2]에 다가가는 것이다.

여기서 우리는 이제$_{jetzt}$ 곧장 다음과 같은 문제를 던져 보자. 나중에 비극과 디티람보스적 드라마로 발전하게 되는 저 새로운 맹아가 헬레니즘 세계 어디에서 처음 나타나는가.[3] 이것에 대해 고대는 우리에게 비유적인 설명을 제시한다. **호메로스**와 **아르킬로코스**를 그리스 시의 선조이자 봉화주자로서 조각품, 보석 등등에 나란히 각인했다면,[4] 이 두 작가가 불의 강으로부터 전 그리스 세계로 스며드는 완전한 본래 창조자들로 여겨졌음을 뜻한다.[5]

나이가 들어 침잠해 가면서 꿈꾸는 자이자 아폴론적이며 소박한 예술가의 전형인 호메로스는 삶을 야수적으로 살아가면서 전투에 참여한 뮤즈 여신의 시종인 아르킬로코스의 격정적인 정신을 입을 떡 벌린 채 바라본다.[6] 최근의 미학은 여기에서 '객관적인' 예술가가 최초의 '주관적인' 예술가에 직면했다라고 덧붙일 뿐이다. 우리 입장에서 본다면, 이러한 설명은 거의 도움이 되지 않는다. 왜냐하면 우리는 주관적 예술가를 형편없는 예술가로 간주하고, 예술의 장르와 격조에서 무엇보다도 먼저 주관적인 것의 극복, '대문자 나 Ich'로부터, 나아가 저 개인적인 의지와 갈망으로부터 해방을 요구하며, 더 나아가 객관성이 없다면, 자신과 무관하게 순수한 관조가 없다면 최소한의 진정한 예술적 생산이 불가능하다고 생각하기 때문이다.[7]

그 때문에 우리의 미학[8]은 모든 시대의 경험에 의거해 본다면 항상 '소문자 나 ich'[9]를 말하며 자신의 격정과 욕망의 전체 반음계를 우리에게 끝까지 들려주는 '서정시인'이 왜 예술가인가라는 저 문제를 우선적으로 풀어야만 한다. 이러한 아르킬로코스는 호메로스 곁에서[10] 자신의 증오와 경멸을 외치고, 술 취한 채 자신의 욕망을 폭발시켜서 우리를 경악하게 만든다.[11] 그렇다면 최초의 주관적 예술가로 명명될 아르킬로코스는 본래 고유한 의미에 따르면 비예술가가 아닌가? 하지만 '객관적' 예술의 발상지인 델포이의 신탁이 그에게, 시인에게 상당히 주목할 만한 신탁을 표시한 존경은 어디에서 비롯하는가?[12]

1. 니체는 5장에서 '이제jetzt'를 무려 11번이나 사용한다. 11장에서 놀랍게도 14번, 19장에서도 9번을 사용한다. 왜 이렇게 이 단어를

많이 사용하는가라는 의문이 당연히 든다. 별 뜻이 없다면, 그냥 습관적으로 사용한 것일 수도 있다. 습관적 사용이라면 다른 장에서도 빈번하게 사용하고 있어야 한다. 하지만 그렇지 않다.

　이유를 찾아본다면, 우선 니체에게서 약간의 조급증이 있음을 유추해 볼 수 있다. 니체가 5장과 11장의 집필이 쉽지 않았기에 논리 전환용으로 자주 사용한 것은 아닌가 추측해 본다. 둘째, 니체가 이전까지 없었던 새로운 문제의식을 가지고 '이제' 새롭게 이 문제에 접근한다는 것을 보여 주기 위해 사용한 것은 아닌가 추측해 본다. 마지막으로 니체가 자신의 문제의식이 중요함을 강조하기 위해 사용한 것이 아닌가 추측해 본다.

　다만 확실한 것이 있다. 5장과 11장은 새로운 문제의식이 시작되는 장이라는 점이다. 5장은 디오니소스적 예술을 창조적으로 해석하기 시작하는 장이고, 11장은 소크라테스와 소크라테스적인 예술을 비판적으로 바라보기 시작하는 장이다. jetzt는 그 새로운 시작을 알리는 니체의 다양한 생각과 마음을 표현한 말인 듯 싶다.

　왜 이렇게 이 단어를 많이 사용했는지 확실히 알 수는 없다. 죽은 자는 말할 수 없기 때문이다. 산 자만이 죽은 자에게 물어보고 추론할 수 있다. 'jetzt'가 나오면 니체가 왜 사용했는지, 그 상황에서 어떻게 이용하는지 유추해 보는 것도 글을 읽는 데 재미를 줄 듯하다. 번역문에서는 9장, 11장, 14장에서 'jetzt'란 단어가 나오면 내용에 따라 '이제', '이제부터', '현재', '지금', '오늘날' 등으로 번역하고, jetzt를 옆에 표기한다.

2. 1장 도입부의 내용을 말한다. '불안한'은 'ahnungsvoll'을 옮긴 것으로 '불길한 예감이 드는'이라는 뜻도 있다. 아폴론적인 것과 디

아르킬로코스를 주조한 기원전 2세기의 은화(왼쪽). 왼손에는 리라, 오른손에는 픽을 들고 있다. 동전 뒷면에는 디오니소스가 새겨져 있다. 호메로스(중간)와 아폴론(오른쪽)이 그려진, 기원전 190~30년에 주조된 은화. 호메로스는 볼에 오른손을 대고 앉아 있고, 아폴론은 술잔과 키타라를 들고 서 있다.

오니소스적인 것의 결합으로서 비극을 서술한 이 책을 일반 독자나 전문적인 학자가 '불안하게' 바라보거나 '불길하게' 바라본다는 의미에서 니체는 이 말을 쓴 듯하다. '불안하게'는 과연 니체가 논증을 제대로 할 것인가를 말하고, '불길하게'는 니체의 이 책이 사회에 끼칠 해악을 뜻한다고 보면 된다.

3. 5장의 첫 번째 문제의식이다. 니체는 그리스 비극과 디티람보스 드라마는 어디에서 출발하는가라는 가장 근원적인 문제를 던진다. 그리고 그 답으로 서정시와 서정시인 아르킬로코스라고 제시한다.

4. 아르킬로코스는 그리스 최초의 서정시인이다. 그는 기원전 7세기 무렵에 활동한 것으로 알려졌으며, 전사이자 시인이다. 주로 신들과 영웅을 노래한 서사시의 전통에서 탈피하여, 그는 개인의 주관적인 감정과 개인의 고뇌와 사랑, 연민, 신세 한탄, 삶의 소중함 등을 시로 노래했다.

우리에게 호메로스는 익숙하지만 아르킬로코스는 무척 낯설다. 자세한 정보를 구할 수 없지만 고대 주화에는 호메로스를 새긴 것도 있고, 아르킬로코스를 새긴 것도 있다고 한다. 아르킬로코스가 주화에 새겨져 있을 정도라면, 그리스인들은 아르킬로코스를 호메로스만큼이나 대단한 시인으로 여겼다고 볼 수 있다.

5. '불의 강Feuerstorm'으로 니체가 무엇을 말하고 싶어 하는지 정확하게 알 수 없다. '불의 강'이란 용어는 포도주와 연관된 것으로 생각된다. 1874년 요한 스트라우스 2세는 오페라 〈박쥐〉에서 샴페인의 노래라는 〈포도주가 불같이 흐르는 강In Feuerstorm der Reven〉이란 곡을 만든다. 니체가 여기서 '불의 강'을 인용했을 리는 없다. 왜냐하면 『비극의 탄생』은 1872년에 출판되었기 때문이다. 하지만 샴페인의 노래가 입에서 입으로 전해지는 구전 노래라면, 니체가 이런 구전에서 '불의 강'을 따왔을 수도 있다.

베르디는 1853년 오페라 《라트라비아타》에서 〈Brindisi(축배의 노래)〉라는 곡을, 모차르트는 1787년 《돈 조반니》에서 샴페인의 노래로 알려진 〈fin ch'han dal vino(큰 연회를 위하여)〉라는 곡을 만든다. 이 노래들은 포도로 만든 포도주와 관련이 있으며, 술자리의 즐거움을 더 흥겹게 만드는 공통점이 있다.

'불의 강'은 포도, 포도주, 불처럼 붉게 달아오르는 얼굴, 흥겨운 연회장, 음주 뒤 흥겨움의 빠른 전염을 보여 준다. 니체는 '불의 강'이란 표현을 통해 서정시인 아르킬로코스가 서사시인 호메로스가 지배하는 그리스 세계에 빨리 알려졌음을 보여 주었다고 유추할 수 있다.

6. 앞을 볼 수 없는 장님인 호메로스가 아르킬로코스를 본다는 것은 앞뒤가 맞지 않는다. 호메로스와 아르킬로코스는 태어난 시대도 다르다. 호메로스는 히오스섬에서 태어났으며 아르킬로코스는 파

자신의 시를 낭독하는 호메로스 (토마스 로렌스, 1790년, 영국의 테이트)

로스섬에서 태어나서 서로 볼 기회도 없었다. 더구나 호메로스는
유랑하는 시인이었으며, 아르킬로코스는 전투에 참여하며 살아갔
던 전사였으므로 만날 기회가 거의 없었을 것이다. 만났다 할지라
도 서로 알아보지 못했을 것이다. 그럼에도 니체는 비유적으로 호
메로스가 아르킬로코스를 본 것처럼 묘사한다. 이 문장은 여러 의
미로 살펴볼 수 있다.

하나는 시간적인 측면이다. 호메로스는 기원전 9~8세기 사람이

영웅 숭배 대상으로서 아르킬로코스가 비스듬히 누워 있는 모습 (기원전 500년경, 파로스의 국립 고고학 박물관 소장)

고, 아르킬로코스는 기원전 7세기 사람이다. 시간적으로 앞선 호메로스가 자신보다 늦게 활동한 아르킬로코스를 보았다는 뜻이 된다. 아르킬로코스는 호메로스의 시를 따라 시를 지었다는 설이 있다. 따라서 이 문장은 호메로스가 자신을 따라 시를 짓는 아르킬로코스를 보았다는 것을 비유적으로 보여 준다.

다른 하나는 내용적인 측면이다. 호메로스는 신과 영웅의 업적을 형상처럼 그려 낸 서사시의 대표자이고, 아르킬로코스는 신화와 영웅의 세계에서 빠져나와 최초로 인간의 감정을 노래한 서정시의 첫 주자이다. 신과 영웅을 찬미하는 서사시인인 호메로스는 인간의 고뇌와 감정, 고통을 적나라하게 드러내는 아르킬로코스가 과연 시인인가 의아해하고 놀랐을 것이다. 니체가 이를 비유적으로 표현한 것으로 추론할 수 있다.

마지막으로 삶을 영위하는 태도와 방법이다. 앞을 볼 수 없는 장님이라는 뜻을 지닌 호메로스는 시를 낭송하며 삶을 영위하는 자라고 한다면, 아르킬로코스는 전사로서 직접 전투에 참여하면서 살아남기 위해서 싸웠고 고뇌했던 자이다. 예술을 위한 예술, 예술 그 자체를 위해 호메로스적인 삶을 살아가는 자는 자신의 삶 자체와 그에 따른 고뇌와 고통을 표현하는 예술가를 이해하기 쉽지 않았을 것이다. 이를 니체가 비유적으로 표현한 것으로 추론할 수 있다.

이를 바탕으로 이 문장을 정리한다면, 신과 영웅의 업적을 형상의 미로 노래하는 서사시인은 개인의 내밀한 감정을 노래하는 서정시인을 이해할 수 없다는 뜻이다.

7. 진정한 예술이란 무엇인가? 모든 사람이 보기에 아름다운 것, 객관적으로 보기에 아름다운 것, 보편타당하게 아름다운 것, 시대와 장소를 떠나 언제 어디서나 아름다운 것이 아름다움을 표현하는 진정한 예술인가? 여전히 우리가 받아들이는 객관적으로 아름다운 예술은 바로 이 기준에 적합한 것이다. 앞에서 니체가 계속 이야기했던 형상미, 정형미를 강조한 아폴론적 예술, 조형예술과 서사시가 바로 이런 예술의 전형이다.

이와 반대로 개인의 증오와 분노 등의 감정을 노출한 예술은 진정한 예술이 될 수 있는가? 현재도 많은 사람은 이런 예술은 객관적인 예술이 아니라고 말한다. 하지만 니체는 주관적 감정을 드러낸 예술도 많은 사람의 공감을 자아낼 수 있다는 점에서 예술이 될 수 있다고 말한다. 이 최초의 예술가가 그리스 최초의 서정시인인 아르킬로코스이다.

8. 앞에서 말한 '최근의 미학'과 여기의 '우리의 미학'은 서로 구분된다. 니체는 '최근의 미학'을 시간상으로는 니체 자신 이전의 미학

으로 이해하며, 내용적으로는 서정시를 주관적 예술 정도로 인지하는 수준에 머문 미학으로 생각한다. 즉, '최근의 미학'은 주관적인 예술이 왜 객관적인 예술을 넘어설 수 있는가를 문제 삼지 않고, 다만 '이런 것도 예술이 될 수 있구나'로 인정하는 수준이다.

니체가 주장하는 '우리의 미학'은 주관적 예술인 서정시가 객관적인 예술이 될 수 있음을 인정할 뿐만 아니라, 이를 더 밀고 나아가 보편적인 예술임을 해명하는 것을 뜻한다. '우리의 미학'은 곧 니체 자신의 미학이다.

9. 우리말 번역 대다수가 완전 오역하는 부분이다. 대문자 나(Ich)와 소문자 나(ich)를 구분하여 번역해야 하는데, 이를 무시하고 같은 말로 옮긴다. 그 결과 내용 파악을 전혀 할 수 없는 이상한 번역이 되어 버린다.

니체는 5장에서 'Ich'를 두 번, 'ich'를 세 번, 'Ichheit'을 한 번 사용한다. '대문자 나 Ich'는 주관적인 나, 경험적인 나, 개별적인 나를 벗어난 객관적인 나, 추상적인 나를 의미한다. '소문자 나 ich'는 현실 속에서 구체적으로 살아가고 경험적 존재로서 주관적인 나, 경험적인 나, 개별적인 나를 말한다. 현실에서 고통받고 고뇌하는 '소문자 나 ich'는 그 고통과 고뇌를 누구나 공감하고 이해할 수 있는 것으로 표현하면 '대문자 나 Ich'가 된다. '보편적인 나 Ichheit'는 대문자 '나'로 표현되어, 저 사물의 근저에서 누구나 공감할 수 있는 나를 말한다.

예를 들어 설명해 보자. 서정시인 아르킬로코스가 현실 속에서 겪는 고통과 고뇌, 분노를 시로 표현하면서 일차적으로 드러나는 '나'는 '소문자 나 ich'이다. 아르킬로코스가 시로 표현한 고통과 고

뇌를 타인이 공감할 수 있게 표현하여 드러난 '나'는 '대문자 나 Ich'
이다. '소문자 나 ich'가 근원적 존재로서, 형이상학적 존재로서 누
구나 그 느낌을 공유할 수 있는 나로 발전하면 '보편적인 나
Ichheit'가 된다. 이 용어의 차이와 의미는 Ichheit가 나오는 곳에서
도표로 다시 설명한다.

10. 고대 서사시인의 대표자인 호메로스와 서사시, 그리고 고대 서
정시인의 대표자인 아르킬로코스와 서정시에 대한 일반적인 차이
를 니체가 지적한 것이다. 서사시가 일반적으로 꿈에서 나타난 '형
상을 위한 형상'을 노래한다면, 서정시는 '감정'을 표현하고[1] '모든
고통과 기쁨, 충동과 이별들을 묘사[2]한다. 서사시가 '형상의 예술'
로서 일종의 정형예술이라고 한다면, 서정시는 '형상의 예술'이 아
니라 '음악으로서 예술[3]'에 해당한다.

　니체는 앞에서 형상예술로서 조각을 설명하면서, 꿈이 우리 눈에
보이는 형상예술로 승화될 수 있는가를 보여 주었다. 우리는 이 형
상예술인 조각을 보면서 아름다움을 느끼고 향유한다. 니체는 이제
서정시가 어떻게 인간이 보편적으로 공감할 수 있는 예술이 될 수
있는가를 설명한다. 형상을 조형으로 표현하는 조각, 형상을 언어
로 그려 내는 서사시와는 달리 서정시는 객관적인 형상을 보여 주
지 않는다. 그럼에도 왜 서정시는 누구나 보편적으로 공감할 수 있
는 예술이 될 수 있는가? 니체는 서정시 안에 이미 음악적 요소가
있기 때문이라고 설명한다.

11. 5장의 두 번째 문제의식이다. 개인의 격정과 욕망을 밖으로 드
러낸 주관적인 예술가가 왜, 어떻게 해서 아폴론적인 객관적인 예
술가와 마찬가지로 진정한 예술가일 수 있는가? 니체는 이렇게 묻

고, 격정과 욕망의 예술가이자 최초 주관적 예술가인 아르킬로코스를 그 예로 설명한다.

12. 이 이야기는 아르킬로코스 아버지 텔레시코스가 전해 들었다고 한다. 아르킬로코스가 소를 팔러 장에 가고 있을 때, 몇 명의 여인들을 만났다. 그 여인들은 몇 가지 익살스러운 대화를 나눈 후에 아르킬로코스에게 소를 팔러 가는 길이냐고 물었다. 아르킬로코스는 그렇다고 대답했고, 그 여인들은 적절한 보상을 할 것이라고 했다. 그 뒤 팔러 가던 소와 여인들은 사라져버렸고 리라만 남아 있었다.

얼떨떨한 상태에서 깨어난 아르킬로코스는 이 이야기를 아버지에게 했고, 아버지는 섬 전체를 뒤져 소와 여인들을 찾으려 했으나 찾지 못했다. 아버지 텔레시코스는 후일 아르킬로코스의 애인 네오불레의 아버지 리캄베스와 함께 델포이의 아폴론 신전에 신탁을 받으러 갔다. 그때 텔레시코스는 "당신의 아들은 불멸이 될 것이다." 라는 신탁을 들었다고 한다.[4]

다시 보기

니체는 왜 고대 그리스의 서정시인 아르킬로코스를 언급하는가? 그 이유를 전체 글 흐름에서 살펴보고, 다른 한편으로는 플라톤을 넘어서기 위한 관점에서 살펴볼 필요가 있다.

우선 글 흐름의 관점에서 보자. 니체는 아르킬로코스라는 서정시인을 통해서 디오니소스적 예술을 도입한다. 니체는 아르킬로코스를 디오니소스적 예술가의 전형으로 평가하면서 5장의 글 전체를 끌고 가는 동시에 6장까지 연결하여 설명한다.

시간적으로 본다면 영웅과 신들의 세계를 그린 호메로스의 서사시 이후 인간의 희로애락을 표현한 서정시가 나타난다. 전자의 대표자는 호메로스이고, 후자의 첫 주자는 아르킬로코스이다. 내용적으로 호메로스가 서사시를 통해 영웅과 신들의 행적과 형상을 노래했다고 한다면, 아르킬로코스는 서정시를 통해 현실 속 평범한 인간의 감정을 노래했다.

양자를 바탕으로 한 서정시에 대한 니체의 문제의식은 명쾌하다. 서정시가 지극히 주관적인 감정을 노래하는 시임에도 불구하고, 우리는 왜 서정시에 보편적으로 공감하는가? 니체의 답변은 문제의식만큼이나 명료하다.

첫째, 이 서정시의 언어, 시어 안에 음악적 요소가 있다는 점이다. 둘째, 나아가 아르킬로코스가 서정시를 쓰면서 처음 문학적으로 드러낸 인간의 감정이 상당히 중요하다는 점이다. 감정을 표현한 이 음악적 요소로 인해 서정시는 누구나 공감하는 보편 언어로서 모든 사람의 심금을 울린다. 셋째, 아르킬로코스가 처음 사용한 서정시의 운율이 6장에서 민요가 지니는 힘까지 연결된다는 점이다. 넷째, 서정시와 민요가 디오니소스적 예술의 요소로서 그리스 비극에서 중요한 역할을 한다는 점이다.

더 나아가 보자. 니체는 서정시를 처음으로 표현한 아르킬로코스를 디오니소스적 예술인 비극을 가능케 한 중요한 시인으로 등장시킨다. 이 결론은 필연적으로 니체를 플라톤과 대비시키는 결과를 가져온다. 다시 말하면 니체는 플라톤과 적대적 지점에서 서정시를 평가하고, 서정시의 창조자인 아르킬로코스를 끌어들인다.

니체가 주적으로 삼고, 향후 주적으로 계속 공격하게 될 인류의 원흉 플라톤은 아르킬로코스와 서정시를 어떻게 평가했는가? 플라톤은 서정시인 아르킬로코스를 서사시인 호메로스보다 한참 수준 낮은 자로 인식한다. 플라톤은 소크라테스의 입을 빌려 다음과 같이 표현한다. "당신은 호메로스에게 놀라울 정도로 재주가 있다고 생각하는가, 아니면 헤시오도스와 아르킬로코스가 그렇다고 생각하는가?"라는 질문을 던진다. 그에 대해 이온은 "내가 생각하기에 호메로스만이 그렇다."라고 대답한다.[5]

플라톤이 아르킬로코스를 호메로스보다 한참 모자란 시인으로 평가한 이유가 있다. 플라톤은 그 이유를 《법률》에서 밝힌다. 서사시를 읊는 시인과 서정시를 노래하는 시인이 경쟁을 한다면 어떤 결과가 나올 것인가? 어중이떠중이는 서정시에 높은 점수를 주는 반면, 훌륭하고 교육받은 자들은 서사시를 높게 평가한다고 플라톤은 판단한다. 플라톤은 서사시를 상류층과 식자층이 향유하는 고급예술로, 서정시를 대중이나 시민들이 즐기는 저급예술로 판단한다.[6]

니체는 플라톤의 이러한 예술관에 도전한다. 그는 호메로스의 서사시를 그리스 비극을 구성하는 하나의 형상예술로 받아들이고, 아르킬로코스의 서정시를 그리스 비극을 구성하는 또 다른 하나의 예술로 받아들인다.

니체는 서정시를 왜 언급했는가? 음악적 측면 이외에 중요한 것은 철학적 측면이다. 니체는 형이상학적 실체를 어디에서 찾을 수 있다고 보았는가? 니체는 인간, 자연, 사물과 동떨어진 이데아나 신이 형이상학적 실체가 될 수 없다고 보았다. 니체는 형이상학적 실체, 또는 형이상학적 근원적 일자란 인간이 느낄 수 있는 보편적 감정이라고 보았다. 그 보편적 감정을 확인하게 해 주는 것은 바로 음악이다.

베토벤의《합창》4악장, 그 중에서 〈환희의 송가〉를 들으면 누구나 다 비슷한 감정을 느끼는 것, 이것이 근원적 일자와 하나가 되는 것이고, 이것이 형이상학적 실체에 접근하는 방법이다. 이 보편적 감정을 가능케 하는 것의 맹아가 바로 서정시이고 서정시인이다. 서정시인은 가장 주관적인 감정을 노래하지만, 모든 사람의 공감을 불러일으킨다. 한 사람의 감정을 노래하지만 모든 사람의 감정을 움직이는 힘, 이것이 바로 서정시이다. 이 서정시는 형이상학적인 근원적 일자에 다가가는 첫 발자국이다. 이 때문에 니체는 디오니소스적 요소의 첫 번째로 서정시를 집중 분석한다.

2. 서정시인은 음악가!

실러[1]는 시를 쓰는 과정과 연관해서 자기 스스로 명료하지는 않았지만 그럼에도 분명하게 가상적인 심리학적 고찰을 통해서 한 가닥 빛을 던져 주었다. 특히 그는 자신에 대한 그리고 자신 내부에서 체계적인 사유의 인과성을 갖추고 있는 일련의 형상이 아니라 오히려 **음악적인** 기분을 시 짓는 행위와 연관된 준비된 행위라고 고백했다.

나에게 느낌은 처음에는 일정하며 명료한 대상을 갖춘 것이 아니다. 이러한 대상은 나중에 비로소 만들어진다. 어떤 음악적인 기분이 먼저 나오고, 나에게 이 위에서 시적인 관념이 비로소 따라 나온다.[2]

이제jetzt 우리는 고대 서정시 전체라는 중요한 현상, 당연한 것으로 여겨지는 통일성, 서정시인과 음악가의 동일성—머리 없는 신상과 같은 우리 시대의 새로운 서정시[3]와는 반대로 나타나는— 으로 생각을 확대해 보자. 이제jetzt 우리는 이전에 묘사한 미학적 형이상학의 토대[4] 위에서 다음과 같은 방식으로 서정시인을 설명할 수 있다.

무엇보다도 서정시인은 디오니소스적 예술가로서 근원적 일자, 그의 고통과 모순과 전적으로 하나가 되었으며, 이러한 근원적 일자의 모상을 음악으로 생산한다. 달리 말한다면 음악은 세계의 반복이자 두 번째 주물 그 자체로 불리는 것은 당연하다. 이제jetzt 하지만 이러한 음악은 서정시인에게 아폴론적인 꿈의 작용 하에서 비유적인 꿈의 형상과 마찬가지로 명료해진다. 이제jetzt 음악 속에서 형상도 없고 개념도 없었던 근원적 고통의 저 반사된 빛이 개별적인 비유 또는 예시로서 두 번째 반영을 낳는다. 이미 음악가는 자신의 주관성을 디오니소스적 과정에서 포기한다. 이제jetzt 자신에게 세계의 심장과 자신의 통일성을 보여 주었던 형상은 꿈의 장면이며, 그 장면은 근원적 모순과 근원적 고통, 가상의 근원적 쾌감과 더불어 구체화한 것이다. 따라서 서정시인의 '대문자 나 Ich'는 존재의 심연으로부터 울려 나온다. 그의 '주체성'은 최근 미학의 의미에서 보면 하나의 상상일 뿐이다.[5]

그리스 최초의 서정시인인 아르킬로코스가 리캄베스 딸에 대한 자신의 격정적인 사랑과 동시에 경멸을 선포[6]했다면, 이것은 광란 도취의 형태로 우리 앞에서 춤추는 그의 욕망이 아니다. 우리는 디오니소스와 마이나데스[7]를 보는 것이며, 도취한 몽상가 아르킬로코스가 잠에 취해 쓰러진 것을 보는 것이다. 이는 에우리피데스가 박카이[8]에서 해가 중천에 떠 있는 무렵 높은 목초지에서 잠이 든 그를 묘사하는 것과 마찬가지이다.[9] 이제jetzt 아폴론은 그에게 다가가서 월계수 나무로 그를 어루만진다. 이제jetzt 잠들어 있는 자를 둘러싼 디오니소스적이며 음악적인 마법이 자신의 주위에서 불꽃 형상을 발산한다. 서정시가 가장 잘 발전되었을 때 비극과 디티람보스 드라마로 불린다.[10]

1. 서정시와 실러의 관계에 대한 니체의 평가는 이중적이다. 니체는 실러가 서정시를 설명하면서 음악적 요소를 이해했다는 점을 높이 샀지만 궁극적 완성에 이르지는 못했다고 보았다.

> 아마 실러는 한층 강력한 음악적 충동을 지녔지만, 그의 언어세계와 형상세계는 적당하지 않다. …… 실러는 한 번도 완전하게 서정시를 극복하지 못했다.[7]

니체가 실러를 박하게 평가한 이유는 실러가 '음악의 결핍'[8]을 보여 준다고 보았기 때문이다. 반면 니체는 서정시와 관련하여 하이네를 무척 후하게 평가했다.

> 근대 서정시의 정점은 하인리히 하이네와 알프레드 드 뮈세라는 두 명의 천재 형제이다.[9]

> 하인리히 하이네는 나에게 서정시인에 관한 가장 높은 수준의 개념을 주었다. 나는 모든 세기의 전 영역에서 그처럼 달콤하고 정열적인 음악을 헛되이 찾았다. 그는 신적인 악의를 지니고 있었다. 이것이 없다면 나는 완전성이

라는 것을 떠올릴 수 없다."[10]

또한 니체는 서정시인으로서 괴테도 후하게 평가했다.

음악적 서정시인으로서 괴테는 유일하고 완전한 극적 장면을 기술했다."[11]

　니체의 서정시인들에 대한 이러한 평가의 근원에는 음악적 요소를 얼마나 이해하고 받아들이고 있는가에 달려 있다. 즉, 실러는 서정시 안에 음악적 요소를 인식했으나 충분히 발전시키지 못한 반면, 하이네는 충분히 발전시켰으며, 괴테는 그 수준을 넘어 극적 형식으로까지 고양시켰다는 것이 니체의 평가이다.

2. 서정시와 음악의 관계를 설명한 부분이다. 서정시를 지을 때 시와 관련된 언어가 먼저 떠오르는가, 음악이 먼저 떠오르는가? 실러는 음악이 먼저 떠오르고 나중에 이 음악적 기분에 맞는 언어가 뒤를 잇는다고 말한다. 서정시에는 이 음악적 느낌이 있으므로, 서정시는 개인의 주관적 감정임에도 불구하고 모든 사람이 그 느낌을 공유할 수 있다.

　서정시가 주관적인 느낌에서 다수가 공유할 수 있는 보편적인 예술로 승화하는 것은 서정시 안에 있는 이 음악적 요소 덕분이다. 니체는 서정시가 사용하는 언어 안에 이미 음악적 요소가 있음을 지적한다. 시인이 쾌감이나 불쾌감과 관련된 언어를 말한다면, 이 안에는 이미 말하는 자의 음이 들어갈 수밖에 없으며 이는 보편적인 느낌을 주게 마련이다. 예를 들어 누군가 화를 내며 어떤 소리로 말을 한다면, 이 안에는 이미 어떤 음이 내재되어 있기 마련이다. 이

것은 언어가 다르다 할지라도 보편적으로 느낄 수 있다.

> 모든 쾌감과 불쾌감의 정도는—우리가 파악할 수 없는 원근거의 표현
> 들—말하는 자의 음 속에서 상징화된다. …… 저 원근거가 모든 인간에게 동
> 일하다는 한에서, 음의 바탕은 또한 보편적인 것이 되고, 언어의 다양성을 넘
> 어 이해될 수 있다.[12]

반대로 만약 언어를 먼저 사용하고 음악을 짓는다면 어떻게 될
까? 즉, 노랫말을 먼저 짓고 그에 맞는 음악을 나중에 만드는 것은
어떻게 될까? 니체는 이를 앞과 뒤가 완전히 뒤바뀐 것으로 판단한
다. 즉, 수단이 목적을 압도하여, 음악이 음악다운 것이 아니라 개
념 전달을 위한 수단이 되어 버린다는 것이다.

> 음악을 시로 만드는 것, 즉 음악을 통해 시를 설명하려는 것, 심지어는 이
> 야기된 의도로 시의 개념적 표상들을 음악을 통해 상징화하고, 이로써 음악
> 이 개념 언어에 이르도록 돕는 것, 이러한 전제들은 얼마나 비자연적이고 불
> 가능한 시도임에 틀림없는가: 이 시도는 나에게는 마치 아들이 아버지를 낳
> 으려는 것과 비슷하게 여겨진다.[13]

> 음악이 개념 언어가 되도록 하기 위해 음악을 하나의 시로 만드는 것, 즉
> 하나의 시를 음악을 통해 묘사하려는 것, 음악을 통해 표현된 의도, 시의 개
> 념적 표상을 상징화하고, 그럼으로 음악에 개념 언어를 주려는 것이 얼마나
> 부자연스럽고 불가능한 시도인지 …… 내게는 마치 아들이 아버지를 낳으려
> 는 것처럼 여겨지는 시도이다.[14]

음악이 노랫말보다 먼저라는 니체의 이 주장은 언뜻 보면 아주 평범해 보인다. 하지만 이 주장은 기존의 음악철학을 정면으로 뒤집어 공격한다. 기존 음악관의 모태인 플라톤의 음악관은 이와 정반대이다. 플라톤은 노랫말이 먼저이고 음악이 그 뒤라고 말한다.

> 우리는 복잡 미묘한 리듬도 온갖 종류의 운율도 추구하지 말고, …… 그런 사람의 말(노랫말)에 시각詩脚과 선율이 따르도록 해야지, 말(노랫말)이 시각과 선율을 따르도록 해서는 안 되네.[15]

3. 니체는 서정시인은 곧 음악가라고 생각한다.

> 배우, 광대, 춤꾼, 음악가와 서정시인들은 본능적인 측면에서 근본적으로 친척이나 마찬가지이다. …… 서정시인은 가장 오랫동안 음악가와 하나였다.[16]

음악가가 아닌 서정시인은 진정한 서정시인이 아니다. 감정의 노출만 있지 음악이 들어 있지 않는 시어를 사용한다면, 그 시는 진정한 서정시가 아니다.

니체는 근대 서정시를 음악이 없는 서정시, 즉 '머리 없는 신상神像'과 같은 것으로 파악했다. 신상에 두뇌가 없다면 그 신이 누구인지 알 수 없는 것과 마찬가지로, 음악이 없는 서정시란 서정시가 아니다. 니체에 따른다면, 실러는 서정시 안에 음악적 요소가 있음을 알고 있었지만 충분히 표현하지 못했던 반면, 하이네와 괴테와 같은 진정한 서정시인은 서정시 안에 있는 음악적 요소를 충분히 발현한 시인들이다. 비유한다면 실러는 머리가 없는 신상을 만들었고, 하이네와 괴테는 완전한 신상을 만든 셈이다.

4. 5장의 '미학적인 형이상학적 토대'는 4장의 '형이상학적 가정'과 대비된다. 니체가 「자기비판의 시도」에서 새로운 형이상학, 예술을 통한 형이상학의 증명을 한다고 주장했다. 4장이 아폴론적 예술에 의거한 형이상학적 설명이라면, 5장은 디오니소스적 예술에 의거한 형이상학적 설명이다. 니체는 다음 단락에서 음악적 관점의 형이상학을 설명한다. 4장이 조각과 서사시적인 관점에서 형이상학적 설명을 하는 동시에 사람들이 왜 그러한 예술을 보고 들으면서 위안을 얻는가를 설명한다면, 5장은 서정시적인 관점에서 형이상학을 설명하는 동시에 사람들이 왜 지극히 주관적인 서정시에 공감하는가를 설명한다.

4장과 5장에서 말하는, 니체가 말하는 형이상학적 실체로서 근원적 일자는 누구인가? 누구도 근원적 일자를 볼 수도, 만질 수도 없다. 그렇다면 존재하지 않는가? 니체는 '아니다'라고 답한다. 사람들이 아폴론적 예술인 가상의 가상을 보고 위안을 받고, 서정시를 들으면서 위로를 느낀다면, 바로 그것이 형이상학적 존재가 실제로 존재함을 증명하는 것이라고 니체는 주장한다. 모든 인간이 느낌으로 공유할 수 있는 그것이 바로 형이상학적 실체로서 근원적 일자이다. 플라톤 이후 수많은 철학자들의 형이상학적 존재 증명과는 달리 니체의 형이상학적 증명은 예술적 형이상학이다.

5. 이 단락은 4절의 아폴론적 관점에서 형이상학을 설명한 것과 반대로 디오니소스적 관점에서 형이상학을 설명한다. 이 단락은 음악을 통한 형이상학적 존재를 입증한다. 대략 설명하면 다음과 같다.

고통을 받고 있는 근원적 일자가 있다. 서정시인은 근원적 일자의 모상을 음악으로 창조해 낸다. 음악은 이 점에서 근원적 일자의 '두 번째 주물'이다. 아폴론적인 예술가가 정형적인 예술을 창조하듯이, 서정시인은 음악을 통해 새로운 예술을 창조한다. 서정시인이 시를 통해 새로운 예술 작품을 창조하는 순간, 그 시는 서정시인의 주관적 감정을 떠나 모든 사람이 공유할 수 있는 예술 작품이 된다. 서정시인이 시의 창조자이지만 자신의 주체성은 시 안에서 사라져 버린다. 서정시인의 주관적인 '소문자 나 ich'는 사라지고 타자가 공감하는 객관적인 '대문자 나 Ich'가 나타난다.

서정시인의 주관성이 왜 모든 사람이 공유할 수 있는 보편성이 되는가를 니체의 설명으로 알아보자.

아폴론적인 예술은 실러의 용어대로 '소박 예술'이며, 꿈을 예술적 원리로 삼는다는 점에서 '가상의 가상'이라고 니체는 앞에서 설명했다. 그렇다면 디오니소스적 예술은 무엇인가? '감상적인 sentimentalisch' 예술이다. 니체는 5장에서 '감상적'이란 용어를 사용하지 않는다. 그 대신 '자신의 증오와 경멸을 외치고, 술 취한 채 자신의 욕망을 폭발', '격정적인 사랑과 동시에 경멸', '광란 도취의 형태로 우리 앞에서 춤추는 그의 욕망'과 같은 말을 사용한다. 이때 '감상적인'은 '소박하지 않은 모든 예술의 표지로 요약하기에 충분하지 않'고 '소박한 것'과 대립되는 "'존재의 가상'인 모든 예술"을 대표한다. 한마디로 아폴론적인 예술이 '가상의 가상'이라고 한다면, 디오니소스적인 예술은 '존재의 가상'이다.

음악은 보이지 않는데 왜 '존재의 가상'인가? 이 질문은 형상이 보이는 아폴론적 예술이 왜 '가상의 가상'인가라는 의문과 쌍둥이이다. 후자의 질문에 대한 답으로 니체는 꿈을 근거로 설명한다. 니체는 '존재의 가상'에 대한 답을 이미 1장 등에서 여러 번 제시했다. 그리스를 비롯한 수많은 지역의 디오니소스 축제가 그 답변이다. 디오니소스 축제 기간 동안 하나의 일체감을 지니고서 하나로 행동하는 것 자체가 바로 '존재의 가상'이 된다.

또 하나 드는 질문은 서정시인은 출산의 고통과 다름없는 격심한 고통을 치르며 시를 출산하면 그 시가 자신만의 자식이라고 말하지 못하는가? 말하지 않는가? 왜 서정시인은 자신의 '주체성'을 잃게 되는가? 이 질문을 바꿔 말하면 개인의 노골적인 감정 표출에 지나지 않는 서정시가 모든 사람의 심금을 울리는 보편성을 지니는가이다. 니체는 이를 유적 본질Gattungswesen로 표현한다.

> 디오니소스적 음악과 서정시에서 인간은 유적 본질로 나타난다. 그가 개별적 인간으로 존재하기를 그친다는 것은, 사티로스 축제의 열광을 통해 상징적으로 표현된다. 그는 본능적 인간 중에서도 본능적 인간이 된다.[17]

시를 통해 세상의 모든 사람을 하나로 만드는 서정시인은 누구인가? 서사시인이 '자신이 순수하게 전달하려는 형상에서 출발하며, 더욱이 감정과 정조를 자극'하는 자라고 한다면, 서정시인은 '자신에 대해 말하지만' 자신을 잃어버리고 모든 사람을 하나로 만드는 '디오니소스'를 의미한다.[18]

> 서정시인이란 무엇인가, 서정시인은 음악을 이미지와 정서의 상징을 통해 음악을 해석하지만, 청자에게 전달할 아무것도 소유하지 않은 예술적 인간

이다. 심지어 그는 무아경에 푹 빠져 누가 가까이에서 듣기를 갈망하는지조차 잊어버린다.[19]

니체는 서정시인이 주체성을 갖고, 그 주체성의 감정을 표현하는 것이 서정시라고 말한다. '서정시인의 주체성'은 하나의 상상이고 하나의 미혹에 지나지 않는다. 하지만 서정시인은 인간의 공감을 불러일으키는 보편 예술가이다. 서정시인은 '소문자 나 ich'의 개인적 감정을 표출하지만 타인이 공감하는 '대문자 나 Ich'를 노래하는 객관 예술가이다. 니체가 "음악의 근원은 모든 개별화의 피안에 놓여 있는 것"[20]이라고 말한 것도 이런 의미이다. 즉, 서정시는 음악을 공통분모로 시인의 주관적 감정을 넘어, 개별화를 넘어 다수의 공감을 유도한다.

쇼펜하우어는 니체의 이러한 사상의 모태를 제공한다. 쇼펜하우어는 시인이 인류의 본질을 정확하게 파악하고 있다고 주장한다.

> 시인은 이데아, 모든 관계에서 벗어나고 모든 시대를 떠나 인간의 내적인 본질, 사물 그 자체의 적절한 객관성을 최고로 높은 수준에서 이해한다.[21]

6. 아르킬로코스의 서정시는 시인의 주관적 감정이 객관적 감정이 되는 것을 보여 주는 사례이다.

리캄베스는 자신의 딸 네오불레를 시인 아르킬로코스와 결혼시키기로 했으나 약속을 취소했다. 그러자 아르킬로코스는 시를 써서 리캄베스와 네오불레를 공격했고, 그들을 자살하도록 만들었다.[22] 리캄베스는 아르킬로코스의 아버지가 신탁을 받으러 갈 때 같이 갔던 사람이다. 리캄베스에 대한 아르킬로코스의 공격은 신의 파괴에 대한 윤리적 측면이었다.

> 아버지 리캄베스여, 당신은 무엇을 생각하십니까?
> 예전에 당신이 가지고 계시던 현명함을
> 어지럽게 하는 이 누구입니까? 이제 당신은
> 마을 사람들에게 큰 웃음거리가 되었습니다.[23]

네오불레에 대한 사랑이 좌절되자, 아르킬로코스의 공격은 첫째, 아름다운 육체의 쇠락을 지적하는 것으로 표현된다. 네오불레의 아름답던 육체에 대한 아르킬로코스의 공격은 신랄하다.

> 너의 곱던 살결을 예전처럼 꽃피우지 못하는구나.
> 주름져 시들었으며 늙어 흉하게 되었구나.[24]
> 지금 결혼하기를 무척 원하는
> 아름답고 고운 처녀가 있다. 내가 보기에 그녀는
> 흠잡을 데 없이 아름답다.
> ……
> 네오불레는 다른 놈이 가져가라.
> 익을 대로 익어
> 처녀의 꽃송이는 시들었다.
> 예전에 그녀에게 있던 우아함마저.[25]

둘째, 아르킬로고스는 네오불레의 도덕적 타락을 공격한다. 그 내용은 무척 잔혹하다.

"그녀는 욕망을 어쩌지 못한다.
색정에 미친 여인, 젊음의 끝을 보여 준다.
지옥에나 떨어져라.
(내용 미상)
어찌 그런 여자를 얻어 이웃의
조롱을 받겠는가?
……
그 여자는 무척이나 약삭빨라
많은 남자를 자신의 것으로 만들었다.
나는 서두르다가
개처럼 눈멀고 미숙한 것들을
낳을까 두렵다."[26]

  도덕적, 육체적, 윤리적인 분노에 찬 아르킬로코스의 공격은 결국
아버지 리캄베스와 네오불레를 자살하게 만들었다. 왜 그런가? 그
이유는 아르킬로코스가 공격했던 분노만큼이나 네오불레를 사랑했
기 때문이다. 아르킬로코스의 네오불레에 대한 사랑은 절절하다.

사랑을 향한 욕망이 마음을 휘감아
눈에 수많은 안개를 쏟아붓는다.
가슴에서 여린 마음을 훔쳐 내며[27]
그리움에 상처 입고 나는 누웠다.

디오니소스, 마이나데스, 사티로스 (기원전 4세기 초, 메트로폴리탄 박물관 소장)

넋을 잃은 채 신들이 가져다준 쓰라린

고통이 뼈마디에 사무치도록.'28

　니체는 왜 아르킬로코스의 사랑과 증오와 분노를 언급했는가?
주관적 감정의 표현인 서정시가 어떻게 보편적인 예술이 될 수 있
는지를 보여 주기 때문이고, 아르킬로코스는 그 정확한 예이기 때
문이다.
　아르킬로코스는 네오불레를 절절하게 사랑했음에도 왜 네오불
레와 그의 아버지를 죽음에 이르도록 공격했는가? 이에 대한 단서
는 아리스토텔레스가 쓴 《수사학 Ⅲ》에 나온다. 아리스토텔레스는
비난을 하고 싶으면, 제3자의 입을 빌려 말해야 한다고 주장하면서

아르킬로코스의 풍자시를 등장시킨다.[29]

> 기대하지 못할 일도, 믿기에 맹세 불가능한 일도,
>
> 놀랄 일도 없다. …… 제우스는
>
> 빛나는 태양의 빛을 숨겨서 한낮에 밤을 만들었으며
>
> …… 너희 누구도 놀라지 마라. 들짐승이 돌고래와
>
> 바닷속의 집을 바꾼다 해도
>
> …… 돌고래에게 숲이 우거진 언덕이 풍요롭게 된다 해도.[30]

이 시는 현상적으로 기원전 648년 전후 일식을 묘사한 것처럼 보인다. "제우스는/빛나는 태양의 빛을 숨겨서 한낮에 밤을 만들었으며"는 일식을 묘사한 내용이고, 일식과 같은 놀라운 일이 발생해도 놀라서는 안 된다고 말한다. 하지만 사실은 아르킬로코스의 연인 네오불레가 원치 않는 임신을 하고 도망간 것을 비유한 것이다.[31] 아르킬로코스는 겉으로는 경천동지할 자연적인 현상을 노래하지만, 속으로는 사랑 상실의 절박함을 네오불레 아버지 입을 빌려 풍자한다.

아르킬로코스의 가슴 저린 사랑, 연인 네오불레의 도망, 아르킬로코스의 처절한 좌절과 사랑 상실에 따른 격심한 고통, 사랑하는 여인과 그의 아버지를 공격하는 격렬한 시적 분노.

우리는 그리스어를 모르지만 아르킬로코스의 사랑과 실패에 따른 분노에 공감하지 않는가! 다른 예로 우리나라 민요의 한 구절을 들어 보자.

앞집 큰애기 시집을 가는데, 뒷집 총각은 목매러 간다.

이 가사를 들으면, 우리는 그 느낌에 공감한다. 아르킬로코스의 사랑은 우리의 사랑이고, 그의 실패는 곧 우리의 실패로 다가온다.

그렇다면 아르킬로코스의 서정시는 시대와 나라를 떠나 모든 인류가 보편적으로 공유할 수 있는 보편적인 감정이 된다. 아르킬로코스의 서정시는 니체가 말한 근원적 일자가 존재한다는 것을 증명한다. 서정시인은 근원적 일자의 극심한 고통과 함께하고, 그 극심한 고통을 시로 표현한다. 니체는 이 점에서 형이상학적인 근원적 일자가 존재함을 우리가 이해할 수 있다고 주장한다. 아르킬로코스를 통해 니체가 하고 싶었던 말은 이것이다.

7. 마이나데스는 디오니소스를 따르는 여신도들을 말하며, '미친 여자들' 또는 '무엇에 썰 여자들'이란 뜻을 지니고 있다. 한 손에는 등나무에 솔방울을 단 지팡이를 들었으며 다른 한 손에는 포도나 뱀을 들었다고 한다.

8. 박카이는 에우리피데스의 『박코스의 여신도들』을 가리킨다.

9. 이 단락은 추론을 필요로 한다. 에우리피데스는 『박코스의 여신도들』에서 아이스킬로스를 묘사하지 않았다. 니체는 에우리피데스의 『박코스의 여신도들』 속에 아르킬로코스가 취해 잠들어 있다고 묘사함으로써, 그를 디오니소스 예술가로 묘사하고자 한다. 그리고 니체가 묘사한 이 구절은 『박코스의 여신도들』 속에서 비슷한 구절을 찾아볼 수 있다. 위에 나온 단서들을 바탕으로 찾아보도록 하자.

우선 주체부터 살펴보자. 앞에서 서정시인은 개인적인 사적 감정을 표현하지만, 누구나 공유할 수 있는 보편적인 감정을 표현하는 것으로 니체는 묘사했다. 아르킬로코스는 이 점에서 누구나 공유하는 감정을 표현하는 디오니소스와 그의 여신도들인 마이나데스와 같다. 이『박코스의 여신도들』에서 아르킬로코스의 분신은 디오니소스 아니면 마이나데스이다.

둘째, 행위적인 측면이다. 잠이 들었다는 것은 행위에 해당한다. 『박코스의 여신도들』에는 디오니소스가 잠든 모습이 나오지 않고 마이나데스들이 잠든 모습만 나온다. 이 점에서 아르킬로코스의 분신은 디오니소스가 아니라 마이나데스들이다.

또한 니체는 셋째, 시간적으로는 '해가 중천에 뜰 무렵'을 제시했고, 넷째, 공간적으로 '높은 목초지'를 제시했다.

주체적인 면, 행위적인 면, 시간적인 면, 공간적인 면을 종합해서 추론해 보자. 아르킬로코스의 분신인 마이나데스들이 해가 중천에 뜰 무렵 높은 목초지에서 술에 취해 잠이 든 장면이 니체가 묘사하고자 한 내용이다. 이에 들어맞는 부분은 다음과 같다.

해가 대지를 데우려고 그 빛을
쏘아 보낼 무렵(시간적인 측면), 풀을 뜯는 소 떼가 막
등성이 방목지로 올라가고 있었나이다(공간적인 측면). ……
그때 저는 그들을(주체적인 측면) 춤을 추던 여성 세 모둠을
보았습니다. ……
그들 모두 잠들었으며, 몸들이 아주 편안했으며,
몇몇은 잎이 무성한 전나무 가지에 등을 대고 있었고,
나머지는 참나무 잎을 베개 삼아 자거나,
땅바닥을 베고 잠을 잤습니다(행위적인 측면). 모두들

얌전했고 ……'[32]

니체가 이 비유를 통해 하고 싶은 이야기는 하나이다. 주관적인 예술가인 서정시인은 곧 디오니소스와 마이나데스들처럼 누구나 공유 가능한 보편적인 예술가라는 점이다. 아르킬로코스는 디오니소스 예술가 중에서 가장 최초의 디오니소스적인 예술가가 된다.

10. 인간의 감정을 노래한 디오니소스적 서정시에 형상예술이자 정형예술인 아폴론적인 예술이 합쳐져서 그리스 비극과 디티람보스가 탄생한다는 뜻이다. 변증법으로 설명해 보자. 아폴론적인 예술이 '가상의 가상'으로서 '정'이라고 한다면, 디오니소스적 예술은 '존재의 가상'으로서 '반'이며, 정과 반이 합쳐서 그리스 비극과 디티람보스가 탄생한다.

다시 보기

우리는 개인만의 사랑과 애정, 개인의 한탄, 탄식, 욕망과 분노와 증오를 표현하는 주관적 예술가인 서정시인에 공감하는가? 우리는 왜 2,500년도 훨씬 지난 고대 그리스의 서정시인 아르킬로코스의 사랑과 증오에 공감하는가? 니체는 서정시 안에 들어 있는 음악적 요소 때문이라고 설명한다. 서정시는 감정의 언어이고, 쾌·불쾌의 감정 언어 안에 이미 음악적 요소가 있다고 니체는 설명한다. 화를 표현하는 언어에는 이미 화에 맞는 음악이 들어 있기 마련이고, 슬픔을 표현하는 언어에도 그에 맞는 음악적 요소가 있다는 것이다.

니체는 이를 더 밀고 나간다. 서정시인은 시를 쓸 때 음악적 기분이 먼저 떠오르고 나중에 시어를 짓는다고 니체는 설명한다. 실러는 이를 파악하기는 했지만 음악적 요소를 충분히 활용하지 못한 서정시인이다. 이와 정반대로 시를 짓는 방법도 있다. 플라톤이 그 예이다. 플라톤은 시어를 떠올리고, 후에 음악적 요소를 지어 넣어야 한다고 주장한다. 플라톤은 이 때문에 서정시인을 서사시인보다 더 낮은 예술가로 이해한다. 이 논쟁은 노래를 지을 때 작사가 먼저인가 작곡이 먼저인가를 연상케 한다.

주관적 예술인 서정시에는 인간이라면 누구나 공유할 수 있는 음악이 흐른다. 서정시 안에 내포된 그 음악은 눈에 보이지 않지만 누구나 공감할 수 있다는 점에서, 서정시는 한 개인의 격정, 욕망, 주관적 예술을 뛰어넘어 누구나 다 공감하는 예술이 될 수 있다. 니체는 그 예로 고대 서정시인 아르킬로코스를 든다.

니체는 최초 서정시인 아르킬로코스의 사랑과 증오와 분노를 자세히 설명하지 않는다. 하지만 우리는 자신의 악감정을 퍼부어 대는 아르킬로코스의 서정시를 읽으면서 공감한다. 왜 공감하는가? 아르킬로코스의 시어 안에 이미 음악적 요소가 들어 있기 때문이다. 아르킬로코스가 퍼붓는 증오의 이유를 알게 되면, 우리는 그의 분노와 증오에 더 공감한다. 시어에 포함된 음악적 요소 외에 감정의 공유가 공감을 더 공명하게 만들기 때문이다. 2,500년의 시간 차이, 지리적인 위치의 다름, 세계관의 상이성 등은 아르킬로코스에 대한 우리의 정서적, 감정적 공감을 막지 못한다.

서정시인이 표출한 개인적 감정은 왜 인간의 보편적 감정인가? 왜 사람들은 서정시인이 표출한 개인적 감정에 공감하고 받아들이는가? 쇼펜하우어는 이를 원으로 비유하여 설명한다. 지름 1인치의 원과 지름 4,000마일의 원은 동일한 기하학적 특성을 갖는다.[33] 한 인간의 한 사건에 대해 갖는 감정은 인류 전체가 그 사건에 대하여 갖는 감정과 같다. 서정시인이 느낀 감정은 곧 인류 전체가 느끼는 감정과 같다고 쇼펜하우어는 말한다. 감정의 공통성은 장소도 시간도 구애받지 않고, 동일한 사건이 발생할 때마다 다시 동일하게 솟아오른다.

> 진정한 시인들의 서정시에는 모든 인류의 내적 본성이 반영되어 있다. 그래서 과거, 현재, 미래의 수많은 인간들은 끊임없이 재발하는 동일한 상황 속에서 서정시에서 그 동일한 표현을 발견했고, 발견할 것이고, 발견한다. 바로 이러한 상황은 인간 그 자체와 마찬가지로 항구적이고 항상 동일 감정들을 불러일으키기 때문에, 진정한 시인의 서정적인 작품은 수천 년에 걸쳐 진실하고 강력하며 신선하다.[34]

2,500년 전 그리스의 서정시인 아르킬로코스가 폭발한 감정은 현재 대한민국에서 내가 느낀 감정과 다를 바 없다. 2,500년 전 서정시인의 감정은 곧 나의 감정이고, 나의 감정은 곧 서정시인의 시를 통해 분출된다. 나의 감정은 인류가 공감하는 감정이고, 서정시인이 표현한 시의 감정은 인류의 감정이다.

> 시인은 인류의 거울이고, 인류가 느끼고 행하는 것을 인류에게 의식하게 해 준다.[35]

3. 보편적 갈망의 표현

조각가 그리고 그와 친족 관계에 있는 서사시인은 형상의 순수한 관조 속에 빠져든다. 디오니소스적 음악가는 저 형상이 없는 근원적 고통이자 근원적 되울림 그 자체일 뿐이다. 서정시 작가 Genius는 신비한 자기 외화와 통일 상태에서 조각가와 서사시인과는 전혀 다른 색채, 인과성, 속도를 갖고 있는 형상세계와 비유세계가 자라남을 느낀다.[1]

마지막에 언급된 서사시인은 이러한 형상들 안에서, 그 안에서 기쁨에 넘쳐 즐겁게 살며 지치지도 않는다. 그는 이 세계를 미세한 속성에 이르기까지 애정 깊게 관찰한다. 서사시인은 격노한 아킬레우스 형상을 하나의 형상으로만 볼 뿐이다. 서사시인은 저 격노한 표현을 가상적인 저 꿈-소망으로 즐긴다. 따라서 그는 가상의 이러한 반영을 통해서 자신의 사유와 하나가 되지도 않고 융합되지도 않는다.[2]

이와 반대로 서정시인의 형상들은 바로 그 자신이며 동시에 자신의 다양한 객관화일 따름이다. 그 때문에 서정시인은 '소문자나 ich'를 저 세계의 움직이는 중점으로 말할 수 있다. 이러한 '보편적인 나 Ichheit'는 깨어 있는 경험적-현실적 인간과 같은 것이 아니라 일반적으로 유일하게 실제로 존재하는 영원한, 사물의 근저에 있는 자이다. 서정시 작가는 저 모상을 통해서 사물의 근저까지 꿰뚫어 본다.[3]

이제jetzt 우리는 다음과 같은 사실도 생각해 보자. 서정시 작가가 어떻게 자기자신을 비작가로서[4], 즉 자신의 '주체', 그에게 실제로 존재한다고 여겨지는 일정한 사물을, 지향하는 주관적 욕망과 의지 작동의 전체적인 혼란으로 관찰하는가. 이제jetzt 서정시 작가와 자신과 연관된 비작가가 하나인 것처럼, 그리고 서정시

작가가 저 소문자 나 ich로 언급되는 것처럼 나타난다면, 이제_jetzt_
이 가상은 우리를 잘못 끌고 가지 않을 것이다. 과거에는 이러한
가상이 서정시인을 주관적인 작가로 특징지었다는 점을 잊어서
는 안 된다.

정열적으로 불타올라 사랑하고 증오하는 인간인 아르킬로코
스는 더 이상 아르킬로코스가 아니라 세계적인 작가인 작가의
환영이며, 아르킬로코스의 저 비유에서 근원적 고통을 표현하는
작가의 환상이다. 반면 주관적으로 의욕하고 갈망하는 인간 아르
킬로코스는 더 이상 결코 시인일 수 없다. 서정시인은 인간 아르
킬로코스의 현상을 자신 앞에 서 있는 영원한 존재의 반영으로
볼 필요가 없다. 그리고 서정시인의 환영 세계가 당연히 직접 존
재하는 현상의 저 세계와 얼마나 거리가 먼가는 비극이 입증했
다.[5]

1. 아폴론적 예술가인 조각가와 서사시인이 만들어 낸 형상과 디오
니소스적 예술가인 서정시인이 만들어 낸 형상의 차이를 설명한 내
용이다.

조각가는 꿈에서 본 가상을 조각품이라는 형상으로 나타낸다. 서
사시인 역시 꿈에서 본 모습을 가상의 가상인 시를 통해 형상으로
표현한다. 서사시인은 조각가처럼 형상을 만들어 내지 않지만 동
작, 음성, 말, 행위를 통해 형상을 주조해 낸다. 서사시인은 이 점에
서 조각가와 마찬가지로 객관적인 묘사를 통해 형상을 만들어 낸다
는 점에서 조각가와 친척이다. 서사시인이 쓴 서사시는 조각가의
'입상'과는 다른 형상으로 만들어 냈고, 다른 사람 역시 이 형상을

보고 직관할 수 있다. 칸트식 용어로 말하면 서사시인은 서사시를 통해서 인과율을, 시간과 공간 속에서 영웅과 신을 하나의 형상으로 만들어 내는 것과 마찬가지이다.

반면 서정시인은 서사시인과 달리 '결코 형상 만들기를 목표로 하지 않는다.'[36] 사람이 순간적으로 느끼는 분노와 좌절, 욕망과 탐욕 등의 감정을 형상으로 표현하는 것은 불가능하다. 하지만 서정시인은 서사시인이 창조한 눈에 보이는 또는 보일 듯한 형상과는 다른 형상을 만들어 낸다. 서정시인은 서사시인과 마찬가지로 낱말을 통해 형상을 구축한다. 하지만 그 형상은 서정시인이 시를 통해 창조한 근원적 일자의 모상模像이다. 서정시와 그 안에 들어 있는 음악적 요소를 듣는 모든 사람이 공통적으로 느끼는 감정, 이것은 서정시인이 만들어 내는 형상 아닌 형상, 근원적 일자의 모상이다. 이는 칸트가 파악한 인과율, 시간과 공간에서 만들어 내는 형상과는 전혀 다른 또 다른 형상이다.

서사시인이 지은 서사시가 '존재의 존재'라고 한다면, 서정시인이 만든 서정시는 '비존재의 존재'이다. '존재의 존재'를 감상하는 사람은 서사시인이 창조한 형상을 동일하게 즐긴다고 한다면, '비존재의 존재'를 느끼는 사람은 서정시인이 느낀 그 느낌을 공유한다.

2. 서사시가 형상을 묘사한다는 것을 아킬레우스의 격노 또는 분노를 통해 설명한 내용이다. 호메로스의 『일리아스』는 아킬레우스의 격노 또는 분노를 서술한 시와 다름없다.

펠레우스의 아들, 아킬레우스를 노래하소서, 여신이여!
그의 분노가 얼마나 치명적이었는지, 수많은 비통함이

아카이오족의 주인을, 수많은 영혼을

얼마나 일찍 하데스로 끌고 갔는지.

그리고 영웅들이 개와

모든 나는 것들의 먹이가 되었는지를 ……'37

호메로스는 『일리아스』를 아킬레우스의 분노로 시작한다. 그는 아킬레우스의 분노를 주요 주제로 다루고 있음을 첫 행부터 강조한다.

호메로스가 묘사한 분노한 아킬레우스의 죽음은 형상에 관한 묘사이다. 여기에는 아킬레우스의 감정, 분노, 좌절, 절망이 드러나지 않고, 마치 영화의 화면에 드러난 듯이 형상적인 묘사만 있을 뿐이다. 아가멤논이 전리품을 빼앗으려고 하자 아킬레우스가 격노한 첫 장면은 감정 없는 형상의 묘사를 잘 드러낸다.

아킬레우스는 눈을 찌푸리면서 그를 노려보며 말했다.

아! 뻔뻔하고 가면을 쓴 자여.

…… 그리스인이 여기서 당신에게, 당신을 위해 봉사할 것 같으오,

은밀한 전투든 공개적 전투든 할 것 같으오?

…… 염치없는 늑대 같은 자여!

…… 당신의 위협은 당신 자신을

먹어 치울 것이다. 나의 노고의 정당한 보수,

나의 상은 일반 투표에 의해 내가 힘겹게 얻은 것이다.'38

반면 앞에서 살펴본 서정시인 아르킬로코스가 네오불레와 그의

아버지에게 퍼붓는 증오와 조소는 서사시인 호메로스에 의해 묘사된 아킬레우스의 격노 또는 분노의 형상과 전혀 다르다. 니체는 서사시와 서정시의 차이를 다음과 같이 표현한다.

> 조형적 창조라는 서사시의 요청은 서정시가 서사시와 얼마나 완전히 다른지를 입증해 준다. 서정시는 형상의 형태를 목적으로 하지 않기 때문이다.'[39]

3. 앞에서 설명한 '소문자 나 ich', '대문자 나 Ich', '보편적인 나 Ichheit'를 다시 정리하고, 왜 서정시인이 형이상학적 실체를 드러내는 자인지 알아보자.

우리나라 번역서의 대부분은 대문자 Ich와 소문자 ich를 구분하지 않고 '나'로 번역하고, 보편적인 나를 뜻하는 Ichheit를 심리학 용어인 '자아'나 '나'로 번역한다. 결론적으로 말하면 ich, Ich, Ichheit 모두 우리말로 '나'로 번역되는 결과를 낳았다. 이 때문에 음악철학의 문외한에게 무척 어려운 이 책은 소수 조합으로 이루어진 암호보다 더 어려운 해독 불가의 암호문이 되어 버린다. 쉽게 이해하기 위해 다음과 같이 표로 설명해 보자.

우리말에는 대문자와 소문자 구분이 없고, '나'를 대체할 만한 적당한 철학적 용어도 없다. 이 때문에 ich, Ich, Ichheit를 우리말로 옮기기는 쉽지 않거나 불가능하다. 형태상의 차이와 내용상의 구분에 근거하여 ich는 '소문자 나', Ich는 '대문자 나', Ichheit는 '보편적인 나'로 옮기면 그 의미가 적당히 전달된다. 또는 '주관적인 나', '객관적인 나', '보편적인 나'로 옮겨도 그 뜻이 새겨진다. 하지만 그 의미를 완전하게 전달할 수 없다는 점도 인정한다. 이 표를 바탕으

	ich	Ich	Ichheit
번역어	소문자 나	대문자 나	보편적인 나
상태	주관적	객관적(주관적인 것의 극복)	보편적
시인과의 관계	서정시인의 개인적인 감정	개인적인 감정을 타자가 공유하는 최소한의 진정한 예술	누구나 공유할 수 있는 감정으로서 보편적인 예술
근원적 일자와의 관계	경험적-현실적 인간의 경험	개인적 의지와 갈망으로부터 해방	유일하게 실재하며 영원히 존재하는 근원적 일자의 모상

로 니체가 말하고자 한 몇 가지를 지적하고 넘어가자.

우선 5장 1절에 나왔던 '최근의 미학은 객관적인 예술가가 최초의 주관적인 예술가에 직면했다라고 덧붙일 뿐이다'를 알아보자. 이 문장은 앞에서 설명했듯이 객관적인 것만이 예술의 전부로 생각하던 최근의 미학이 서정시인의 주관적인 예술을 최초로 마주하게 되었다는 뜻이다. 니체는 이를 통해 '최근의 미학'이 서정시인과 서정시의 본질을 이해하지 못했다고 비판한다. '최근의 미학'의 주장대로라면 서정시인의 주관적인 감정을 표현한 서정시가 누구나 다 향유할 수 있는 예술인가를 설명하지 못하기 때문이다.

현재 우리는 2,500년 전 그리스에 살았던 아르킬로코스의 서정시를 읽어도 공감할 수 있다. 오늘날 대한민국에 사는 우리는 고대 그리스에 살았던 서정시인 아르킬로코스의 사랑과 분노와 증오에 고개를 끄덕인다. '최근의 미학'은 시간과 공간을 뛰어넘는 이 공감 현상을 해명하지 못한다. 우리는 2,500년 전 아르킬로코스의 시에 왜 공감하는가? 고대 그리스 서정시인 아르킬로코스의 시에 인간이라면 누구나 공유할 수 있는 음악적 요소가 들어 있기 때문이다. 니체의 답변이다.

또 하나 우리가 놓쳐서는 안 되는 것이 있다. 예술의 발전이 '소문자 나'에서 '대문자 나'를 거쳐 '보편적인 나'로 발전하는 것으로 생각하면 안 된다는 점이다. 즉, 주관적 감정을 표현한 서정시가 객관적인 형상을 묘사한 서사시로 발전한다는 식으로 이해해서는 안 된다.

디오니소스적인 예술은 '존재의 가상'으로서 근원적 일자가 주관적인 서정시인의 느낌과 감정(소문자 나)을 음악적 요소를 통한 모상을 만들어 낸 것(보편적인 나)이다. 반대로 말하면 서정시인의 '주관적인 나'가 시에 들어 있는 음악적 요소를 통해 근원적 일자의 '보편적인 나'를 드러낸 것이다. 즉, 서정시인이 표현한 시(주관적인 나)는 근원적 일자의 모상으로서 모두 공유하는 예술(보편적인 나)이 된다. '객관적인 나'를 거치지 않고서도 '주관적인 나'가 '보편적인 나'로 곧장 나아갈 수 있다.

이 단락은 '소문자 나 ich'가 누구나 공유하는 근원적 일자의 모상인 '보편적인 나 Ichheit'를 표현한 것임을 말하고 있다. '주관적인 나'가 왜 '보편적인 나'인가를 다루는 곳이므로 '대문자 나 Ich'는 불필요하다. 그 때문에 니체는 '대문자 나', '객관적인 나'인 Ich를 말하지 않는다.

4. 서정시인은 작가이면서 비작가이다. 앞뒤가 맞지 않는 말이다. 나는 존재하면서 존재하지 않는다고 말한다면, 이는 모순이다. 하지만 니체의 이 말은 모순이 아니다. 서정시인은 자신의 감정을 시

로 표현한다는 점에서 작가이다. 하지만 서정시인은 시로 자신의 감정을 표현하여 근원적 일자의 모상을 드러내는 순간, 그 자신도 근원적 일자의 모상 중 하나가 된다. 즉, 서정시인은 주관적 감정을 드러낸다는 점에서 작가이지만, 그의 시가 만인의 보편적 감정을 드러낸다는 점에서 작가가 아닌 비작가가 된다. 서정시인은 시를 지어 낸다는 점에서 예술가이지만, 예술 속의 일부가 된다는 점에서 비예술가이다.

니체 주장의 핵심에 도달해 보자. 과거 예술 철학은 서정시인을 어떻게 보았는가? 과거 예술 철학은 서정시인의 작가를 감성팔이를 목적으로 한 주관적인 예술가로 치부했다. 니체는 정반대로 서정시인이 주관적 감정 안에 포함된 근원적 일자를 드러낸다는 점에서 서정시인을 보편 예술가로 보았다. 니체는 '최근의 미학'이 서정시인을 고작 '객관적인 예술가'로 보았던 것을 넘어서, 한발 더 성큼 뛰어나가 서정시인을 형이상학적 존재를 드러내는 보편 예술가로 보았다.

5. 서정시인이 자신의 주관적인 감정만을 표현한다면 그는 더 이상 시인일 수 없다. 서정시인이 시인인 이유는 누구나 다 공유할 수 있는 보편적인 감정, 근원적 일자를 드러내기 때문이다. 그렇다고 서정시인을 신격화해서 근원적 일자의 영원한 반영으로 이해해서는 안 된다. 비극 속에서 서정시인이 묘사한 환영 세계, 주인공이 부르는 노래는 우리가 실제로 경험하는 현상세계와도 다르고 초월적 실체를 노래하지도 않기 때문이다. 서정시인은 근원적 일자에 도달하는 가교의 역할을 할 뿐이다.

'분노하는 아르킬로코스'는 '격노한 아킬레우스 형상'과 대비된다. 왜 니체는 '분노하는 아르킬로코스'를 그리스 비극의 탄생을 설명하면서 중요하게 언급하는가?

시대적으로 본다면 서사시 시대의 호메로스 바로 뒤를 잇는 것이 서정시인 아르킬로코스의 시대라는 우연성 때문이다. 내용적 측면에서 본다면 형상을 노래하여 공통적인 감상을 일으키는 서사시와, 보편적 공감을 불러일으키는 음악적인 서정시의 대비적 성격 때문이다. 마지막으로 아킬레우스의 격노와 대립되는 아르킬로코스의 분노 때문이다.

호메로스의 『일리아스』를 읽으면서, 아킬레우스의 분노를 찾아 따라가 보자. 아킬레우스의 영웅적 격노, 이를 뒷받침하는 신적인 용맹과 힘, 신이 정해 놓은 운명적인 죽음을 두려워하지 않는 엄청난 격노에 우리는 고개를 들어 찬양한다. 하지만 그것뿐이다. 아킬레우스의 격노는 우리를 일깨우지 못하고, 우리를 흥분시키지도 못한다. 아킬레우스는 우리에게 들어오지 못하고, 우리 역시 아킬레우스에게 들어가지 못한다. 아킬레우스는 아킬레우스이고 우리는 우리다. 아킬레우스가 격노의 깃발을 들고, '용맹한 시민들이여! 나를 따르라!'라고 명령하고 우리는 따를 뿐이다.

반면 분노하는 아르킬로코스를 보라. 우리는 아르킬로코스의 사랑에 흥분하고, 그의 좌절에 슬퍼하고, 그의 분노에 공감한다. 우리는 아르킬로코스가 웃으면 같이 웃고, 그가 힘들어 하면 같이 힘들어 하고, 그가 분노하면 같이 분노한다. 아르킬로코스는 우리의 마음에 들어오고, 우리는 아르킬로코스의 마음에 공감한다. 우리는 아르킬로코스이고, 아르킬로코스는 우리이다. 우리와 아르킬로코스는 하나다. 어중이떠중이 평범한 시민인 우리들은 아르킬로코스와 하나다.

아르킬로코스의 분노를 서술하는 니체의 의도는 분명하다. 자연과 인간, 인간과 인간, 대상과 주체, 관조하는 자와 관조 당하는 자 모두가 하나이다. 디오니소스 축제는 주체와 주체의 거리를 없애는 화려한 축제이다. 디오니소스 축제가 인간과 인간을 하나로 묶어 주는 축제라고 한다면, 그 기원에는 인간과 인간의 공감을 이어 주는 서정시인 아르킬로코스가 있다. 서정시 덕분에 인간과 인간은 서로와 서로를 대상으로 바라보지 않고 하나가 된다. 아르킬로코스의 분노는 모든 인간을 하나로 묶어 주는 첫걸음이고, 그 첫걸음은 근원적 일자에서 출발한다.

4. 주체는 예술가이자 예술 작품

서정시인에 대해 철학적인 예술 고찰을 하기 쉽지 않다는 점을 숨기지 않았던 쇼펜하우어는 탈출구를 발견했다고 믿었다. 하지만 나는 그의 길을 따를 수 없다. 그럼에도 나는 그의 심오한 음악의 형이상학 속에 저 난점을 결정적으로 극복시킬 수 있는 수단이 그의 손에 있다는 것도 인정한다. 나는 여기서 그의 정신을 따라 그리고 그를 존중하면서 이 문제를 적절히 다루었다고 믿고 있다. 이와 반대로 쇼펜하우어는 노래의 고유한 본질을 다음과 같이 특징지었다.(『의지와 표상으로서의 세계 I』, 295쪽)[1]

노래하는 자의 의식을 채우는 것은 의지의 주체, 즉 고유한 욕구이다. 이는 종종 속박에서 풀려나고 해방된 욕구(기쁨)로서, 하지만 한층 더 종종 저지당한 욕구(슬픔)로서, 항상 정념, 욕망, 불안정한 기분 상태로서 나타난다. 그럼에도 이것 이외에도 그리고 이것과 더불어 노래하는 자는 주변 자연을 관찰하면서 자신을 순수하게 의지를 상실한 인식 주체로 의식한다. 그 인식의 안정적인 행복한 평화 상태는 반대로 항상 제한을 받으며 한층 더 불충분한 욕구의 충동과 더불어 나타난다. 이러한 대비의 느낌, 이러한 상호작용은 고유한 것으로서, 노래 전체에서 나타나며 일반적으로 서정적 상태를 형성한다. 여기에서 동시에 순수한 인식이 욕구와 그 충동으로부터 우리를 해방시키기 위해서 출현한다. 그럼에도 우리는 잠깐만 따를 뿐이다. 항상 욕구와 우리 개인적 목적의 기억 덕분에 우리는 고요한 관조로부터 풀려난다. 하지만 또한 우리는 가장 가까운 주변의 아름다운 환경 덕분에 다시 욕구를 갖게 되고, 그 안에서 우리는 순수하게 의지를 상실한 인식을 마주하게 된다. 그 때문에 노래와 서정적 기분에서 욕구(목적의 개인적 이해)와 자신이 접하는 환경의 순수한 관조가 서로 뒤섞이게 된다. 여기에서 양자 사이의 관계가 추구되고 상상된다. 주관적인 기분, 의지의 정념은 관조된 환경과 공유하며, 다시 관조된 환경은 반성 속에서 자신의 색깔을 입힌다. 적절한 노래란 전체적으로 이와 같이 혼합되고 공유된 기분 상태의 복제이다.

이러한 묘사에서 서정시란 불완전하게 완성된, 말하자면 비약하느라 목적을 거의 달성하지 못한 예술로, 욕구와 순수한 관조, 즉 비미학적이며 미학적인 상태가 신비롭게 뒤섞여 있는 것이 그 **본질**처럼 여겨지는 얼치기 예술로 오인할 수 있는 자는 누구인가?[2] 오히려 우리는 쇼펜하우어가 하나의 가치 척도에 따라 예술들을 나누었던 전체 대립, 주관적인 것과 객관적인 것의 대립이 일반적으로 미학에서 부적당하다고 주장한다. 왜냐하면 쇼펜하우어는 주체, 즉 에고이스트적인 목적을 요구하고 의욕적인 개인을 예술의 기원이 아니라 적대자로 생각했기 때문이다.[3]

하지만 주체가 예술가인 한에서, 주체는 이미 자신의 개별적인 의지로부터 해방된 자이며 그리고 말하자면 매개자이다. 진정한 자신의 주체는 처음부터 끝까지 이 매개를 통해서 자신의 해방을 가상 속에서 찬미한다. 그래서 우리를 낮추어 보거나 그리고 높이 보든 간에 이것으로부터 우리에게 다음과 같은 것이 명확하다. 즉, 예술이라는 희극 전체는 우리의 개선과 교양 때문에 우리를 위해 만들어진 것이 아니라는 것, 마찬가지로 우리는 저 예술세계의 고유한 창조자도 아니라는 것이다.[4]

하지만 우리는 다음과 같은 것을 받아들일 수 있다. 즉, 우리가 진정한 창조자 그 자체에 대해 이미 형상이자 예술적인 프로젝트라는 것, 우리는 예술 작품이라는 의미에서 우리의 최고 진가를 지니고 있다는 점이다. 왜냐하면 존재와 세계는 **미학적 현상**으로서만 영원히 **정당화되기** 때문이다. 이러한 우리의 의미에 관한 우리의 의식은 캔버스 위에 그려진 병사가 캔버스 위에 채색된 전투에 대해서 갖는 의식과 전혀 다르지 않다. 따라서 예술에 관한 우리의 전체 지식은 기본적으로 완전히 환영적이다. 왜냐하면 우리는 아는 자로서 저 예술이라는 희극의 유일한 창조자이자 관찰자로서 영원한 쾌락을 스스로 준비하는 자와 본질적으로 하나가 아니며 동일하지도 않기 때문이다.[5]

다만 작가가 예술적 창조 행위 속에서 세계의 근원적 예술가와 융합되는 한에서, 작가는 예술의 고유한 본질에 관한 어떤 것을 알고 있다. 왜냐하면 그 상태에서 작가는 눈알을 돌리고서 자기 자신을 바라볼 수 있는 옛이야기[6]와 마찬가지로 놀라운 자이기 때문이다. 이제jetzt 작가는 주체인 동시에 객체이고, 마찬가지로 시인이며, 배우이며 관객이다.[7]

1. 쇼펜하우어, 『의지와 표상으로서의 세계 I 』 3부 51장 "시문학에 대하여" 323쪽에 나오는 글이다. 니체가 읽은 이 책은 후일 쇼펜하우어에 의해 보완되어 양이 늘었다.

2. 니체가 앞에서 설명한 글을 읽은 독자라면, 쇼펜하우어가 설명한 서정시에 대한 견해를 듣고서 서정시를 얼치기 예술로 이해하는 사람은 아무도 없을 것이라는 뜻이다. 앞에서 니체는 서정시에 관한 쇼펜하우어의 설명이 일부분 맞지만 틀린 부분도 있다고 말했다.

3. 니체에 따르면 쇼펜하우어의 가장 큰 잘못은 서정시 작가, 노래하는 자를 대상으로 설정하는 데 있다. 쇼펜하우어는 노래하는 서정시인이 예술의 주체인 동시에 예술품의 일부라는 사실을 이해하지 못한다고 니체는 비판한다.

니체는 디오니소스적 상태에 있는 축제 참가자들이 예술의 주체이면서 예술 작품의 일부가 된다고 말한다. 니체는 또한 서정시인을 예술의 창조자라는 의미에서는 작가이지만 이미 예술 작품을 떠나 존재하는 비작가라고도 말한다. 아르킬로코스는 주관적으로 의욕하고 기뻐하고 슬퍼하는 작가이지만, 근원적 일자의 모상이란 점에서 그는 비작가라는 것도 이러한 맥락이다.

쇼펜하우어는 노래하는 자, 서정시인을 주관과 객관의 통일로 바라볼 뿐이다. 니체가 앞에서 서정시인이 '소문자 나 ich'인 동시에 '보편적인 나 Ichheit'라고 말하며, '대문자 나 Ich'를 거치지 않는다고 말한 것은 쇼펜하우어의 서정시 이해에 대한 비판이다.

4. 예술이 인간을 위해 창조된 것도 아니고 인간이 예술의 창조자도 아니라는 것은 인간은 곧 예술품의 일부라는 뜻이다. 이의 비유적 표현은 '디오니소스 축제 때 인간이 자연과 합일될 뿐만 아니라 예술의 일부로 나타난다.'이다. 디오니소스 축제 그 자체는 하나의 예술이고, 그 안에 참가한 사람 하나하나 모두 예술 작품이다. 인간의 삶 그 자체가 하나의 예술이다. 예술은 인간을 위해 창조되었고, 인간이 예술을 창조한다고 보는 것은 예술 작품과 인간을 서로 대립한다고 사유한 것이다. 쇼펜하우어의 노래관은 바로 여기에 근거하고 있다. 이 점이 바로 한계라고 니체는 신랄하게 지적한다.

5. 예술 작품과 인간의 관계에 대한 설명이다. 비유적인 설명으로 이해해 보자.

> **우리의 의식** = 캔버스 위에 그려진 병사
>
> **우리의 의미** = 캔버스 위에 채색된 전투

인간이란 존재는 전체 속의 일부이고, 그 전체 속에서 하나의 예술 작품으로 존재한다는 뜻이다. 하지만 이것이 전부는 아니다. 예술에 관한 지식 역시 문제가 된다. 인간이 예술에 관한 지식을 가지고 있다고 할지라도, 그 지식은 예술 전체를 이해할 수 있는 지식이 아니다. 왜냐하면 근원적 일자가 쾌락을 창조하고, 인간은 그 쾌락을 향유하고 알 수 있는 존재이기 때문이다. 그렇다면 인간은 어떻게 근원적 일자가 만들어 낸 예술을 알 수 있는가? 일반인은 불가능하다. 예술적 천재, 여기서는 창조적인 서정시인이 이를 가능케 한다.

6. 니체는 안데르센의 「빵을 밟는 소녀」의 주인공 잉거를 염두에 두고 이 말을 하는 것 같다. 잉거는 가난하지만 자부심이 너무 지나쳐 거만한 성격을 지닌 소녀였다. 그는 부잣집에서 하녀로 일하다 집에 다녀올 기회를 얻게 된다. 집주인은 잉거에게 빵을 선물로 주었다. 화려하게 옷을 입고 집으로 가던 잉거는 더러운 흙탕물이 갈 길을 가로막자, 옷과 신발을 적시지 않으려고 빵을 웅덩이에 던졌다.

그 벌로 잉거는 지옥 궁전 대기실에서 버린 빵에 다리가 달라붙어 꼼짝 못하는 동상이 되었다. 동상이 된 잉거는 지옥 궁전 대기실을 찾은 죽은 자들 누구나가 쳐다보는 대상이었다.

그녀는 빵이 발에 붙어 움직일 수 없고, 목도 굳어서 움직일 수 없었다. 다만 그녀는 눈알만을 굴려 사방을 돌아볼 수 있으며, 자기 안쪽도 들여다볼 수 있었다. 그녀는 빵을 밟고 있지만 움직일 수 없으므로 손으로 집어 먹을 수 없었다. 그녀는 너무 배가 고팠지만, 몸 안의 창자들이 서로가 서로를 먹어 치우는 모습을 볼 뿐만 아니라 그 극심한 고통도 느낄 수 있었다.

잉거는 창자가 내장을 먹어 치우는 모습을 보고 그 고통을 느낀다는 점에서 주관적인 작가이며, 궁정 대기실에 들어오는 자들을 모두 볼 수 있다는 점에서 세계를 관조할 수 있는 작가이며, 궁정 대기실의 동상으로 서 있다는 점에서 대상이 된다. 잉거는 니체 음악론의 상징적 표현이다.

안데르센의 「빵을 밟은 소녀」 삽화 (『안데르센 동화집』, 가든 시티 출판사, 1914년)

쇼펜하우어는 주관적인 작가로서 잉거와 주변을 관조하지만, 대상으로서 잉거를 바라보지 못한다. 니체는 예술이란 이 대상으로서 잉거, 즉 예술 작품 안에 하나가 된 작가까지 포함해야 한다고 주장한다. 디오니소스 축제에 참여한 자는 본인도 예술 속의 일부가 되므로, 예술 작품의 일부가 된다. 모든 사람이 예술가가 될 수 있는 것은 이 때문이다.

7. 꼼짝도 못하는 동상인데, 눈알만을 돌려 두루두루 사방을 돌아볼 수 있는 동시에 자기 자신의 내부도 돌아볼 수 있을까? 현실에서는 불가능하지만 동화에서는 가능하다. 잉거가 그렇다. 잉거는 지옥 궁정 대기실에 동상으로 꼼짝 못하고 서 있으므로 대상이지만, 눈알을 돌려 궁정 전체를 볼 수 있고 동시에 자신도 볼 수 있다는 점에서 관조자다.

니체가 말한 잉거는 자신을 바라본다는 점에서 주관적인 예술가이다. 동시에 이를 예술 작품으로 창조한다는 점에서 창조자이며, 예술 작품 전체의 일부라는 점에서 대상이 된다. 잉거는 서정시인이 주관적인 작가이면서 예술 전체의 일부라는 점에서 비작가를 상징한다.

다시 보기

얼치기 예술가와의 투쟁! 얼치기 예술이란 무엇인가? 주체와 대상을 분리하는 예술! 창조하는 예술가와 창조된 것을 바라보기만 하는 예술! 예술가는 예술가일 뿐이고, 예술의 일부가 되지 못하는 예술! 일반 시민이 예술의 일부가 되지 못하고 예술의 객체가 되는 예술! 니체에 따르면 이 모든 게 얼치기 예술이다. 이런 예술은 예술의 주체인 예술가와 시민을 분리하고, 시민과 시민을 분리시켜 하나가 되지 못하게 만든다. 대다수 예술가는 얼치기 예술가이고, 쇼펜하우어는 얼치기 예술을 철학적으로 정당화한 철학자이다.

어중이떠중이가 즐기고 높은 점수를 부여한 서정시와 그 서정시를 처음 만든 아르킬로코스를 보라. 어중이떠중이가 즐기고 향유하는 아르킬로코스의 서정시가 완전한 예술이다. 그 예술은 예술을 창조한 자와 이를 즐기는 어중이떠중이를 하나로 만든다.

과거 예술의 최고 가치는 무엇이었는가? 객관적인 아름다움이다. 주체로서 예술가는 대상의 아름다움을 작품으로 만들어 낸다. 이것이 아폴론적인 예술이다. 니체는 어떤 예술에 최고 가치를 부여하는가! 자연과 인간, 인간과 인간, 예술 창조자와 예술 향유자를 모두 하나로 묶어 주는 예술이다. 이것이 진정한 예술이고 완전한 예술이다.

아르킬로코스는 예술사에서 획기적인 사건이다. 어중이떠중이를 예술의 주체로 들어오게 만든 사건, 철학자 플라톤을 극히 분노케 만든 사건, 형상을 노래한 서사시의 틈을 감정의 칼날로 날카롭게 비집고 들어온 서정시의 침투 사건. 서정시, 이것은 사소한 사건이지만 예술사에서 엄청난 혁명적인 사건이다. 니체는 이 사건을 놓치지 않고, 인류에게 희망을 가져다주는 등불로 삼는다.

5장 다시 보기

니체의 글은 일반적으로 어렵다. 28살의 나이에 쓴 『비극의 탄생』 역시 읽기 쉽지 않다. 특히 5장은 이해하기 쉽지 않다. 여러 이유가 있다.

우선 번역이 어려움을 자아낸다. '나'와 관련된 용어들을 우리말로 옮기기 쉽지 않고, 이해하기도 어렵다. 용어에 막힌 어려움은 문장 구조의 파악도 가로막고, 나아가 전체 이해를 쉽지 않게 만든다.

서정시와 서사시에 관한 이해도 5장의 읽기를 막아서는 요소이다. 서사시와 서정시를 개념적으로 이해하고 있다 해도, 서정시와 음악의 관계는 생소한 문제이다. 이 양자의 관계를 이해하기 쉽지 않을 뿐만 아니라 생각조차 해 본 적이 없는 문제라는 것이 우리 현실이다. 더구나 서정시 안에 포함된 감정 표현 언어와 어휘 안에 음악적 요소가 있다는 니체의 설명은 생소하기 그지없다.

결국 문제는 음악철학의 결핍이다. 서정시의 음악적 요소를 이해하지도 못했는데, 니체가 실러의 서정시를 평가하면서 밝힌 한계를 파악한다는 것은 불가능에 가깝다. 나아가 서정시 작가와 예술 향유자를 주와 객의 이분법으로 구분하는 쇼펜하우어의 음악철학은 5장을 더더욱 이해 불가능으로 몰아넣는다.

더구나 우리나라에는 음악철학이 별로 소개되지 않았을 뿐만 아니라 음악을 철학적으로 사유하는 것도 극히 드물다. 철학에 관심 있는 일반 독자도 음악철학에 관심을 가진 경우는 많지 않다. 음악철학은 우리의 사각지대가 아니라, 우리가 음악철학의 문외한이다. 음악철학을 생각해 본 적 없는 우리에게 니체는 음악철학적 관점에서 서정시를 다 알고 있다는 전제하에서 아폴론적인 정형예술과 디오니소스적인 감정예술을 구분하고, 서정시를 디오니소스적 예술과 연결하여 설명한다. 밑돌부터 착실히 쌓아 올리지 못한 우리의 음악철학 풍토 위에 화려한 니체의 갓돌을 올린다고 해서 음악철학의 성벽이 완성될 리 없다. 서정시 따로, 디오니소스 따로, 비극 따로를 섞어 따로국밥을 잘 말지만, 맛의 조화가 없는 '따로' 국밥일 뿐이다. 결핍의 음악철학이 음악철학의 궁핍을 더 가중시킨다.

이것들만이 5장의 이해를 가로막는 장벽이 아니다. 우리의 출입 자체를 아예 금지하는 방벽이 등장한다. 서정시를 통한 형이상학적 존재, 근원적 일자를 증명하고자 하는 니체의 음악 형이상학은 더 높고 강력한 장벽 중에서도 높이 솟아오른 방벽이다. 인간은 예술 창조자이면서 예술의 대상이며, 예술을 통해 모든 인간이 하나가 될 수 있으며 근원적 일자와 합일될 수 있다는 니체의 형이상학적 음악철학.

하지만 그래도 이해할 길은 있다. 니체가 던진 모티브다. 고대 그리스의 서정시인 아르킬로코스, 그는 니체 철학에 이르는 천 개의 길 중 하나로 다가온다. 니체는 주관적인 시인 아르킬로코스를 객관적인 예술을 넘어 형이상학적 존재, 근원적 일자를 드러내는 보편적인 예술가로 승화시킨다. 아르킬로코스는 니체의 비극, 음악철학, 형이상학, 시민철학을 이해할 수 있는 시발점이다. 아르킬로코스는 전복의 철학자 니체 형이상학의 출발점이고, 니체 사상의 수렴점이다. 여기에서 니체의 철학을 시작하자.

6장

민요

1. 민요의 보편성

아르킬로코스와 관련한 기존의 연구는, 아르킬로코스가 민요Volkslied를 문학에 도입했으며 그리스인들이 일반적으로 그를 평가하면서 민요를 도입했다는 사실 때문에 그에게 호메로스와 어깨를 견줄 만한 지위를 부여했다는 것을 발견했다.[1] 하지만 민요가 완벽한 아폴론적 서사시와 견줄 만하다는 것은 어째서인가? 아폴론적인 것과 디오니소스적인 결합의 **영원한 흔적**perpetuum vestigium 이외에 달리 무엇이란 말인가?[2]

모든 민족이 갖고 있으며 나날이 새롭게 탄생하면서 강력해지는 민요의 엄청난 전파력[3]은 우리에게 저 예술의 자연스러운 이중적 충동이 얼마나 강력한가를 보여 준다. 한 민족의 광란적인 운동이 자신의 음악 속에 흔적을 남기는 것과 유사한 방식으로 이중적 충동은 그 흔적을 민요 속에 남긴다.[4]

물론 민요가 풍부하게 만들어지는 저 시기가 디오니소스적 조류에 의해 강력하게 영향을 받았다는 것을 또한 역사적으로 입증할 수 있다. 이런 점에서 우리는 디오니소스적 조류를 민요의 토대이자 전제로 고찰해야만 한다.[5]

1. 이 문장은 6장 전체를 이끄는 중요 내용이다. 니체는 5장에서 아르킬로코스의 서정시를 바탕으로 주관적이고 개인적인 감정을 표현한 ich가 왜 보편적인 나 Ichheit, 즉 형이상학적 존재인 근원적 일자와 연결되는가를 철학적으로 설명했다. 니체는 6장 첫머리에서 아르킬로코스가 민요를 문학에 도입했다고 주장한다. 니체는 이에 대해 별다른 설명을 하지 않는다. 왜 니체가 이 말을 썼는지 추론해 보면서, 니체가 서정시적인 가사가 주를 이루는 민요를 왜 높이 평가했는지 살펴보자.

'아르킬로코스가 민요를 문학에 도입'했다는 말 때문에 우리는 아르킬로코스가 민요에서 부르는 가사를 서정시의 형태로 많이 썼다고 추론하기도 한다. 하지만 이는 잘못된 추론이다. 민요의 특징 중 하나는 가사를 누가 지었는지 알 수 없다. 작사자를 알 수 있다면, 이는 이미 민요가 아니다. 따라서 니체의 이 문장은 다른 해석을 해야 한다는 뜻이며, 5장 전체와 6장 첫머리 사이에는 우리가 채워야 할 빈 구석이 많다는 것을 뜻할 뿐이다.

이 추론의 첫머리는 운율에서 시작한다. 아르킬로코스는 최초로 서정시를 쓰면서, 서사시의 주요 운율인 육절운율dactylic Hexameter과 전혀 다른 새로운 삼절운율iambic trimeter, 즉 이암보스격이란 운율을 사용했다.

서사시에서 주로 사용하는 운율은 육절운율로서 장단단격이다. 이때 운율은 단어가 아니라 음절syllable이 기준이다. 장은 '—'로 표현하고 강하거나 길게 읽고, 단은 'ᴗ'로 표현하고 짧거나 약하게 발음한다고 생각하면 된다. 서사시는 기본적으로 장단단 '—ᴗᴗ'으로 이뤄지고, 육절운율은 장단단이 여섯 번 행해짐을 뜻한다. 또한 장단단 기본 운율은 여러 형태로 변형되지만 장단단이라는 고유 성격은 변하지 않는다.

서사시인은 육절운율을 사용하여 시를 짓는다. 서사시를 읊을 때도 육절운율의 규칙에 맞춰 읽어야 제맛이 난다. 육절운율을 사용하는 서사시는 우리가 알고 있는 것처럼 위대한 신이나 영웅의 업적과 행적을 기린다. 호메로스는 『일리아스』, 『오디세이아』를 쓰고 읊을 때 육절운율을 사용했다.

장단단격을 현실에서 쉽게 볼 수 있는 곳이 있다. 교회 목사가 설교하는 모습을 유심히 관찰하면 좋다. 예컨대 '하나님 세상을 보소서'라는 말을 목사가 했다고 하자. 목사는 '하'는 강하고 길게 발음하고 '나님'는 짧고 약하게 발음한다. 마찬가지로 '세'는 길게 강하게 말하고 '상을'은 약하고 짧게 발음한다. 마지막으로 '보'는 강하고 길게, '소서'는 짧고 약하게 말한다. 이는 전형적으로 육절운율을 사용해서 설교하는 방식이다.

아르킬로코스는 호메로스의 육절운율이 지배하던 시대에, 서사시의 지배 지대에, 영웅과 신의 지배 시대에 맨몸으로 저항한다. 그는 이암보스격, 삼절운율을 무기로 들고 서정시를 짓고 읊는다. 삼절운율은 단장격, 'ᴗ—'이 세 번 반복되는 것을 말한다. 단장격 역시 다양한 변형을 일으키며 불려질 수 있지만 기본 성격은 변하지 않는다.

삼절운율은 시의 세계에서, 인류의 정신사에서 혁명 그 자체이다. 아르킬로코스는 기존 시 세계, 서사시가 지배하는 시대에 전투에 참가한 전사처럼 삼지창을 들고 삼 보씩 움직이면서 신과 종교와 영웅의 세계에 전쟁을 일으킨다.

호메로스 서사시는 장엄하고 육중하고 무겁고 화려한 육절운율의 세계이다. 삼절운율은 평범한 인간, 시민, 민중, 기층 대중의 가볍고, 흥겹고, 서럽고, 처연하고 애달픈 일상적인 감정을 서정시로 표현한다. 반면 삼절운율의 서정시는 서사시의 신과 종교와 영웅의 육중한 세계 대신 평범한 대중의 가벼운 감정 세계를 문학의 전면에 등장시킨다.

하지만 아르킬로코스가 삼절운율을 창조했다고 오해해서는 안 된다. 아르킬로코스가 삼절운율을 사용하기 이전에 단장격은 일반적으로 민중이나 하층민이 주로 사용하는 노래 방법이었다. 단장격을 쉽게 이해할 수 있는 곳이 바로 민요이다. 예컨대 우리 민요의 가사인 '아리아리랑 스리스리랑'을 노래로 불러 보자.

아 리 아 리 랑   스 리 스 리 랑
U — U — U —   U — U — U —

첫 번째 '아'는 짧고 약하게, 첫 번째 '리'는 길고 강하게 노래해야 제맛이 난다. 두 번째 '아리'도 마찬가지로 노래하고, '랑'은 길게 하다 짧게 하거나 혹은 변형 이암보스격으로 길게 해야 제맛이 난다. '스리스리랑'도 단장격으로 불러야 제맛이 난다. 우리나라 대부분 민요는 단장격으로 불러야 제맛이 난다. 실제로 전 세계 대부분 민요는 단장격으로 부른다.

단장격의 또 다른 예는 셰익스피어이다. 셰익스피어는 단장 삼절운율을 단장 오절운율iambic pentameter로 적극 도입한다. 예컨대 'To be or not to be that is the question.'을 발음해 보자.

To be or not to be that is the question.
U — U — U — U — U —

to는 단, be는 장, or는 단, not은 장, to 단, be는 장, that은 단, is는 장, the는 단, question은 장으로 발음한다. 셰익스피어는 단장 오절운율을 희극 속에 많이 넣어 영어의 전달력을 편하고 쉽게 했다는 점과, 민중이 주로 사용하던 단장격의 언어적 힘을 극 속에서 받아들였다는 점에서 위대하다. 그 때문에 니체는 곳곳에서 셰익스피어를 위대한 예술가로 표현한다.

이암보스격을 아르킬로코스가 창조한 것은 아니다. 민중의 입에서 입으로 전해지는 민요조의 단장 삼절운율은 이미 존재했다. 아르킬로코스는 인간이 느끼는 주관적 감정을 표현하기 위해서 삼절운율이 아주 유용하다는 것을 알아챘고, 이를 받아들이고 서정시에 적극 활용했을 뿐이다. 그 결과 민요 속에 포함된 민중의 언어세계, 음악세계가 서정시를 통해 문학 세계의 중심에 나타났다. 삼절운율의 시에의 도입은 단순히 시를 새롭게 짓는 방법을 들여온 것으로 끝나지 않았다.

니체는 민중들이 주로 사용한 삼절운율을 아르킬로코스가 이용했다는 점에서 '아르킬로코스가 민요를 문학에 도입'했다고 말한다. 그 결과는 시의 세계를 넘어섰다. 서정시와 민요를 통해 상류층, 기득권층, 지배층의 언어세계를 전복시키는 새로운 언어세계, 음악세계가 나타난다. 민중의 언어와 음악은 단순히 언어와 음악으로 끝나지 않고, 그 언어와 음악에 포함된 세계관이 세상에 힘을 드러낸다. 이제 아르킬로코스는 아폴론적 예술의 최고봉인 서사시의 대표자 호메로스와 어깨를 견줄 만한 위대한 시인으로 격상된다.

민중의 언어와 음악이 가진 강력한 힘과 관련된 사상은 더 발전되지 않았다. 니체는 민중들이 언어와 힘을 잃고 난 상태를 한탄한다. 민중의 언어와 음악을 사용하고 향유한 명랑한 그리스인들은 소크라테스 이후 정신적 죽음을 당하기 시작하여, 기존 질서에 질식을 당한 낙타, 난쟁이 같은 현대 시민이 되었다고 니체는 한탄한다.

2. 민요는 선율과 가사로 이루어진다. 선율은 디오니소스적 예술이며, 가사(언어)는 아폴론적 예술이다. 민요는 선율과 가사의 결합으로 이루어졌다는 점에서 디오니소스적 예술과 아폴론적 예술의 결합이다. 언어의 아폴론적 성격에 대한 설명은 뒤에서 자세하게 다룬다.

3. 외면적 관점에서 보았을 때 민요란 무엇인가에 대한 니체의 설명이자 일반적으로 우리가 생각할 수 있는 민요의 힘이다.

첫째, 민요 없는 나라는 없다. 민요 없는 지역도 없다. 심지어 역사가 아주 짧은 미국도 구전하는 민요가 있다. 민요가 없는 나라나 지역이 있다면, 그 나라는 민족적 정체성을 찾기 어렵다.

둘째, 민요는 고정불변하는 것이 아니라 끊임없이 생성 변화하며 점점 더 강력해진다. 민요는 일반 민중들이 고유한 음에다 새로운 가사를 지속적으로 붙이며 부른다. 민요는 시간이 흐를수록, 다른 지역으로 이전될수록 새롭게 힘을 키워 가고 왕성해진다.

셋째, 민요는 부드럽지만 강력하게 스며들어 가는 엄청난 힘을 지니고 있다. 민요의 매력은 누구나 따라 부를 수 있고, 한번 입에 붙으면 떨어지지 않는다는 점에 있다. 또한 민요는 혼자 부르는 것이 아니라 여러 사람이 같이 부르며 서로를 하나로 묶어 주는 강력한 힘이 있다.

민요는 보편성, 변화성, 통합성이라는 강력한 힘을 지닌 예술 장르라는 것이 니체의 설명이다.

민요는 근대 민족국가의 형성기에 상상의 공동체로서 민족을 완성시키는 데 중요한 역할을 했다. 근대 민족국가의 완성 이후, 자본주의적 경제의 발전과 대중음악의 상품화 이후 민요는 민중들 사이에서 사라지는 소멸화의 운명을 겪거나, 무대 위에 연희 예술로 공연되는 박제화의 숙명에 처한다. 또는 민요는 다른 예술 장르의 창작에 보조 역할로 그 쓰임새가 한정되는 노예로서 목숨을 부지한다.

4. 니체는 그리스 비극의 탄생을 디오니소스적 요소와 아폴론적 요소의 화학적 반응이라는 시너지 효과에서 나온다고 주장한다. 니체는 이러한 생각에 맞춰 민요 역시 디오니소스적 요소와 아폴론적 요소의 결합이라는 점을 강조한다.

5. 니체는 민요가 만들어진 시기를 한 국가 내에서 디오니소스적 조류가 주도적 지위를 차지할 때, 디오니소스적 축제가 커다란 의미를 가질 때라고 말한다. 우선 주체적 측면에서 다수 민중, 대중,

시민이 디오니소스 축제의 중심이 된다는 점에서, 그 다음은 내용적 측면에서 대다수 시민이나 대중이 제대로 된 음악 수업을 받았을 리 없으므로, 그들이 즐기고 표현한 음악이 민요적 요소일 것이란 점에서 이러한 추론이 가능하다.

다시 보기

그리스 비극에 나타난 삼절운율을 둘러싼 플라톤과 니체의 투쟁을 살펴보도록 하자. 플라톤(기원전 428~347년)은 지금부터 약 2,500년 전에 그리스 비극에 대해 비판적 태도를 취했으며, 비극의 주요 운율 중 하나인 삼절운율에 대해 비판적 태도를 취했다. 반면 니체는 지금부터 약 150여 년 전에 그리스 비극을 대단히 중요한 예술로 받아들이고, 삼절운율에 중요한 의의를 부여했다. 플라톤과 니체는 삼절운율을 두고 대전투를 벌인다.

삼절운율이 그리스 비극에서 차지한 지위는 파격적이다. 그리스 비극에서 아이스킬로스는 중요한 위치를 차지한다. 그는 배우의 수를 한 명에서 두 명으로 늘렸으며, 대화를 비극 드라마의 중심으로 만들었다. 코로스가 아닌 대화가 드라마의 중심이 되었다는 것은 코로스의 창법과 다른 발성법과 운율이 필요함을 뜻한다. 아리스토텔레스는 이 때문에 아이스킬로스 이후 춤에 적합한 장단사절운율trochaic에서 단장삼절운율iambic로 바뀌었다고 전한다. 그 이유는 단장격 운율이 대화에 가장 적합한 운율이기 때문이다. 단장삼절운율의 장점은 일반적으로 사람들이 말하는 방법과 유사하다는 점이다.

대화가 도입되자 자연스럽게 이에 적합한 운율을 발견했다. 우리가 알고 있는 것처럼 삼절운율은 대화에 가장 적합하다. 이는 대화할 때 우리가 종종 볼 수 있는 현상이다. 반면 우리가 일상적인 대화에서 벗어나는 경우에만 육절운율을 사용한다.[40]

그리스 비극의 춤에서 대화로의 전환은 뜻하지 않은 결과를 가져온다. 삼절운율의 도입은 그리스 신과 영웅 중심의 육절운율을 배제하는 효과를 가져왔다. 다시 말하면 서사시의 장중하고 웅장한 언어 체계에서 일반 시민들이 흔히 대화하는 운율 체계로 발전했다는 놀라운 결과가 나타난 것이다. 왜 이것이 놀라운 결과인가는 육절운율과 삼절운율의 성격에서 비롯한다. 아리스토텔레스는 육절운율이 아닌 다른 운율로는 서사시를 지을 수 없다고 말한다.

경험적으로 본다면, 영웅시의 운율(육절운율)이 서사시에 적합하다. 누군가 이러저러한 다른 운율로 서사시를 써 본다면, 부조화가 명백해질 것이다. 영웅시의 운율이 사실 운율 중에서도 가장 엄숙하고 무게감이 있다.[41]

분명 육절운율은 서사시를 쓰는 데 적합하고, 서사시는 영웅과 신들의 세계를 그린다. 아리스토텔레스는 감정에 휩쓸리지 않은 채 차분하게 관조하는 서사시에는 육절운율이 적합하다고 서술한다.

아리스토텔레스의 스승 플라톤은 한발 더 나아가 육절운율을 이념적으로 강조한다. 플라톤은 평범한 인간들이 희로애락을 느끼는 인간의 세계가 아닌, 인간이 따라야 할 신적인 세계와 영웅들의 세계, 그리고 이데아의 세계를 구축하고 그 세계를 따라야 한다고 강조한다.

플라톤은 내용적인 측면에서 감성과 상상의 존재로서 신을 부정하고 이성적 존재로서 신만을 인정한다. 플라톤은 이성적 신에서 벗어난 모든 이야기와 신화를 이상 국가에서 배제해야 한다고 주장한다. 플라톤의 주장은 이것으로 끝나지 않는다. 그는 일반 시민들, 요즘 식으로 말하면 민중들의 평범한 언어세계인 이암보스격, 삼절운율의 세계를 문학과 현실세계에서 쫓아내야 한다고 주장한다.

> 만약 어떤 삶이 이 이암보스격의 운율시가 포함되어 있는 니오베의 수난이나 펠롭스가의 이야기, 또는 트로이아 전쟁 이야기나 이와 같은 종류의 다른 어떤 것을 이야기로 지으려 할 경우에, 이것들을 신이 한 일로 이야기하도록 허용해서는 아니 되네.[42]

펠롭스가의 이야기를 지은 사람은 누구인가? 바로 아이스킬로스가 『아가멤논』 등으로 펠롭스가의 비극을 지었다. 아이스킬로스는 서정시의 운율인 이암보스격, 삼절운율을 비극에 도입한 위대한 비극 작가이다. 플라톤은 아이스킬로스의 문학적 혁명을 부정한다. 하지만 어쩌랴! 이암보스격은 대세이고, 아테네 사람들은 이암보스격, 삼절운율을 입에 달고 살았다.

플라톤은 현실의 강력한 대세와 타협한다. 이암보스격이 현실에서 사용된다 할지라도, 그 사용은 극히 제한되어야 한다는 것이다. 플라톤은 신을 이성적으로 그리지 않고 감성적으로 그린 것을 부정하라고 주문한다. 그래도 이암보스격을 써야 한다면, 어떻게 해야 할 것인가? 신이 한 일로 허용하지 말라고 플라톤은 강력하게 말한다.

 니체는 평민, 시민, 민중, 서민, 일반 백성들의 언어인 삼절운율을 부정한 플라톤을 비판할 가치조차 느끼지 못한다. 이미 셰익스피어는 이암보스격을 이용하여 영어를 사용하고 이용하기 쉬운 언어로 발전시켰고, 괴테가 이를 적극적으로 활용하여 독일어를 발전시켰기 때문이다.

 2,400여 년이 지난 뒤, 신적인 세계, 이데아의 세계를 현실에 구현하고 싶은 플라톤의 육절운율에 대한 간절한 구애는 실패로 끝이 난다. 대중들은 근대 시민혁명을 거치며 이미 종교와 신과 영웅의 세계와 등을 지고, 자신들만의 '대화의 언어'를 넘어 '행동의 언어'를 발전시키기 시작했기 때문이다.

 니체는 아르킬로코스가 서정시에 처음 도입한 삼절운율, 아이스킬로스가 비극에 도입한 이암보스격의 혁명적 의의를 직감했다. 니체는 이 혁명적 의의를 그리스 비극에서 찾아냈다. 니체는 삼절운율이 마침내 종교의 세계를 부정하는 위대한 힘이 있다는 것을 알아챘다. '신은 죽었다'라는 니체의 고고한 외침은 이미 청년기에 발견한 신과 영웅의 세계를 부정한 삼절운율에 있었다.

2. 근원적인 선율

 그러나 민요는 무엇보다도 음악적인 세계의 거울, 근원적인 선율Melodie로서 우리에게 나타난다. 근원적인 선율은 이제 이와 버금가는 꿈의 현상을 추구하고 가사로 이를 표현한다.[1] 따라서 **선율이 가장 우선적인 것이며 보편적인 것이다.** 이 때문에 선율은 다양한 가사Dichtung로 다양한 객관화 그 자체를 견뎌 낼 수 있다.[2]

선율은 또한 민중의 소박한 평가에서 훨씬 더 중요하고 필수적인 것이다. 선율은 자신으로부터 가사를 낳고, 그것도 항상 새로운 가사를 창출한다.[3] **민요의 연형식**Strophenform[4]은 우리에게 이외의 다른 어떤 것을 말하지 않는다. 마침내 내가 이런 설명을 발견할 때까지, 나는 이런 놀라운 현상을 깜짝 놀란 채 관찰해 왔다.

예를 들면 『어린이의 이상한 뿔피리』[5] 같은 민요집을 이 이론의 관점에서 고찰해 본 사람이라면, 지속적으로 변화하는 선율이 불꽃같은 형상을 자신 주변에 튀겨 내는 헤아릴 수 없이 많은 예를 발견하게 될 것이다. 그 불꽃같은 형상은 그 다양성, 급격한 변화, 자유분방한 자기전복을 하면서 서사시적인 가상과 그 안정적인 흐름과 전혀 다른 힘을 분출시킨다.[6] 서사시의 관점에서 본다면, 서정시의 이처럼 불규칙하고 고르지 못한 형상세계는 그야말로 비판받아 마땅하다. 테르판드로스Terpander[7] 시대에 아폴론 축제의 엄숙한 서사 음유시인들은 확실히 이런 비판을 주저하지 않았다.

1. 민요는 선율과 가사로 구성된다. 민요의 선율은 디오니소스적인 예술이고, 민요의 가사는 일종의 언어로서 꿈을 표현하는 아폴론적인 형상예술이다. 니체는 꿈과 시의 관계를 1장에서 설명했다.
2. '선율은 다양한 가사로 다양한 객관화 그 자체를 견뎌 낼 수 있다.'는 하나의 선율이 다양한 가사로 나타나는 것을 받아들여 표현할 수 있다는 뜻이다. 즉, 하나의 선율에 맞춰 다양한 가사를 붙여 노래를 부를 수 있다는 뜻이다.

민요에서 선율이 우선적인 것인가, 가사가 우선적인 것인가? 니체는 선율이 더 우선적이라고 본다. 왜냐하면 민요는 하나의 선율이 있으면, 이 선율에 맞춰 수많은 가사를 붙여 부를 수 있기 때문이다. 진도아리랑이나 정선아리랑을 생각해 보자. 기본 선율에 민중들은 자신의 사랑과 한을 담아 수없이 많은 가사를 붙인다. 아리랑을 부르기 시작하면, 선율에 나만의 가사를 넣기 시작하면 시작도 끝도 없는 기나긴 음악 여행이 된다.

3. 민요의 선율을 만들어 내는 주체는 누구인가? 입에서 입으로 전해지는 가락이고, 그 가락의 주체는 민중이다. 민요의 가사를 만들어 내는 주체는 누구인가? 입으로 가사를 중얼거리고 흥얼거리며, 입에서 입으로 전해지는 여러 가사의 주체 역시 민중이다. 선율이 스스로 가사를 만들어 낸다는 것은 이 점에서 선율의 주체인 민중이 또한 가사를 만들고 부른다는 뜻이 된다.

4. 연형식Strophenform이란 하나의 선율에 여러 다양한 시나 스탠자(4행 이상의 각운이 있는 시구)를 붙인 것을 말한다. 예를 들면 슈베르트의 『아름다운 물레방앗간의 아가씨』가 대표적인 경우이다. 연형식의 반대는 하나의 시나 스탠자에 하나의 선율이 존재하는 경우이다. 우리가 흔히 접하는 가요, 오페라의 아리아가 그 예가 될 수 있다.

　연형식이 음악가들에 의해 정착되기 전, 민요는 대표적인 연형식을 취하고 있었다. 기본 선율이 있으면, 이 선율에 맞춰 다양한 가사들이 만들어진다. 〈정선아리랑〉은 하나의 기본 선율에 여러 다양한 가사가 실리며, 몇 시간이고 불려질 수 있다.

5. 『어린이의 이상한 뿔피리Des Knaben Wunderhorn』는 말러의 교향곡 2, 3, 4번에 의해 우리에게 잘 알려져 있다. 말러는 이 민요집의 일부

내용을 교향곡을 작곡하면서 사용했다. 『어린이의 이상한 뿔피리』
는 니체에게 중요 의미가 되므로 여러 측면에서 살펴보아야 한다.

이 책은 낭만파 시인 아힘 폰 아르님Achim von Arnim과 중세학 전문
가 클레멘스 브렌타노Clemens Brentano가 채록한 민요를 바탕으로 수정
변형하여 지은 시집이다. 후일 브렌타노의 영향을 받은 그림 형제
가 독일의 옛이야기를 수집했다. 그 후 슈만, 브람스, 볼프, 슈트라
우스, 쇤베르크 같은 작곡가가 이 시집의 가사에 곡을 붙였다. 하이
네는 이 책을 극찬했다.

> 이 시집에서 독일인의 심장이 고동치는 소리를 들을 수 있다. 독일인을 이
> 해하려면 이 시집을 읽어야 한다.'[43]

괴테 역시 "집집마다 있어야 될 책"이라고 말할 정도였다.

이 책은 1805년 첫 권이 나왔고, 1808년에 나머지 두 권이 나왔
다. 이 시기는 근대 시민혁명에 성공한 프랑스가 독일을 침략을 했
고, 그 전쟁에서 독일이 패배한 때이다. 민요의 수집을 바탕으로 한
이 시집은 단순히 서정적인 아름다움과 슬픔, 기쁨을 기록한 것이
아니라 독일 민중의 일반적 정서를 드러낸다.

『어린이의 이상한 뿔피리』가 출판된 시기는 니체가 『비극의 탄
생』을 지은 때와 대비된다. 전자가 독일이 프랑스에 패배한 시기라
면, 후자는 독일이 프랑스와의 전쟁에서 승리한 시기이다. 『어린이
의 이상한 뿔피리』는 정치적으로 본다면 프랑스의 침략에 영향을
받아 독일의 민족주의가 태동하고 문화적으로 낭만주의가 시작한
시기에 출판되었다. 『비극의 탄생』은 강력해진 독일의 힘을 바탕으

『어린이의 이상한 뿔피리』 1권, 2권, 3권 표지 (아힘 폰 아르님과 클레멘스 브렌타노, 1권(1806년 판본), 2권과 3권(1808년).

로, 정치적으로 본다면 독일의 민족주의가 고도로 상승하고 문화적으로 낭만주의의 절정에 이른 때에 출판되었다.

책 제목에 들어가 있는 '피리'의 중요성도 놓치지 말아야 한다. 리라 연주자 아폴론과 음악 대결을 벌여 패배한 마르시우스가 연주한 악기가 아울로스, 즉 피리이다. 리라나 키타라가 아폴론적 음악예술의 주요 수단이라면, 피리의 전신인 아울로스는 디오니소스적 음악예술의 전형이다. 아울로스가 민요적인 음악이고 디오니소스적 축제가 대중, 민중, 시민, 한 사회에 소외된 자들을 위한 것이라는 점에서, 아울로스의 후신인 피리는 민중예술인 민요를 대표하는 악기이다.

마지막으로 민요를 바탕으로 만든 시집이란 점이 중요하다. 니체는 민요란 선율과 가사로 이뤄진다고 말했으며, 선율이 우선한다고 주장한다. 민요집 『어린이의 이상한 뿔피리』는 우리가 일반적으로 접하는 시집이 아니라 민중들이 일반적으로 콧노래로 흥얼거리던 선율에 근거하며, 민중들의 입에서 입으로 전해진 구전 가사들을 바탕으로 만들어졌다. 아르님과 브렌타노는 기본 선율, 니체의 표현대로라면 근원적인 선율인 민요를 바탕으로 여러 다양한 가사들을 변형 가공하여 시로 남겼다. 이 점에서 이 민요집은 니체의 주장대로 선율에 근거한 다양한 가사의 전형적인 예가 된다.

니체는 『어린이의 이상한 뿔피리』를 근거로 민중들의 선율과 가사를 디오니소스 예술의 전형적인 예로 승화시킨다. 아폴론적 예술의 전형으로 호메로스의 서사시가 있다고 한다면, 디오니소스적 예술의 전형으로 민중들의 민요, 즉 기본 선율에 바탕을 둔 다용한 서정시적인 가사의 모음집인 민요가 있다. 니체는 민중들의 예술인 민요를 아폴론적 예술과 힘을 합쳐 하나의 새로운 예술세계를 열 수 있는 핵심 요소로 등장시킨다.

6. 민요의 가사가 아주 다양한 방법으로 만들어짐을 설명한 것이다. 서사시가 안정성에 기반을 두고 있다면, 서정시에 기반을 둔 민요는 불완전과 급격한 변화, 때로는 자기전복에 근거한다. 이는 민요의 가사가 선율에 기반하여 여러 다양한 방식으로 만들어지고 있음을 뜻한다.

7. 테르판드로스는 기원전 7세기 초반에 활약한 서사시인으로 그리스 음악과 서사시의 아버지라고 불린다. 그는 키타라를 발명하였으며, 이 키타라를 연주하며 서사시를 읊었다고 한다.

니체의 민요 사랑은 대단하다. 그는 "민중은 본래 내적인 충동에서 민요를 노래한다."[44]고 말한다. 하지만 니체는 민요가 가진 민족적 성격과 격정적 힘에 관한 분석에 침잠하여, 민족주의적 광신에 빠지지 않는다. 그 대신 니체는 민요가 서정시와 얼마나 중요하게 연관되어 있는가를 밝힌다.

> 모든 민족의 음악은 서정시와 연합해서 시작되고, 절대 음악으로 여겨지기 오래 전에 저 연합 상태에서 가장 중요한 발전 단계를 거쳐 간다.[45]

니체는 민요를 도입한 서정시와, 서정시에 민요조를 도입한 아르킬로코스를 인정한다. 니체는 아르킬로코스가 삼절운율을 처음 도입했다는 사실을 인정하지만, 연연하지 않는다. 니체는 아르킬로코스를 도약대로 삼아 곧장 삼절운율이 보편적인 양식으로 사용되는 민중의 노래인 민요로 도약한다. 그 민중의 노래가 비극으로 발전되었다고 말한다.

> 우리가 최초로 인지한 시인으로서 저 디오니소스적-아폴론적 아르킬로코스에게서 하나의 새로운 예술 운동, 민요에서 비극으로 점진적인 예술적 전개가 일어났다.[46]

니체는 여기에서 숨을 고른다. 그리고 그는 민요의 두 구성 요소에서 '선율과 가사 중 무엇이 더 중요한가?'라고 묻는다. 그리고 곧장 답한다. 음악의 중심인 선율이 가사보다 백배 천배 더 중요하다고 말한다.

> 음악은 결코 수단이 될 수 없다. 비록 사람들이 음악을 찌르고 돌리고 비틀고 고문한다 할지라도: 음악은 곡조로, 연속 울리는 북소리로 가장 날 것이자, 가장 단순한 수준에서도 여전히 시를 넘어서며, 자신의 반영으로 시를 낮춘다.[47]

> 확실히 음악은, 결코 텍스트에 기여하는 수단이 될 수 없고, 오히려 모든 경우에서 텍스트를 능가한다.[48]

니체는 민요의 음악(선율과 장단)과 텍스트(언어, 가사, 개념, 형상 등)가 내밀한 일체감을 갖고 있다고 말한다. 아르킬로코스의 서정시에 있는 언어 자체가 이미 음악을 가지고 있다고 니체는 말한다. 니체는 그럼에도 선율이 텍스트 자체보다 중요하다고 강조한다. 기본 선율이 존재하면, 언어가 선율에 다가가 구애를 하고 구애의 결과로 가사가 창출된다는 것이 니체의 생각이다. 실제로 민요를 보자. 민요는 기본 선율이 있으면, 여기에 수없이 많은 가사가 달라붙는다. 선율이 가사를 낳고 또 낳는다. 선율은 부모이고 가사는 수백, 수천, 수만의 자식들이다. 민요의 무궁무진한 힘은 다양한 가사에 있지만, 그 가사는 선율의 자식들이다.

니체의 민요 사랑은 철학적 질문으로 나아간다. 음악의 힘, 선율의 힘이 다채로운 표상을 대표하는 언어의 힘보다 강하다. 왜 그런가? 이 사상은 후일 '언어가 사물 자체를 대표할 수 있는가?'라는 중요한 철학적 질문을 던지는 단초 역할을 한다.

3. 다양한 가사

따라서 우리는 민요 가사에서 **음악을 모방하려고** 극히 긴장 상태에 있는 언어를 보게 된다.[1] 그 때문에 가장 깊은 저 밑바닥에서부터 호메로스적인 것과 모순되는 새로운 시 세계가 아르킬로코스와 더불어 시작한다. 이것으로 우리는 시와 음악, 시어Wort와 곡조Ton 사이의 유일하게 가능한 관계를 설명했다.[2] 단어, 형상, 개념은 음악과 유사한 표현을 찾고, 마침내 음악의 힘을 스스로 감내한다.[3]

이러한 의미에서 우리는 그리스 민중의 언어사에서 언어가 현상세계와 형상세계를 모방하거나 아니면 음악세계를 모방하는 두 가지 주요 경향을 구분할 수 있다.[4] 사람들은 이러한 대립의 의미를 파악하기 위해서 호메로스와 핀다로스의 작품에서 음색Farbe, 구문 구조syntaktischen Baus, 시어 재료Wortmaterials의 언어상 차이를 깊이 있게 고민할 수 있게 되었다. 호메로스와 핀다로스[5] 시대 사이에 **올림포스에서 광란의 피리 소리가** 울렸다는 것은 명백하다. 그 피리 소리는 아리스토텔레스의 시대에,[6] 끊임없이 발전하는 음악 속에서도 술에 취한 황홀 상태로 이끌었으며, 그 근원적인 작동에 있어서 같은 시대 인간들의 모든 시적 표현 수단을 모방하도록 부추겼다.

나는 여기서 우리 미학에 불쾌한 것으로만 여겨지는 우리 시대의 잘 알려진 현상을 상기시키고자 한다. 우리는 베토벤의 한 교향곡이 개별 청자들에게 하나의 형상 언어를 필요하게 만든다는 것, 또한 하나의 악곡Tonstück에 의해서 만들어진 형상세계의 결합이 얼마나 환상적으로 다채롭고 모순적으로 들릴 수 있다는 것을 여러 차례 경험하곤 했다. 하지만 저 미학의 방식은 그러한 결합에 대해 빈약한 지혜를 적용하고서 진정 설명할 만한 가치가 있는 현상을 제멋대로 무시했다. 한 작곡가가 형상으로 작곡을 설명했다면, 그가 한 교향곡을 《전원》으로 명명하고, 한 악장Satz을 "시냇가 풍경"으로 그리고 다른 악장을 "시골 사람들의 즐거운 모임"으로 이름 지었다 할지라도, 이것은 단지 음악에서 탄생한 표상일 뿐이다. 즉, 이것은 음악의 모방된 대상이 절대 아니다. 따라서 그 표상은 음악의 **디오니소스적** 내용에 대해 우리에게 어떤 것도 말해 줄 수 없으며, 다른 형상들과 비교하여 다른 어떤 가치도 지니지 못한다.[7]

연형식의 민요가 어떻게 발생하는가, 전체 표현 능력이 음악의 모방이라는 새로운 원리에 의해 어떻게 자극받았는가를 알아보기 위해서, 우리는 음악의 형상으로의 해방[8]이라는 이러한 과정을 청년처럼 쾌활하게 언어를 창조하는 대중Volksmenge[9]에게서 알아보도록 하자.

1. 민요에서 음악, 즉 선율이 우선적이고 언어, 즉 가사가 부차적이라는 뜻이다. 따라서 가사인 언어가 선율인 음악에 맞춰 작사된다는 뜻이다.
2. '시'와 '음악'은 민요에서 가사와 선율을 말한다. '시어'와 '곡조'는 서정시에서 사용된 언어와 운율, 이암보스격인 삼절운율을 말한다.
3. '단어, 형상, 개념은 음악과 유사한 표현을 찾고, 마침내 음악의 힘을 스스로 감내한다'는 '선율은 다양한 가사Dichtung로 다양한 객관

화 그 자체를 견뎌 낼 수 있다'와 반대되는 뜻이다. 후자는 선율이 다양한 가사를 수용한다는 것을 말하고, 전자는 시어 등이 음악에 자신을 맞춘다는 뜻이다.

4. '언어가 현상세계와 형상세계를 모방'한다는 것은 아폴론적인 서사시를 의미하고, '언어가 …… 음악세계를 모방'한다는 것은 디오니소스적인 서정시, 즉 민요를 뜻한다.

5. 핀다로스(기원전 522~443년)는 고대 그리스 테베의 서사시인이다. 그는 호메로스 이후 가장 위대한 서사시인으로 알려졌으며, 그의 시는 난해하기로 정평이 나 있다.

6. 앞 단락에서 언급한 테르판드로스, 이 단락에서 나오는 호메로스, 핀다로스, 아리스토텔레스를 바탕으로 디오니소스 음악, 주로 아울로스를 기반으로 한 서정적인 민요 형태가 언제 울려 퍼졌는지 알아볼 수 있다.

아래의 도표에서 본다면, 디오니소스의 광란의 피리 가락에 실린

기원전 8세기 무렵 — 호메로스

기원전 7세기 초 — 테르판드로스

기원전 675~635 — 아르킬로코스

기원전 518~438 — 핀다로스

기원전 384~322 — 아리스토텔레스

서정적인 민요가 집중적으로 발전되었던 시대는 호메로스 이후 시대부터 대략 아리스토텔레스의 시대인 기원전 320년까지이다. 그 중간에 서정시인 아르킬로코스가 이암보스격을 서정시에 적극 활용했으며, 민요를 문학에 포함시켰다.

앞에서 살펴본 리라를 연주하는 아폴론과 아울로스를 연주하는 마르시우스의 대결은 바로 이 시기의 아폴론적 음악과 디오니소스적 음악의 현실적 대립을 신화적으로 표현한 것이다. 이 대결은 서사시적 세계가 지배하고 다른 장르의 예술세계가 존재하지 않았을 것 같은 시대에 디오니소스적 예술이 저 기층 민중의 밑바닥에서 강력한 힘으로 울려 퍼지고 있었음을 비유적으로 표현한다.

더 중요한 것은 아폴론적인 예술과 디오니소스적인 예술 중 하나가 주도적 위치를 차지하고 다른 하나를 배제한 것이 아니라 서로가 서로를 수용하고 발전한다는 점이다. 고대 그리스의 비극은 바로 문화 융합의 전형이라고 니체는 평가한다.

7. 베토벤의 《전원》 교향곡을 예로 들어 설명해 보자. 이 교향곡의 각 악장에는 다음과 같은 표제어가 붙어 있다.

1악장 : 시골에 도착했을 때 느끼는 즐거운 감정
2악장 : 시냇가의 풍경
3악장 : 시골 사람들의 즐거운 모임
4악장 : 폭풍우
5악장 : 목동의 노래, 폭풍이 지나간 뒤의 기쁨과 감사

이 교향곡 1악장의 제목을 듣는 사람들은 어떻게 이해할까? 말

그대로 대다수는 '시골에 도착했을 때 느끼는 즐거운 감정'을 이성적으로 생각할 것이다. 즉, 시골이 주는 불쾌한 감정을 다 버리고 시골이 주는 즐거운 감정만을 생각할 것이다.

하지만 1악장을 음악으로 듣는다면 어떤 느낌이 들까? 정답은 '듣는 사람마다 다르다.'이다. 시골에 살았던 사람이 고향인 '시골에 도착했을 때 느끼는 즐거운 감정'과, 도시에서 태어나 살던 도시민이 '시골에 도착했을 때 느끼는 즐거운 감정'은 다를 수밖에 없다. 시골도 어떤 시골에 살았는가에 따라, 도시도 어떤 도시에 살았는가에 따라 다른 느낌을 받을 수밖에 없다. 나아가 개인의 성향과 취향에 따라 완전히 서로 상이한 느낌을 받는다.

하나의 형상 언어가 형상세계를 다 보여 줄 수 있는가? '없다'는 것이 니체의 판단이다. '시골에 도착했을 때 느끼는 즐거운 감정'이라는 하나의 언어나 어휘, 개념은 다만 상징적으로 표현하기 위한 수단에 지나지 않는다. 이 언어가 형상의 모든 걸 보여 줄 수 없다는 것이 니체의 판단이다.

하지만 얼치기 음악철학은 이에 대해 어떻게 주장하는가? 하나의 음악에 하나의 느낌, 그 느낌을 표현한 하나의 언어나 개념! 하나의 언어나 개념으로 표현된 제목을 듣고서 음악에 들어 있는 모든 걸 다 알 수 있다고 말한다. 예컨대 《전원》교향곡 1악장의 '시골에 도착했을 때 느끼는 즐거운 감정'이란 제목 그대로 누구나 다 똑같이 느끼고 받아들인다는 것이다. 동일한 감정을 강조하고 강요하는 것이 얼치기 미학이고, 얼치기 음악철학이다. 하나의 언어나 표상, 개념은 전체를 보여 주는 역할을 하지만, 그 내용 전체를 보여 줄 수 없다. 표상은 표상일 뿐 사람들이 구체적으로 느끼는 모든 내용을 구체적으로 정확하게 전달하지 못한다.

8. '전체 표현 능력이 음악의 모방이라는 새로운 원리'에서, '음악'은 선율로, '전체 표현 능력'은 가사로 이해하면 쉽다. 다양한 가사로 표현된 것이 선율이라는 근본적인 것을 모방한다는 뜻이다. 이 구절은 '단어, 형상, 개념은 음악과 유사한 표현을 찾고, 마침내 음악의 힘을 스스로 감내한다'를 다르게 표현한 것이다.

'음악의 형상으로의 해방'에서, '음악'은 선율이고, '형상'은 가사, 단어, 개념이며 형상을 중심으로 한 아폴론적 예술을 뜻한다. '해방'은 근본적인 '선율'이 다양한 '가사'로 새롭게 태어남을 뜻한다. '음악의 형상으로의 해방'은 음악과 선율에 맞는 어떤 가사이든지 다 받아들여 자신을 표현한다는 뜻이다.

9. 민요의 주체는 누구인가? 바로 대중, 민중, 시민, 백성 등 피기득권층이다. 그들은 교육을 많이 받은 서사시인과 달리 교육을 받지 못했다. 교육을 받지 못했지만 그들은 자신들만의 언어가 있고, 그 언어를 자신이 중얼거린 선율에 가사로 표현하는 위대한 능력을 가지고 있다.

그들은 선율에 맞는 가사를 쉬지 않고 지저귀는 뭇 새처럼, 형편과 조건에 맞춰 색을 맞추는 카멜레온처럼, 꼬리를 화려하게 펼치는 화려한 공작처럼 다채로운 언어를 구사하는 엄청난 능력을 가지고 있다.

그들의 노래는 고답적이며, 정형적이며, 고식적이고 서사시적인 언어와 달리 한시도 멈추지 않으며, 지쳐서 멍하게 관조하는 죽은 시인의 노래와 달리 활발하게 변화한다.

그들의 노래 가사에는 모든 고통을 참아 내고 견뎌 내는 인내의 힘, 모든 슬픔을 웃어넘길 수 있는 해학의 힘, 모든 질서와 체제를 뒤집어엎는 전복의 힘이 있다. 기층 대중은 언어의 진정한 마술사들이다. 하나의 선율에 다양한 표상과 형상을 부여하는 민요의 가사가 그 증거이다.

다시 보기

니체의 음악철학에는 이미 해체의 기운이 농후하다. 하나의 언어, 개념, 표상이 대상의 본질과 본성을 다 보여 주지 못한다는 것, 표상과 개념은 전체의 부분만을 드러낸다는 것, 듣는 사람에 따라 동일 표상이나 개념도 전혀 다르게 나타날 수 있다는 것 등은 니체 음악철학의 진정한 혁명적 내용이다.

니체는 표상된 대상과 언어의 불일치를 다루지 않는다. 그는 음악으로 말할 뿐이다. 그는 베토벤의 《전원》 교향곡 중 2악장 "시냇가의 풍경"과 3악장 "시골 사람들의 즐거운 모임"으로 반증할 뿐이다. 같은 악장을 들어도 서로 다르게 표상할 뿐이라고 니체는 말한다. 다시 말하면 표상인 '제목'이 음악의 본질을 보여 주지 못한다고 니체는 말한다.

니체가 1장에서 설명한 베토벤의 교향곡 《합창》의 4악장으로 음악과 언어의 분리를 더 자세하게 알아보자. 우리가 알고 있는 것처럼 4악장에는 실러의 「환희의 송가」가 실려 있다. 우리는 베토벤의 《합창》 4악장을 들을 때, 실러의 시가 없다면 감동이 줄어들까, 아니면 그대로일까? 정답은 줄어들지 않는다이다. 우리는 독일어로 부르는 〈환희의 송가〉를 알아듣지 못한다. 하지만 우리는 베토벤의 《합창》을 듣고 감동한다. 합창에 들어 있는 음악적 요소 때문이다.

오히려 실러의 시는 우리의 음악 감상을 방해하기도 한다. 니체는 1장에서 꿈의 환영인 시, 그 중에서도 실러의 「환희의 송가」를 통해 아폴론적 요소를 강조했다. 니체는 1장에서 실러의 시가 아폴론적 요소로서 디오니소스적 음악을 북돋워 주는 힘이 있음을 강조했다. 이와 달리 니체는 이를 극적으로 표현한다.

모든 저 고상한 활기, 실러 시구의 숭고함은 이미 진정으로 소박하고 순진무구한 기쁨의 민중 선율 옆에서 방해되고, 불안하게 하며, 스스로 천하고 상스러우며, 거슬린다. ……'[49]

니체는 언어(가사)가 음악의 힘을 가로막을 수 있다는 점을 강력하게 주장한다. 음악은 절대적 존재인 반면 언어, 시, 개념, 표상 등은 상대적 존재이다. 상대적 존재는 절대적 존재를 다 표현할 수도 드러낼 수도 없다. 니체는 베토벤이 언어에서 자유로운 절대적 세계를 음악으로 표현하려고 했다고 말한다.

숭고한 거장은 자기 오케스트라의 영감에 가득 찬 전체 연주를 갈망하면서, 언어가 아니라 '더 즐거운 소리'를, 개념이 아니라 내적으로 기쁨에 가득 찬 곡조들을 붙잡으려 했다. 그렇다면 사람들이 어떻게 그를 오해할 수 있는가!'[50]

기독교적으로 변색된 《합창》 가사를 생각해 보라. 실러의 원시는 사라지고 기독교의 창조신만 남는다. 그럼에도 우리는 베토벤의 4악장을 들으면서 감동한다. 기독교 창조신이 주는 환희를 기록한 가사 때문인가? 아니다. 베토벤의 음악이 주는 힘 때문이다.

하지만 우리는 오해해서는 안 된다. 우리는 음악과 언어의 통합이 가져오는 시너지 효과로 한발 더 나가야 한다. 절대적 성격을 지닌 음악과, 상대적이며 부분적인 언어를 완전히 분리해서는 안 된다. 분리해서는 안 될 뿐만이 아니라, 분리될 수 없다는 것이 니체의 생각이다. 왜냐하면 시어 자체가 이미 음악적 요소를 가지고 있기 때문이다.

아르킬로코스가 서정시를 쓸 때, 이미 그는 이암보스격이란 음악적 요소를 체득했다. 서정시에는 서정적 언어에 맞는 음악이 있기 마련이고, 서사시에는 서사적 언어에 맞는 음악이 있기 마련이다. 언어와 음악의 통일, 아폴론적 요소와 디오니소스적 요소의 통일, 이것은 극적인 화학적 결합을 통해 그리스 비극에서 꽃피운다. 니체가 그리스 비극을 바라보면서 취한 근본 태도이다.

4. 의지로서의 음악

그러므로 우리가 서정시를 음악의 형상과 개념으로의 모방적인 개화Effulguration로 생각해도 된다면, 우리는 이제 '형상과 개념의 거울에서 음악은 무엇으로 **나타나는가**'라는 질문을 던질 수 있다. **음악은 의지로서 나타난다.**[1] 여기서 말하는 의지는 쇼펜하우어적인 의미에서 차용한 것으로서, 미학적이며 순수하게 관조적이며 의지를 상실한 감정상태Stimmung의 반대말[2]이다.

여기서 우리는 현상의 개념으로부터 본질의 개념을 가능한 날카롭게 구분해야 한다. 왜냐하면 음악은 그 본질상 의지가 되는 것이 불가능하기 때문이다. 만약 음악이 의지가 된다면, 음악 그 자체는 예술의 영역에서 완전히 축출되어야만 한다. 그 이유는 의지란 본질적으로 비미학적이기 때문이다. 하지만 음악은 의지로서 현상한다.[3] 음악의 현상을 형상으로 드러내기 위해서, 서정시인은 사랑의 속삭임부터 광기에 찬 격노에 이르기까지 정열의 모든 흥분을 필요로 하기 때문이다.[4]

아폴론적 비유로 음악에 관해 말하려는 충동에 사로잡힌 서정시인은 전체 본능과 그 본능 안에 있는 자신을 영원히 원하는 자, 갈망하는 자, 동경하는 자로서 이해한다. 하지만 서정시인이 음악을 형상으로 보여 주려는 한에서, 서정시인이 음악의 매개를 통해서 관찰한 모든 것이 쇄도하고 격동하는 운동으로 자신의 주위에 닥쳐온다 할지라도, 서정시인은 아폴론적 관조라는 미동도 없는 고요한 바닷속에 조용히 있어야 한다. 당연히 서정시인이 자기 자신을 음악이라는 매개를 통해 관찰한다면, 서정시인에게 그의 고유한 형상은 불만족스러운 감정의 상태로 나타난다. 서정시인에게 그 자신만의 바람, 갈망, 불평, 환호는 그 자신이 음악으로 드러내고자 했던 것과 같은 것이다.

이것이 바로 서정시인의 현상이다. 서정시인은 아폴론적 작가로서 의지의 형상을 통해서 음악을 해석하는 반면, 서정시인 그 자신은 의지의 욕망으로부터 완전히 벗어나 순수하게 맑은 태양의 눈이다.[5]

1. '음악은 의지로서 나타난다'는 쇼펜하우어의 『의지와 표상으로서의 세계 I 』3부 52장 "의지 자체의 모사인 음악"에 나오는 내용이다. 니체는 '의지는 쇼펜하우어적인 의미에서 차용'했다는 점에

서 쇼펜하우어의 음악철학을 수용한다. 쇼펜하우어의 설명을 따라가 보자.

의지의 적절한 객관화는 플라톤적인 이데아이다. 이 이데아는 형이상학적인 근본적 존재이다. 모든 예술은 이데아를 모방, 모사하는 것이다. 건축, 조각, 미술 등 대부분 예술 작품은 이데아에 근접하게 표현된다. 이데아에 근접할수록 좋은 예술이고 완성도가 높은 예술이다. 하지만 음악은 이데아를 모방하지 않는다.

이데아를 모방하지 않는 음악과, 이데아를 모방하는 다른 예술을 구분해 보자. 음악을 제외한 예술은 우리가 눈으로 볼 수 있고, 만질 수 있다. 즉, 음악을 제외한 예술은 우리가 눈으로 볼 수 있는 형상으로 드러난다. 형상으로 드러난 예술품은 이데아를 모방한 것이다. 예컨대 3차원의 건축과 조각, 2차원의 그림 등을 생각해 보면 된다. 플라톤은 이러한 예술품을 이데아의 모방으로 생각했다. 쇼펜하우어는 이데아의 모방으로서 플라톤의 예술관을 수용한다.

하지만 음악을 생각해 보자. 음악은 형상이 없다. 형상이 없으므로 눈으로 볼 수도 없고 잡을 수도 없다. 그렇다면 음악은 무엇인가? 음악도 예술의 하나이고 이데아에서 파생한 것이므로 이데아와 어떤 관계를 맺어야 한다. 이데아, 즉 형이상학적 존재가 있다면, 형이상학적으로 이루어진 세계가 존재한다면, 음악은 그 존재가 형상이 아닌 존재로 직접 드러나는 것이다. 쇼펜하우어는 음악을 "세계를 개념으로 충분히 재현하고 설명하는 것"이며 "참된 철학"이라고 말한다. 쇼펜하우어는 음악이 아주 중요한 철학이라고 강조하면서 "음악이란 자신이 철학하고 있음을 알지 못하는 정신의 무의식적인 형이상학적 연습이다."라고 표현한다.

이 점에서 음악은 형이상학적 존재 그 자체인 동시에 세계 그 자체이다. 음악은 세계와 마찬가지로 의지의 직접적인 객관화이자 모사이다. 음악은 의지 자체의 모사이다. 음악이 다른 예술과 달리 효과가 훨씬 더 강렬하고 감동적인 이유는 의지 자체의 모사이기 때문이다.

음악과 음악 이외 다른 예술과의 차이를 정리해 보자. 다른 모든 예술이 이데아의 그림자인 반면, 음악은 본질에 관해 직접 말한다.[51]

> 음악은 결코 현상을 표현하는 것이 아니라 오로지 모든 현상의 내면적 본질인 즉자태, 즉 의지 그 자체를 표현한다.[52]

2. "의지는 …… 미학적이며 순수하게 관조적이며 의지를 상실한 감정상태Stimmung의 반대말"에 근거하여 의지를 추론해 보자. 의지는 비미학적이며, 비관조적이며, 의지를 상실하지 않은 것이다. 다른 말로 하면 의지는 미학과 관계없고, 참여적 또는 행동적이며, 감정을 그대로 드러낸다. 뒷 단락 전체는 의지가 무엇인가를 설명한다.
3. 의지 자체로서 음악이라는 쇼펜하우어의 사상은 음악과 다른 예술의 근본적인 차이에서 비롯한다. 다른 예술은 시간, 공간, 지성(인과율)에서만 나타날 수 있지만, 음악은 시간만의 영향을 받는다. 예컨대 조각품이 있다고 한다면, 일정한 시간, 공간, 인과율의 영향을 받지만, 음악은 공간과 인과율을 필요로 하지 않는다. 오직 음과 음, 박자와 박자, 선율과 선율 사이에 존재하는 시간만을 **필요로 하**는 것이 음악예술의 본질이다.

음악은 오로지 시간으로 그리고 시간을 통해서만 지각되며, 공간의 절대적 배제, 인과성 지식의 영향과 분리, 즉 이성의 부재이다. 곡조는 미적 인상을 효과로서, 직관의 경우처럼 그 원인으로 되돌아가지 않게 만들기 때문이다.[53]

음악이 미학의 원리를 따르지 않고 비미학적인 이유도 여기에서 비롯한다. 음악을 제외한 다른 모든 예술은 이데아의 모사이므로, 정확한 모사를 위한 미학적 원리를 필요로 한다. 하지만 음악은 이데아의 모사가 아니라 세계 그 자체이며, 세계가 드러나기 위한 의지의 작용이므로 미학의 원리를 따를 필요가 없다. 따라서 음악은 비미학적이며, 비미학적 예술이 된다.

4. 아르킬로코스의 애인에 대한 사랑과 분노를 암시적으로 표현하는 문장인 동시에 일반적인 감정을 표현한 것이다.

5. 니체가 앞에서 지속적으로 그리스 비극의 탄생을 고찰하면서 아폴론적 요소와 디오니소스적 요소를 결합시켜 설명했듯이, 여기에서도 서정시인의 음악적 요소에 나타난 아폴론적 요소와 디오니소스적 요소의 통일을 다시 설명한다.

서정시인 아르킬로코스가 서정시를 창작한다고 생각해 보자. 아르킬로코스는 애인과 사랑할 때도, 애인에게 배신당할 때도 여러 감정을 가진다. 그는 사랑할 때는 너무 숭고한 감정에 감동했고, 배신을 당할 때는 너무 분노에 차서 격노했다. 이때 그는 디오니소스적 흥분과 광기에 차서 자신의 감정을 음악적으로 느낄 수 있고 드러낼 수도 있다.

그가 자신의 감정을 시어로 바꾸어 표현하려고 할 때는 상황이 달라진다. 그는 절대 흥분해서는 안 된다. 오히려 그는 사랑과 배신의 감정을 조용히 관조하고 바라보면서 어떻게 표현할 것인가 사유해야만 한다. 이때 그는 아폴론적인 조용한 관조의 세계에 침잠한다.

흥분과 광기의 감정이 디오니소스적인 음악적인 모습이라면 시어로 가다듬고 표현하는 것은 아폴론적 형상화이다. 아르킬로코스가 자신의 모든 감정을 담아 글로 표현했다면, 이때 그 시는 디오니소스적 음악과 아폴론적 형상의 결합물이다.

다시 보기

니체는 그리스 비극에서 아폴론적 요소와 디오니소스적 요소가 어떻게 결합되어 나타나는가에 관심을 가졌다. 여기에서도 역시 이 두 요소의 결합을 다루고 있다. 이를 구체적으로 알아보도록 하자.

니체는 1장에서 베토벤의 〈환희의 송가〉를 다루었고, 6장에서는 베토벤의 《전원》 교향곡을 다루었다. 1장의 〈환희의 송가〉는 실러의 「환희의 송가」를 전제하고서 읽어야 한다. 꿈의 가상을 현실의 가상으로 전환시킨 실러의 「환희의 송가」가 없는 베토벤의 〈환희의 송가〉는 쉽게 형상화되지 않는다. 반면 니체는 6장에서 《전원》 교향곡을 논의하면서, 음악이 언어, 개념, 형상, 표상보다 절대 우위에 있다고 주장한다. 음악의 절대적 우월성이라는 관점에서 베토벤의 4악장을 듣는다면, 실러의 「환희의 송가」가 없어도 그 감동은 전달이 된다는 것이다.

꿈의 형상을 언어로 옮긴 서정시의 중요성을 강조하는 1장과 음

베토벤이 직접 손으로 작성하여 슬로베니아 류블랴나의 필 하모닉 친구들에게 보낸 악보 (1809년)

오케스트라 리허설 (폼페오 마사니, 1920년)

악의 절대성을 주장하는 6장은 앞뒤가 맞지 않는다. 모순이지만 모순이 아니다. 형상화된 언어와 절대적 음악이 어떻게 결합하는가에 따라 효과가 더 극대화된다.

표상으로서 언어와 절대적 음악을 결합시킨 아르킬로코스가 바로 그 주인공이다. 그는 서정시를 지으면서 이암보스격을 받아들였다. 삼절운율 안에 이미 절대적 음악이 존재한다. 그의 서정시는 언어이면서 음악이다. 그는 언어 속에 있는 선율을 끄집어낸 음악가인 동시에 선율에 시적인 가사를 붙인 시인이다.

아르킬로코스는 격정과 열정에 사로잡혀 분노하고 흥분하는 디오니소스적 예술가이면서, 냉정하게 관조하면서 시로 써내는 아폴론적 예술가이다. 그는 비극의 대화에 음악적 요소를 가미한 음악가이다. 그는 니체가 말한 대로 음악적 요소가 있는 민요를 이미 문학 속에 도입한 주인공이다. 그는 그리스 비극을 비극답게 만드는 데 주춧돌을 놓는다. 그는 시어를 통한 아폴론적 요소와 음악적 요소를 통한 디오니소스적 요소를 결합한 통합 예술가이다.

아르킬로코스를 바탕으로 생각해 보자. 베토벤의 《합창》 4악장은 실러의 「환희의 송가」가 없어도 감동은 전달되지만, 실러의 「환희의 송가」가 있을 때 훨씬 더 극적인 감동이 전달된다. 아폴론적 요소와 디오니소스적 요소의 결합 때문이다. 니체가 실러를 문제 삼는 것은 앞에서 살펴본 것처럼 다듬어지고 완성된 서정시인이 아니라는 점이다. 그렇다고 해서 실러의 「환희의 송가」 자체가 문제가 되는 것은 아니다. 실러의 「환희의 송가」는 그 자체로 백미 중의 백미이다.

5. 근원적 일자로서 음악

이러한 전체적인 설명은 서정시가 음악정신에 의존하고 있음을 보여 준다. 이때 음악은 그 완전한 절대성 때문에 형상과 개념을 필요로 하는 것이 아니라 자신 곁에 있는 개념을 **참아 낼 뿐인** 것을 말한다.[1]

서정시인의 시는 엄청난 보편성과 타당성으로 이미 음악 속에 존재하지 않는 어떤 것을 절대 말하지 않는다. 이때 음악은 서정시인에게 형상의 언어로 말하도록 강요하는 것을 뜻한다. 이 때문에 음악세계의 상징은 언어로는 낱낱이 설명할 수 없다.[2] 왜냐하면 음악은 근원적 일자의 심장 속에서 근원적 모순과 근원적 고통과 관계를 맺고 있으며, 따라서 모든 현상 위에 존재하며 모든 현상 앞에 존재하는 어떤 영역을 상징하기 때문이다.

아마도 음악과 반대로 각각의 현상은 비유에 지나지 않는다. 따라서 **언어**는 현상들의 조직과 상징으로서 음악의 가장 깊은 내면을 밖으로 드러낼 수 없다. 언어가 음악의 모방에 개입하자마자 음악의 외적인 접촉 상태에 머물 뿐이다. 반면 음악의 가장 깊은 의미는 모든 서정시적인 웅변으로 표현된다 할지라도 우리에게 한 발짝도 다가올 수 없다.(우리는 모든 서정시적인 웅변을 통해서도 음악의 가장 깊은 내면에 한 발자국도 다가갈 수 없다.)[3]

1. 이 문장은 '선율은 다양한 가사Dichtung로 다양한 객관화 그 자체를 견뎌 낼 수 있다.'와 '단어, 형상, 개념은 음악과 유사한 표현을 찾고, 마침내 음악의 힘을 스스로 감내한다.'를 최종적으로 정리한 문

장이다. 첫째 문장은 선율과 가사의 관계를 다룬 것이고, 둘째 문장은 음악과 가사, 형상, 개념을 다룬 것이다. 이 문장은 음악 자체의 절대성을 강조한 것으로, 음악은 가사, 형상, 개념을 필요로 하지 않는다는 뜻이다.

'음악'은 '완전한 절대성'을 가지고 있으므로 그 자체로 존재할 수 있다. 음악은 경우에 따라서는 '곁에 있는 개념을 참아 낼' 수 있으므로, 다양한 언어, 형상, 개념들을 수용할 수도 있다. 즉, 음악은 가사나 형상 등을 수용하여, 가요, 오페라, 악극, 뮤지컬 등과 같은 음악 장르를 발전시킬 수 있다.

니체는 뒤에서 음악이 완전성을 드러내며 절대적 중심이 되는 것이 아니라 가사가 중심이 되는 음악, 에우리피데스에서 시작하여 오페라에 그 정점에 이른 음악을 정면 비판한다.

2. 음악과 서정시인의 관계는 어떠한가? 서술적인 측면에서 본다면, 음악이 주이고 서정시인은 음악의 종이다. 음악은 형이상학적인 근원적 일자가 스스로 드러낸다는 점에서 절대적이기 때문이다. 음악은 서정시인의 도움을 받아 근원적 일자가 드러나도록 표현한다. 서정시인은 자신의 내적 감정을 표출하지만, 시어를 통해 근원적 일자를 드러낸다.

다른 측면에서 본다면, 서정시인이 주이고 음악은 종이다. 서정시인이 시를 통해 표현하지 않는 한, 음악은 드러날 수 없기 때문이다. 이에 대해서는 5장의 서정시 부분에서 다루었다. 비록 민요의 가사가 서정시적인 요소를 가지기는 하지만, 가사가 언어라는 점에서 음악의 가장 깊은 의미, 즉 이데아 자체에는 도달하지 못한다는 뜻이다.

언어와 음악의 관계, 가사, 형상, 또는 개념과 음악의 관계를 살펴 보자. 니체가 앞에서 계속 주장했던 것처럼 음악은 근원적 일자가 드러나는 것인 반면, 언어는 근원적 일자의 여러 다양한 형태에 지 나지 않는다. 언어는 근본적으로 다양한 형상을 하나의 말로 표현 할 수 있기는 하지만, 결코 근원적 일자에 다가갈 수 없다. 우리가 어떤 단어나 말을 듣고 전혀 다르게 생각하는 것은 이 때문이다.

서정시어로는 이것을 설명하기 쉽지 않다. 예를 들어 '민주주의' 란 말을 들었다고 해 보자. 근원적 일자로서 민주주의, 플라톤식으 로 이데아로서 민주주의가 존재한다고 가정해 보자. 하지만 부자와 빈자가 생각하는 민주주의, 교육을 많이 받은 사람과 전혀 못 받은 사람이 인식하는 민주주의, 여성과 남성이 받아들이는 민주주의, 사회적 소수자가 느끼는 민주주의는 각기 다를 수밖에 없다. '민주 주의'는 자기가 처한 상황에 따라 다 다르게 들리고 느껴질 수밖에 없는, 그저 말로 나타나는 '민주주의'일 뿐이다.

서정시가 비록 음악의 충실한 신하라 할지라도, 근원적 일자인 음악의 모든 것을 다 보여 줄 수는 없다. 우리가 서정시를 듣고 서 로 다른 감정을 갖게 되는 것은 바로 이 때문이다. 하지만 근원적 일자 그 자체인 음악과 함께 서정시를 듣고 공감한다면, 우리는 근 원적 일자에 다가갈 수 있다. 음악과 서정시가 하나가 되어 나타난 그리스 비극이 근원적 일자에 다가가게 해 주는 예술이다.

서정시인 아르킬로코스가 비극에서 차지하는 위치는 중요하다. 아르킬로코스는 단순히 서정시인이 아니다. 그가 있었기에 서정시는 민요와 결합하여 비극으로 발전할 기반을 다질 수 있었다.

5장 서정시에서 시작한 비극의 여정은 6장 민요에 이르러 비극과 결합할 수 있는 토대를 갖춘다. 이제 비극을 비극답게 만드는 가장 중요한 요소가 남아 있다. 바로 **합창가무단**이다. 합창가무단은 서정시와 민요를 결합하여 노래 부르며 춤을 추는 자들이다. 그 합창가무단의 여정은 7장에서 시작한다.

6장 다시 보기

니체의 민요 사랑은 음악적이다. 민요 안에 있는 선율이 가진 절대성, 근원적 일자를 드러내는 형이상학적 성격 때문이다. 하지만 니체의 민요 사랑은 정치적이다. 가장 반정치적인 니체의 민요 사랑은 가장 혁명적인 정치사상이다. 민요의 주체 때문이다.

민요는 누가 부르는가? 기층 대중들, 시민, 백성, 인민, 사회에서 억압받고 소외되는 사람들의 노래가 민요이다. 그들의 선율과 가사가 민요이다. 니체는 그 민요에서 근원적 일자가 꿈틀거리며 약동하는 힘으로 태어나는 것을 보았다. 니체가 민요에서 말하는 근원적 일자란 기층 대중들이 공통적으로 느끼고 분출하는 힘이다.

니체의 민요 사랑은 대중의 선율과 가사에 대한 애정이다. 기층 대중들이 입으로 나직이 읊조리는 선율은 근원적 일자의 고갱이이고, 피압박대중들이 소리 높여 부르는 가사는 근원적 일자의 형상들이다. 고갱이와 형상이 만나는 자리에 디오니소스 축제가 벌어진다. 기득권층은 민요의 향연이 벌어지는 디오니소스 축제를 얼마나 불순하게 바라보았는가? 니체가 서술한 1장을 보자.

마을 축제 (프란츠 니클라우스 쾨니히, 1828~1829년, 스위스 국립 도서관 소장)

경험이 부족하거나 둔감한 자들은 건강하다고 자부하면서 그런 현상이나 '인민의 병'을 비웃거나 동정한다. 디오니소스를 따르는 열광자들의 빛나는 삶이 그들 곁에서 끓어오르면, 이와 같은 그들의 '건강'은 창백하며 유령과 같이 보인다는 것을 가련한 자들은 느끼지 못할 것이다.

민요를 부르며 춤추는 자들을 무시하거나 부정하는 자들은 건강한 척하지만 창백한 유령과 같은 자들이다. 그들은 기층 대중이 부르는 민요의 약동하고 통합하는 힘을 인정하지 못한다. 침략적 근대성 앞에 대중들은 움츠리지 않았다. 그들은 총을 들고 싸우지 않았어도 자신들의 노래를 불렀다. 그 노래는 침략에 저항하는 힘인 동시에 사회의 지배층에 저항하는 힘이었다.

지배층은 민요를 부르는 사람을 하나로 만드는 민요의 구심력을 무서워했다. 지배층은 사람들 입에서 입으로 퍼져 나가며 현실을 비판하는 민요의 원심력을 두려워했다. 마침내 지배층은 구심력과 원심력이 동시에 작동해서 대중들 사이에서 투쟁의 힘을 배가시키는 민요의 폭발력을 제어하는 방법을 찾아낸다.

니체는 민요의 이러한 정치적 성격을 분석하지 않았다. 그 대신 니체는 민요를 부르던 기층 대중들이 민요를 부르는 건강성을 잃지 않기를 바랐다. 니체는 디오니소스 축제의 그 건강함을 여전히 유지하기를 바랐다. 하지만 대중들은 민요의 힘이 지닌 건강함을 잊어버렸고 디오니소스 축제의 강인함을 망각했다.

니체는 기층 대중들이 민요의 건강함을 찾기를 원한다. 자신들의 선율에 맞춰 자신들의 처지를 드러내는 노래를 부르며 춤을 추는 민중들, 그들은 누구인가? 그들은 그리스 시대 비극의 주인공들이자, 그리스 비극 시대의 건강한 시민들이자 바로 자라투스트라이다. 니체는 시민들이 민요를 부르며 춤을 추는 건강한 시민이 되기를 바랐다.

하지만 모든 시민이 자라투스트라가 되는 니체의 꿈은 꿈으로 끝날 뿐이다. 강력한 환상의 공동체인 근대 국가를 완성한 기득권층은 민요의 소멸화, 박제화, 노예화를 밀어붙였다. 근대 국가가 완성되면 민요는 삶을 살아가는 기층 대중들의 입에서 사라져 버리고 무대 위에서 공연될 뿐이다. 기층 대중은 자라투스트라가 아니라 시스템의 노예가 되었고, 종교의 낙타가 되었고, 현실의 난쟁이가 되어 버렸다. 그들은 건강한 노래를 부르는 대신 체념과 무기력, 굴종과 편안함을 전파하는 노래를 들을 뿐이었다.

"민요는 죽었다." 니체는 이 말을 하지 않았다. 하지만 민요는 죽었다. 이것은 사실이다. 기층 대중들이 민요를 부르지 않기 때문이다. 기층 대중이 음악의 주인 자리를 포기했기 때문이다. 기층 대중이 자신들의 선율과 가사를 잊었기 때문이다. 그 자리를 돈과 권력이 차지했다.

1장

합창가무단

1. 아리스토텔레스의 민중설

우리는 그리스 비극의 기원을 미궁으로 불러야만 한다.[1] 우리는 이 미궁에서 탈출하기 위해서 지금까지 설명한 모든 예술 원리를 이용하도록 하자.[2] 내가 그리스 비극의 기원에 관한 문제가 지금까지 한 번도 진지하게 제기된 적이 없다고 말한다고 해서, 그렇게 불합리하게 주장한 것이 아니라고 생각한다. 하물며 그리스 비극의 기원에 관한 문제가 해결되었다고 한다면, 고대적 전승의 사라진 일부가 조합되는 식으로 꿰매지거나 다시 흩어진 것에 지나지 않는다. 이러한 전승은 **비극이 비극적인 합창가무단**[3]**에서 발생했으며**, 기본적으로 합창가무단일 뿐이며, 합창가무단 이외의 다른 어떤 것이 아니었다는 점[4]을 우리에게 아주 단호하게 말해 주고 있다.

우리가 그리스 비극의 합창가무단이 이상적인 관객이라든가 아니면 무대 배경Szene의 품위 있는 영역과 대비되는 민중을 대표한다는 친숙한 설명 방식에 어쨌든 만족하지 않는다면, 우리는 그리스 비극의 합창가무단을 고유한 원시 연극Urdrama으로 진지하게 바라보는 어떤 근거를 찾아야 한다.

마지막에 설명된 민중설은 아리스토텔레스의 말 한마디에 의해서 암시된 것이다. 민중설은 다수의 정치가에게 숭고하게 울려 퍼지는 설명 방식이다. 이 설명에 따르면 민주적인 아테네 시민들의 변하지 않는 도덕률Sittengesetz이 민중합창가무단에서 묘사되며, 민중합창가무단이 왕들의 지나친 방종과 방탕을 적절하게 억눌렀다는 것이다.[5]

이 설명은 비극의 근원적인 형성에 아무런 영향도 끼치지 못한다. 왜냐하면 일반적으로 그 어떤 정치적-사회적 영역인 민중과 영주들의 전체적인 대립설은 저 종교적인 기원과 관련하여 한 치도 발을 붙일 수 없기 때문이다.[6] 하지만 우리는 아이스킬로스와 소포클레스의 작품에서 우리에게 잘 알려진 고전적인 합창가무단의 형식을 고찰하면서 '입헌적인 민중적 대표자'를 예견하는 것을 신성모독으로 고찰하고자 한다. 다른 연구자들은 이러한 신성모독 앞에서 결코 머뭇거리지 않는다.[7] 고대의 국가 체제가 입헌적인 민중 대표자를 **실제로**in praxi 알지 못했으며, 다행스럽게도 그들의 비극 속에서도 또한 '예견'되지도 않았다.[8]

1. 미궁은 반인반우인 미노타우로스가 사는 곳이다. 이곳에 들어가면 너무 복잡한 미로여서 빠져나올 수 없다. 아테네를 새로운 민주 국가로 건설한 테세우스가 이 미궁에 가서 미노타우로스를 해치우

미궁 안의 테세우스와 미노타우로스. 아리아드네가 준 실로 테세우스는 미궁에서 빠져나온다.
(에드워드 번 존스, 1861년, 버밍엄 박물관과 미술관)

고, 아테네의 청년과 처녀들을 구해 나온다. 테세우스는 아리아드
네가 전해 준 실을 이용하여 이 미궁에서 빠져 나왔다.

　니체는 그리스 비극의 문제를 풀려고 하면 누구나 이 미궁에 빠

져 헤어 나오지 못할 거라고 생각한다. 니체는 미궁과 같은 그리스 비극을 해명하기 위해서 아리아드네의 실이 필요하다고 생각한다. 그 실이란 지금까지 설명했던 디오니소스적인 요소와 아폴론적 요소이다. 이 두 요소를 잘 이용하면 그리스 비극의 탄생이란 중요한 문제를 해결할 수 있다고 니체는 보았다.

2. '지금까지 설명한 모든 예술의 원리'를 '이용'해서 그리스 비극을 설명한다는 뜻이다. 여기에는 두 가지 의미가 있을 수 있다.

하나는 5장부터 시작된 디오니소스적 요소인 서정시, 6장에서 자세하게 설명한 디오니소스적인 민요적 요소를 이용하여 그리스 비극을 설명한다는 뜻이다. 이는 7장의 주요 내용이다.

다른 하나는 1장에서 4장까지 주로 설명한 아폴론적인 요소와 5장과 6장에서 설명한 디오니소스적인 요소를 이용하여 그리스 비극을 설명한다는 뜻이다. 이는 7장의 연속선상에 있는 8장까지 연결한 설명이다. 7장이 디오니소스적 요소를 중심으로 합창가무단의 해방적인 힘을 설명한다면, 8장은 합창가무단의 요소가 어떻게 아폴론적인 요소와 결합하여 나타나는가를 설명한다.

중요한 것은 합창가무단이다. 그리스 비극은 곧 합창가무단이고, 합창가무단은 곧 그리스 비극 그 자체이다. 합창가무단이 없는 비극은 생각할 수도 없고, 비극이라면 반드시 합창가무단이 있어야 한다. 합창가무단은 디오니소스적 요소로 이루어져 있고, 아폴론적 요소와 디오니소스적 요소의 결합 그 자체이기 때문이다.

3. 우리나라에서는 Chor를 대부분 '합창단', '합창대' 등으로 번역한다. 이는 가장 대표적인 오역이다. 아니 지독한 오류이다. chor의 올바른 번역어는 '합창단'이나 '합창대'가 아니라 '합창가무단'이다.

항아리 어깨 부분에 그려진, 연주자와 함께 춤을 추는 합창가무단 (기원전 560년경, 메트로폴리탄 미술관 소장)

이와 관련된 문헌적 근거를 살펴보자.

플라톤은 『법률』에서 '합창가무choreia란 춤과 노래가 합쳐진 것'"54이라 말하고, '노래들 및 춤들과 어우러지게 하는데, 그들이 합창가무단choros들이라는 이름을 지은 것도 거기에서 생기는 기쁨이라는 이름에서 유래한 것'"55이라고 밝힌다. 아리스토텔레스 역시 '위에서 말한 모든 수단, 즉 율동과 노래와 운문을 모두 사용하는 예술이 있는데'"56라고 말하면서 합창가무단이 주로 활동했던 디티람보스 등을 그 예로 들고 있다.

Chor를 합창단이나 합창대로 이해하는 것은 『비극의 탄생』의 이해를 가로막는 결정적인 장애물이다. Chor를 '합창단' 또는 '합창대'로 번역하면, 고대 그리스 시대의 비극들과 『비극의 탄생』에 나오는 Chor는 지휘에 따라 악보를 보며 노래하는 집단에 지나지 않는다. '합창단' 등으로 표현되는 Chor는 상당히 정적인 역할과 성격을 지닌다.

반대로 Chor를 '합창가무단'으로 번역하면, 고대 그리스 비극의

Chor는 노래는 물론이고 춤도 추고 군무까지 곁들이는 동적인 역할과 성격을 지닌다. 실제로 그 당시 Chor는 무대 전면의 양쪽에서 춤과 노래, 율동과 운문으로 극의 흐름을 주도적으로 이끌어 갔다. 합창가무단이 가지고 있는 동적인 성격으로서 춤을 인정하지 않는다면, 니체가 「자기비판의 시도」의 마지막을 춤으로 정리한 것을 이해할 수 없다.

Chor를 '합창단'이나 '합창대'가 아니라, 이제부터 플라톤과 아리스토텔레스의 전승과 실제로 행했던 역할에 따라 '합창가무단'으로 번역하고 그렇게 이해하도록 하자. '합창가무단'이 올바를 뿐만 아니라 고대 그리스 비극과 『비극의 탄생』을 제대로 이해하는 지름길이다.

4. **"비극이 비극적인 합창가무단에서 발생했으며"**는 비극의 기원에 관한 내용이다. "기본적으로 합창가무단일 뿐이며, 합창가무단 이외의 다른 어떤 것이 아니었다는 점"은 비극의 본질에 관한 설명이자, 비극이란 합창가무단을 떠나서 생각할 수 없다는 뜻이다.

비극의 기원을 추적하는 것은 쉽지 않고, 누가 비극을 만들기 시작했는지 역시 알기 쉽지 않다. 플라톤은 『미노스』에서 다음과 같이 분명히 언급한다.

이곳(아테네)에서는 비극은 오랜 것이지. 사람들이 생각하듯, 테스피스에서 시작한 것도 아니고 프리니코스에서 시작된 것도 아닐세.[57]

플라톤의 이 문장은 비극의 기원에 관한 단서를 준다. 흔히 테스피스Thepis와 프리니코스Phrynichos가 비극을 창조했다고 알려져 있다.

돌고래를 탄 보병들이 그려진 술병 (기원전 520~510년, 메트로폴리탄 미술관 소장)

이는 일반적인 설이다. 하지만 플라톤은 이들이 비극을 창조하지 않았다고 분명히 밝힌다. 또한 플라톤은 아테네에서 비극이 오래전 부터 있었다고 분명하게 말한다. 여기서 테스피스 등의 비극 창시 자를 부정하는 한편 오래전부터 아테네에 비극이 존재했다는 두 가 지 사실에 주목하자. 이 점에서 본다면 고대 그리스 비극은 한 개인 의 독창적 창작물이 아니라는 결론이 나온다.

또한 우리는 비극의 발생을 단절적 시간에 따른 발전관으로 보는 것도 역시 부정해야 한다. 비극이 어떤 특정한 장르, 예컨대 디티람 보스 다음에 비극이 발전한 것으로 이해해서도 안 된다. 왜냐하면 플라톤은『미노스』에서 아테네에 "비극 그리고 다른 시 분야의 온 갖 시인들이 있는 터에"[58]라고 말했기 때문이다. 또한 플라톤의 『변론』에서 소크라테스가 "정치인들 다음으로 비극 시인들과 디티람보스 시인들 그리고 그 밖의 다른 시인들한테 찾아갔으니까요.'"[59]라고 언급했기 때문이다. 비극이 발생하기 이전에, 디티람보스, 비극, 희극, 사티로스극 등을 집필하는 다양한 종류의 시인이 동시에 존재했다고 보아야 한다. 다양한 장르의 시와 문학이 동시대에 공존하는 현재에 비춰 보더라도, 비극의 단선적 발전 시각은 올바르지 않다.

따라서 비극은 어디에서 기원하여 어느 방향으로 발전해 가는가를 추적해야 한다. 비극의 기원에 관한 탐구는 상당히 중요하다. 니체 철학의 핵심적인 문제의식이기 때문이다. 비극의 기원에 관한 논의는 아리스토텔레스의 언급에서 시작된다.

> 비극은 확실히 즉흥적인 것에서 시작했다. 희극도 마찬가지로 즉흥적인 것에서 시작했다. 비극은 디티람보스 작가들이 쓰기 시작했으며, 희극은 여전히 우리의 여러 도시에 관습적으로 남아 있는 남근찬가 작가들이 쓰기 시작했다.'[60]

즉흥적인 것은 디티람보스Dithyrambos를 가리킨다. 디티람보스는 시인과 합창가무단의 대화로 이루어졌다고 추론할 수 있다. 그 근거는 플라톤의 『국가』에서 디티람보스를 '시인 자신이 이야기하는 것'[61]이라는 표현에서 찾을 수 있다. 또 다른 근거는 서정시인 아르킬로코스가 언급한 "나는 포도주로 마음에 벼락 맞아 디오니소스왕의 아름다운 노래 디티람보스를 이끌 줄 안다"라는 말에서 찾을 수 있다. 플라톤은 "발언(말, 대화)과 발언 사이에 있는 이 시인의 말을 제거해 버리고, 대화들(말 주고받기)만 남겨 놓을 경우 …… 비극"[62]이 발생한다고 말한다.

이 단서를 바탕으로 디티람보스의 성격과 비극의 기원을 추론할 수 있다. 우선 디티람보스의 성격이다. 디티람보스란 시인과 합창 가무단이 대화를 주고받는 것이며, 시인이 주도적인 역할을 하며 이끌어 가고 합창가무단이 시인의 이끌림을 받으면서 조화를 이루는 장르이다.

두 번째 추론은 비극의 기원이다. 비극은 춤추면서 노래하거나 노래하면서 춤을 추는 디티람보스에서 시인이 빠지고 합창가무단만의 말과 말, 대화와 대화, 노래와 노래가 연이어 나오는 것이다. 즉, 디티람보스에서 시인이 빠지고 합창가무단만이 남아 대화를 주고받으며 춤을 추는 연희 형태가 원초적 형태의 비극이다.

고대 시대 비극에서, 극 전체를 이끌었던 유일한 주체는 합창가무단이었다.[63]

이 점에서 비극은 합창가무단에서 출발한 것이고, 비극의 본질 자체도 합창가무단이 된다. 이후 비극은 합창가무단 이외에 또 다른 배우의 등장에 의해 변화하기 시작한다.

배우의 숫자는 처음에 아이스킬로스에 의해 두 명으로 늘었다. 그는 그 대신 합창단의 역할을 축소시켰으며, 극에서 대화가 주도적인 역할을 하도록 했다. 제3의 배우 …… 소포클레스에 의해 도입되었다.[64]

하지만 곧장 테스피스Thespis가 합창가무단이 조금 쉴 수 있도록 배우를 한 명 집어넣었으며, 아이스킬로스는 두 명의 배우를, 소포클레스는 세 명의

배우를 넣었다. 그럼으로써 그들은 비극을 점차 완성시켰다.'[65]

테스피스가 합창가무단이 쉴 수 있도록 배우를 도입한 이유는 무엇일까? 나아가 아이스킬로스와 소포클레스 역시 배우의 숫자를 늘린 이유는 무엇일까? 당연히 비극이 과거의 단순한 디오니소스 찬가에서 벗어나 극적 성격, 연희적 성격이 강화되는 데에서 비롯한다.

비극은 짧은 스토리와 웃기는 말투를 벗어던짐으로써 사티로스적 단계를 통과하여 마침내 진보하게 되었고 격식을 갖추게 되었다.'[66]

극적 성격의 강화와 예술성의 강화는 역설적으로 비극의 기원이자 본질인 합창가무단의 역할 축소로 이어진다. 테스피스가 배우를 도입한 이유는 합창가무단을 잠시 쉬게 하기 위한 것이었다. 하지만 배우의 등장은 합창가무단의 역할 그 자체를 축소했다. 실제로 우리가 접할 수 있는 아이스킬로스의 작품에서 나오는 합창가무단이 맡은 역할과 그 물리적 양에 비한다면, 소포클레스의 작품에서 합창가무단이 차지하는 역할과 그 양은 엄청 줄어든다. 니체가 그토록 혐오하는 에우리피데스의 일부 작품에서 합창가무단은 유명무실해지거나, 역할을 거의 담당하지 못한다.

아이스킬로스, 소포클레스, 에우리피데스의 비극 작품을 합창가무단이 맡은 역할, 노래의 양 등을 비교하며 실제로 읽어 보는 게 좋다. 합창가무단이 비극에서 차지한 양과 역할의 많고 적음은 비극이 비극인가 아닌가를 결정하는 중요 요소이다.

여기서 문제가 발생한다. 비극의 본질인 합창가무단이 제 역할을 하지 못하는 비극은 진정한 비극인가 아닌가? 니체의 질문이다. 이 질문은 에우리피데스에 대한 질문인 동시에 에우리피데스의 문학적 동지인 소크라테스에 대한 질문이고, 에우리피데스의 예술적 후계자인 오페라에 던진 질문이기도 하다. 니체는 에우리피데스와 소크라테스에 던진 이 질문에 대해 11장에서 15장에 걸쳐 답을 하고, 에우리피데스와 그 후계자에 던진 이 질문에 대해 16장에서 20장에 걸쳐 답을 한다.

5. 합창가무단과 관련된 설명 중 하나는 민중설로, 상당히 영향력이 있다. 그 근거를 그리스 비극에서 실제로 드러나는 측면과 플라톤의 민중에 대한 비판적 검토에서 살펴볼 수 있다.

우선 합창가무단의 구성과 관련하여 살펴보자. 합창가무단의 민중구성설은 아리스토텔레스가 언급한 내용이다. 이는 합창가무단의 구성 주체에 관한 문제이다. 아리스토텔레스는 민중구성설을 다음과 같이 표현한다.

합창가무단을 구성하는 사람들은 평범한 사람들이다.[67]

실제로 현재 우리가 접하는 3대 그리스 비극 작가의 작품들에 나오는 합창가무단은 주로 평범한 사람들로 구성되어 있다. 대부분 여성(일반 여성, 하녀, 포로로 잡힌 여성들, 소녀들)이 가장 많으며, 노인(원로), 선원 들로 구성되어 있다. 합창가무단이 이러한 평범한 신분이나 신분이 낮은 사람들로 구성된 이유는 디오니소스의 추종자들이나 디오니소스 축제에서 주류를 차지한 자들이 사회의 하류층인

데서 비롯한다. 반면 주인공으로 등장하는 인물은 주로 왕, 반신, 영웅, 신 들로 정치적, 사회적, 종교적 측면에서 높은 신분이다.

둘째, 숫자의 측면이다. 민중설에 필연적으로 따르는 것은 합창가무단의 숫자이다. 합창가무단의 숫자는 적게는 수십 명에서 많게는 백여 명에 이른다. 아이스킬로스의 『탄원하는 여인들』에는 다나오스의 딸들로 구성된 합창가무단이 나온다. 신화에 따르면 다나오스의 딸들은 50명이므로, 합창가무단은 50여 명으로 추론할 수 있다. 또한 아이스킬로스의 『결박된 프로메테우스』에는 오케아노스의 딸들로 구성된 합창가무단이 나온다. 신화에 따르면 오케아노스는 3,000여 명의 자식들이 있었다고 하므로, 합창가무단의 숫자가 적지 않았음을 알 수 있다. 니체가 "종종 백여 명의 인물들이 등장"[68]하는 이란 말을 인용하는 데에서도 합창가무단의 숫자가 적지 않았음을 알 수 있다. 반면 주인공으로 등장하는 인물은 앞에서 살펴본 것처럼 많아야 두세 명이나 서너 명이다.

세 번째, 민중설에서 우리가 또 눈여겨봐야 할 것은 죽음과의 연관이다. 그리스 비극은 비극이기 때문에 주인공들인 왕, 반신, 영웅, 신 들은 반드시 고통을 겪고 죽임을 당하거나 재앙을 맞는다. 반면 다수로 구성된 합창가무단은 결코 죽음에 이르지 않으며 재앙을 맞지도 않는다.[69] 운명이나 욕심과 탐욕 등으로 파멸하는 주인공들과 달리 합창가무단은 주인공들의 운명과 시련을 곁에서 담담히 지켜보는 존재이다.

네 번째, 합창가무단의 역할과 관련하여 살펴보자. 민중설이 설득력이 있는 것은 합창가무단의 역할 때문이다. 합창가무단은 그리스 비극에서 종종 신, 반신, 영웅, 왕 들의 욕망, 갈망, 탐욕, 부도덕성, 파괴성, 잔인성 등을 제어하는 역할을 한다. 실제 작품을 살펴보면 합창가무단이 종종 이러한 역할을 하고 있음을 볼 수 있다. 이때 합창가무단은 니체가 설명하듯이 아테네 시민들의 변하지 않는 도덕률을 대변하는 것처럼 보인다.

합창가무단 민중설의 속살을 보자. 민중설의 가장 우선적인 적대자는 플라톤이다. 플라톤은 합창가무단 민중설을 비판함으로써, 합창가무단을 민중의 대표자로 보게 만드는 역설적인 역할을 한다.

플라톤은 비극 창작술의 관점에서 합창가무단을 파악하고, 합창가무단의 역할을 일종의 대중 연설로 간주한다. 플라톤은 비극 창작술을 시인들이 극장에서 연설하는 것으로 보고, 비극 시인이 노예, 자유인, 아이들, 여자들, 하층 남자들을 아우르는 민중을 상대로 아첨한다고 주장한다.[70] "비극은 가장 '민중을 즐겁게 하는' 것이며"[71]에서 볼 수 있듯이, 플라톤은 비극을 합창가무단을 중심으로 민중에게 발림 말을 하는 것이라고 생각한다.

플라톤은 비극을 창작하는 작가들이 민중을 기쁘게 하려고 노력하는 것에 비판적이다. 그 이유는 비극 시인들과 민주주의에 기식하는 참주들의 관계 때문이다. 플라톤에 따르면 민주주의로 집권을 한 참주들과 비극 시인들은 악어와 악어새의 관계이다. 당시 아테네 정치 현실이 이를 반영한다. 플라톤은 참주들(민주주의 지도자들)이 현명하다고 생각한다. 참주들이 지혜를 담고 있는 비극을 창작하는 비극 시인들과 교제를 했기 때문이다. 민주주의형 참주들은 비극 시인에게 보수를 주고, 보수를 받은 비극 시인들은 민주주의와 민주주의에 기식하는 참주를 찬양했기 때문이다. 정치인은 비극 시인이 필요로 하는 돈과 명예를 선물로 제공하면, 비극 시인들은 참주와 민주주의자의 정적인 귀족주의자들에 대한 비판을 선물로 제공한다. 서로 가려운 곳을 긁어 주고, 서로의 치부를 감춰 주는 정치인과 비극 시인의 상호부조를 플라톤은 강력히 비판한다.[72]

민주주의 기식형 참주와 비극 시인의 상호협조의 완결은 관객에게서 나타난다. 아무리 공연 내용이 좋아도 민중들이 가난해서 공연을 볼 수 없으면 그 공연은 의미가 없다. 플라톤의 관점에서 민주주의 기식형 참주인 페리클레스는 비극 공연의 적극적 후원자인 동시에 시민들이 공연을 볼 수 있도록 일당을 지급했다.[73] 플라톤이 입에 거품을 물고 비판했던 것도 이 점이다.

비극과 비극 시인에 대한 플라톤의 공격은 민주주의와 민주주의 체제에서 기인한 민중성에 대한 비판에서 비롯한다. 비극과 비극 시인의 민중성에 대한 플라톤의 강력한 비판은 합창가무단이 가지는 민중설을 상대적으로 공인하는 역할을 한다. 아이러니이다. 비극, 비극을 창조하는 시인, 시인의 대중 연설을 직접 실행하는 합창가무단은 다름 아닌 다수 민중의 바람을 대표하는 집단이다. 합창가무단은 민중의 꿈을 대표하는 자들이 된다.

6. 민중설에 대한 니체의 첫 번째 비판이다. 그리스 비극 합창가무단의 구성, 숫자, 역할, 플라톤의 역설적 반증이 있다고 하더라도, 합창가무단의 민중설은 지지될 수 없다고 니체는 말한다. 그리스 비극의 기원은 우선적으로 디오니소스 시종들의 숭배, 디오니소스 숭배의 의식인 축제에서 비롯했다. 종교적 기원설이다. 디오니소스 숭배자들이 기층 민중이었지만, 그들이 바로 합창가무단을 대표하는 것은 아니다. 정치적인 관점에서 합창가무단을 민중설로 설명하는 것은 그럴듯한 것 같지만, 발생과 기원이라는 관점에서 본다면

설득력이 없다.

니체는 인과관계 혼동의 오류를 지적한다. 즉, 결과적으로 보면 합창가무단이 민중설을 지지하는 역할을 하지만, 원인의 관점인 종교적 관점에서 본다면 합창가무단은 디오니소스의 시종들의 또 다른 분신에 지나지 않는다. 종교적 원인에서 비롯한 합창가무단을 정치적 결과의 관점인 민중설로 평가하는 것은 옳지 못하다.

7. 합창가무단을 '입헌적인 민중적 대표자'로 바라보는 것은 정치적인 관점이고, '신성모독'은 종교적인 관점이다. 합창가무단의 기원이 종교에서 시작되었음에도 불구하고 정치적인 설명을 강변하는 것은 종교 모독적인, 즉 신성모독이다. '다른 연구자들은 이러한 신성모독 앞에서 결코 머뭇거리지 않는다.'는 것은 니체 자신을 제외하고 많은 연구자들이 정치적인 설명을 마치 그럴듯한 이론으로 받아들인다는 뜻이다.

8. 합창가무단의 민중설에 대한 니체의 두 번째 비판은 정치 제도론에 근거한다. 그리스 고대 국가 체제를 보라. 현재 우리가 생각하는 방식의 입헌대표자들은 존재하지 않았다. 아테네의 실제 정치 제도는 입헌대표자들로 구성되지 않았다. 아테네의 기본적인 대표자 선출 방식은 주로 추첨제였다. 현재의 입헌대표자 관점에서 과거의 역사적 존재를 증명한다는 것 역시 논리적으로 맞지 않다. 현실 정치 제도가 입헌적이지 않음에도 불구하고, 민중설을 지지하는 정치적인 설명을 끝까지 따를 것인가!

다시 보기

니체는 6장에서 민요의 중요성을 설명하면서, 민요의 주체인 민중에 상당히 온정적이다. 그러나 여기에서 니체는 합창가무단의 민중설을 전면 부정한다. 왜 니체는 합창가무단의 민중설을 부정하는가? 아니, 왜 부정할 수밖에 없는가?

합창가무단의 민중설은 대립에 의존한다. 합창가무단은 민중과 같고, 주인공은 영웅, 왕, 영주와 같다. 민중으로 구성된 합창가무단이 영웅, 왕, 영주인 영웅을 도덕적으로나 정치적으로 억제를 한다는 것이 민중설의 핵심이다. 앞에서 설명한 여러 이유로 합창가무단의 민중설은 근대 정치에서 아주 매력적으로 받아들여질 수 있는 정치적인 설명이다. 니체는 이러한 관점을 비판적으로 바라본다. 그 이유를 논리적인 관점에서 알아보자.

비극의 주인공, 곧 히어로들, 예컨대 오이디푸스와 프로메테우스 등은 디오니소스의 분신들이다. 디오니소스의 고행이 오이디푸스와 프로메테우스 등을 통해 비극에서 다시 한번 나타난다. 오이디푸스도 디오니소스이고, 프로메테우스도 디오니소스이다. 니체는 9장과 10장 비극의 주인공론에서 이러한 주장을 한다.

반면 합창가무단은 출신 성분으로는 민중들이면서, 기원상으로는 디오니소스의 시종인 사티로스들이다. '민중'은 정치적 설명이지만, '시종'은 종교적인 설명이다. 정치적인 설명과 종교적인 설명은 충돌하기 마련이다. 니체가 앞에서 입헌적 민중대표자라는 근대적 정치 원리로 합창가무단의 '신성모독'을 일삼지 말라고 한 바로 그 내용이다.

주인공과 합창가무단의 대립적 관점에서 종합적으로 살펴보자. 민중설에 따른다면 디오니소스 시종들이 디오니소스의 분신들, 즉 디오니소스를 억제하는 결과를 초래한다. 대부분의 선박에서 선원들이 선장에게 반역을 꾀하는 경우란 거의 없다. 뱀의 꼬리가 뱀의 머리보다 절대 먼저 기어갈 수는 없다. 민중설은 선원의 반역이나 뱀의 꼬리와 머리의 뒤바뀜과 마찬가지이다. 디오니소스 시종들이 디오니소스를 억제하고 억압한다면, 심지어 살해한다면, 디오니소스 축제 의미 자체가 사라지고, 합창가무단의 본래적 의미 자체가 없어진다. 합창가무단은 디오니소스의 시종일 뿐이다. 결과적으로 비극의 구성도 공연도 불가능해진다. 민중설을 '설'로 가능케 한 비극이 사라진다면 민중설은 존재할 수 없다.

그렇다면 합창가무단을 어떻게 바라보아야 하는가? 아리스토텔레스가 그 답변을 준다.

> 합창가무단도 또한 배우들 중의 한 명으로 간주되어야 할 것이다. 즉, 합창가무단은 전체의 한 부분으로 행동에 참가해야 할 것이다.[74]

합창가무단과 히어로는 배우들 중의 하나이며, 각자 맡은 역할을 행동할 뿐이다. 주인공은 주어진 운명에 의해 영웅적인 고통을 겪거나 비운에 찬 죽음에 이를 뿐이다. 합창가무단이 주인공의 도덕적 윤리적 타락을 억제하고, 히어로들을 정치의 영역에서 축출하고 배제하는 것이 결코 아니다. 히어로는 주인공이기 때문에 주인공으로서 숙명적인 죽음을 맞을 뿐이다. 합창가무단은 가무단이기 때문에 히어로들의 고난과 고통, 죽음을 목도할 뿐이다. 그 이상도 그 이하도 아니다. 합창가무단은 니체가 8장에서 한 말처럼 '디오니소스적으로 흥분된 전체 대중의 상징'으로서 한 주체를 맡고 있다.

2. 슐레겔의 이상적 관객설

합창가무단에 대한 이러한 정치적 설명보다 훨씬 유명한 것은 슐레겔A. W. Schlegel의 생각이다. 슐레겔은 우리에게 합창가무단을 관중 전체의 모범이자 축소, 즉 '이상적 관객'으로 보도록 권유했다.[1] 이러한 주장은 비극이란 근본적으로 합창가무단이었다는 역사적으로 전승된 저 전승과 연결되어 있는 것으로서, 그 주장이 무엇을 말하는가를 입증할 뿐이다. 그 주장은 정리가 제대로 안 되었으며 비과학적이며 화려하게 빛나는 주장일 뿐이다. 그러한 주장은 그러나 그 농축된 표현 형식에 의해서, '이상적'이라고 불리는 모든 것에 대한 독일적인 저 적절한 편견에 의해서, 우리의 순간적인 놀람에 의해서 유지될 뿐이다.[2]

우리가 저 합창가무단과 우리가 잘 알고 있는 연극 관객[3]을 비교하자마자, 비극 합창가무단과 유사한 어떤 것이 연극 관객으로부터 도출하는 것이 가능한지 묻자마자, 우리는 특히 경악하게 될 것이다. 우리는 그 가능성을 말없이 부정할 것이다. 우리는 이제 슐레겔이 얼마나 대담하게 주장한 것인지 그리고 그리스 관객이 아주 다른 성격을 지닌 것에 상당히 놀랄 것이다.

특히 우리의 일반적 생각에 따르면, 올바른 관객이란 그가 의도한 것이 누구이든지 간에 경험적 현실이 아니라 자신 앞에 예술 작품을 보고 있는 존재로 여겨져야만 한다. 반면 그리스인들의 비극 합창가무단은 무대 위에 형상을 실제로 존재하는 것으로 인지하도록 강요받았다. 오케아노스의 딸들로 구성된 합창가무단은 실제로 자신 앞에 있는 거인족 프로메테우스[4]를 보고 있다고 믿으며, 합창가무단인 자신들을 무대Bühne 위의 신들과 마찬가지로 실재하는 것으로 간주한다. 그렇다면 가장 최고로 순수한 관객의 양식은 오케아노스의 딸들과 마찬가지로 프로메테우스를 육체적으로 살아 있으며 실재하는 것으로 여겨야 하는가? 그리고 무대 배경Szene[5] 위로 뛰어올라 신을 고통으로부터 풀어 주는 것이 이상적 관객의 징표인가?[6]

우리는 미학적 관객을 믿었으며, 개별 관객이 예술 작품을 예술로 받아들일수록, 즉 미학적으로 받아들일수록 개별 관객이 능력이 있다고 생각했다.[7] 그리고 이제 슐레겔의 표현은 완전하고 이상적인 관객이란 무대 위의 세계가 관객 자신에게 미학적인 것이 아니라 생생하게 경험적인 것으로 작동한다고 우리에게 암시하고 있다. 우리는 '오 이런 그리스인들이라니!'라며 한숨을 쉰다. 그리스인들이 우리의 미학을 전복시켜 버리다니![8] 하지만 여기에 익숙해진 우리는 합창가무단이 종종 화제에 오를 때마다 슐레겔의 말을 반복한다.

1. 슐레겔이 『드라마 예술과 문학에 관한 강의』에서 주장한 내용이다. 그 내용은 아래와 같다.

우리는 합창가무단을 진행 중인 사건(행위)에 대한 인격화된 반응, 즉 전체 인간의 대변인으로서 시인의 감정을 표상으로 구체화한 것으로 고려해야만 한다. 이것이 합창가무단의 시적인 성격이다. …… 그러한 성격은 합창가무단이 디오니소스 축제에 지역적 기원을 두고 있으며, 더구나 그리스인들 사이에서 특수한 민족적 중요성을 지니고 있다는 상황에 결코 영향을 받지 않는다.

이러한 생각, 그리고 이러한 감정 양식이 합창가무단을 도입하도록 했다. 합창가무단은 전체가 당연히 마주치고 있는 현실의 출현에 방해받지 않기 위해서 제시된 줄거리의 아주 다양한 요구에 순응해야만 한다. 합창가무단이 무엇으로 존재하든 그리고 어떤 특수한 경우에 어떻게 행동하든지 간에 첫째, 일반적으로 우선 그 민족이 공유하고 있는 정신이며, 그 다음 모든 인류의 보편적인 공감을 대표한다. 한마디로 합창가무단이란 이상적 관객이다. 합창가무단은 비통하거나 감동적인 줄거리의 영향을 감소시키는 반면, 합창가무단 자기 감정의 서정적이며 음악적인 표현을 실제 관객에게 전해주며, 실제 관객을 관조의 영역으로 고양시킨다.[75]

슐레겔은 그리스 비극의 합창가무단을 한 민족이 공유하는 정신의 대변자이자 전 인류의 보편적인 정서의 대표자라고 보았다. '이상적'이란 용어는 전체를 응축시키고 그 안에서 끄집어낸 보편적인 그 무엇, 즉 민족정신과 인류의 공통된 '그 무엇'인 정서를 뜻한다. 이 설명은 앞에서 니체가 서정시인의 감정의 보편성을 설명하면서 주장한 내용과 동일하다. 니체는 서정시인의 감정은 보편적이라는 점에서 '이상적'이란 명칭을 부여하는 것에 대해 잘못이 없다고 본다. 하지만 니체는 '이상적 관객'을 합창가무단의 성격으로 설명하기에는 부족하다고 보았다.

2. 합창가무단을 '이상적 관객'으로 보는 슐레겔의 주장에 대한 니체의 일반적 평가이다. 첫째, 비극은 니체가 거듭 주장했듯이 합창가무단에서 출발했다는 '역사적 사실'에 지나지 않으며, 둘째, 사람들의 눈길을 끄는 현란한 주장이기는 하지만 '비과학적'인 선전에 지나지 않으며, 셋째, 헤겔 등 철학으로부터 받은 영향으로 '이상적'

이란 단어를 좋아하는 '독일 민족 친화적 선동'이라는 것이다.

3. 우리가 흔히 알고 있는 관객을 말하는 것으로, '미학적 관객'을 뜻한다. 미학적 관객은 니체가 뒤에서 말하고 있듯이 공연을 보고 즐기는 동시에 미학적으로 평가하는 존재이다.

4. 아이스킬로스의 『결박된 프로메테우스』를 말한다. 이에 대한 자세한 내용은 9장과 10장 고대 그리스 비극의 주인공론에서 다루도록 한다.

5. Bühne는 무대를, Szene은 무대 배경(풍경)을 가리킨다. 이 두 단어를 대부분 '무대'로 번역한다. 이는 오역으로, 내용의 이해를 가로막는다. Bühne가 수평적인 무대를 가리킨다면, Szene는 무대 뒤에 수직으로 서 있는 배경이다. 우리가 알고 있는 Scene이 Szene에 해당한다. 무대와 관련된 자세한 내용은 7장 5절에 나오므로 참조하도록 하자.

이런 오역이 나오는 이유는 고대 그리스 극장에 대한 몰이해에서 비롯한다. 고대 그리스 비극은 무대가 있고, 무대 뒷부분에 4~5m 정도의 Szene이 서 있었다. Szene에는 극의 배경이 되는 궁전, 신전 등의 다양한 형태의 건축물로 치장되어 있었다. 이런 거대한 건축물을 세웠던 것은 무대 배경의 역할도 고려한 것이지만, 지금과 같은 증폭장치가 없었으므로 아마도 일종의 음향 시설 역할도 고려한 것으로 추론할 수 있다.

이 부분을 내용상으로 파악해 보자. 프로메테우스는 무대의 바닥(수평)에 쓰러져 있는 것이 아니라 무대 배경(수직)에 묶여 있으며, 오케아노스의 딸들은 무대 위에 있으며, 관객은 무대 밖에 있다. 따라서 오케아노스의 딸들이 무대 배경에 묶여 있는 프로메테우스를 구하는 것처럼, 무대 밖의 관객들도 오케아노스의 딸들처럼 행동하는 것이 바로 이상적 관객설의 예시이다.

6. 슐레겔의 '이상적 관객'이라는 주장에 대한 니체의 첫 번째 반박이다. 슐레겔의 설명을 도식화하면 합창가무단과 이상적 관객은 일치하고, 이상적 관객은 한 민족과 일치하고, 다시 인류 전체의 감정에 공감한다. 이에 따라 비약적으로 설명해 보자.

합창가무단인 오케아노스의 딸들이 고통받고 있는 프로메테우스를 보았다면, 그들은 사슬에 묶여 독수리에게 간을 쪼이는 프로메테우스를 구해야 한다. 나아가 이 공연을 보고 있는 관객 역시 오케아노스의 딸들로 구성된 합창가무단과 동일한 시선으로 바라보고 사고하고 행동해야 하므로, 무대 배경 위에 올라가 프로메테우스를 구해 주어야 한다. 나아가 이상적 관객은 하나의 민족과 일치하므로, 그리스 또는 독일 민족 전체가 수난을 당하고 있는 프로메테우스를 구해 주어야 한다. 또한 전 인류 역시 이상적 관객이므로 프로메테우스의 고통을 함께해야 할 뿐만 아니라 고통 구원의 행위를 하는 오케아노스의 딸들처럼 행동해야 한다.

관객을 무대 위로 끌어 올려 등장 배우와 동일한 역할을 하게 만드는 것은 무대 위 예술이라는 일반적 성격에 어긋난다. 무대 위는 무대 위이고, 무대 밖은 무대 밖이다. 무대 위에서 하나의 세계를 창조하는 시인은 현실세계와는 또 다른 세계를 만드는 자이다. 비극 시인은 자신의 감정과 시선, 생각을 극 속에 집어넣어, 무대 위 연기자들이 행위하게 만들고, 관객이 연기자들의 행위에 공감하도록 유도할 뿐이다.

드라마적인 시를 고안하면서 가장 먼저 생각해야 하는 것은 행위하는 사람들과 밀접하게 연관된 남성 또는 여성 집단을 고안해야만 하는 것입니다. 그 다음 서정적-음악적인 대중 정서를 분출시킬 수 있는 계기를 찾아야만 합니다. 시인은 확실히 합창가무단을 통해서만 무대 위 인물을 바라보고, 합창가무단과 동시에 아테네 대중을 보게 됩니다. 대본만을 가지고 있는 우리는 무대로부터 합창가무단을 보게 됩니다. 합창가무단의 의미는 하나의 비유로 설명되지 않습니다. 슐레겔이 합창가무단을 '이상적 관객'으로 특징지었다면, 이것은 작품 속의 시인이 합창가무단이 사건을 어떻게 파악하는지를 보여 주는 동시에 시인의 바람에 따라 관객이 사건을 어떻게 해석해야 할 것인가를 암시하는 것입니다.[76]

슐레겔의 '이상적 관객'이라는 테제는 한 민족의 정신을 정치적으로 묶어 이상화시킨 민족주의적인 음습한 냄새를 풍긴다. 예술적으로는 낭만주의이지만 사상적으로는 보수주의이고, 정치적으로 민족주의의 변형태이다. 니체는 합창가무단을 정치적인 '민중설'로 해석하는 것만큼이나 정치적인 '민족설'로 침소봉대하는 것도 거부한다.

7. 슐레겔의 '이상적 관객'설에 대한 니체의 두 번째 반박이다. 그 비판은 고대 그리스 시대의 비극 합창가무단을 보편 정신이나 보편 정서로 이해하는 슐레겔의 이상적 관객과 우리 시대의 연극을 보는 관객의 미학적이고 비판적인 성격의 차이를 지적하는 것에서 시작한다.

관객은 바라보는 자이고 극 속의 합창가무단과 등장인물들은 바라봄을 당하는 자이다. 관조하는 자, 곧 관객은 말 그대로 관중석에서 보는 자이고, 즐기는 자이고, 평가하는 자이다. 관조 당하는 자, 곧 등장인물은 무대 위에서 행위하는 자이자 노래하고 춤을 추는 자이다. 평가하는 자는 미적인 관점에서 보고 좋으면 좋다고 칭찬하고 나쁘면 잘못되었다고 비판하는 자이다. 행위하는 자, 곧 등장인물은 연기와 노래와 춤을 통해 작가의 의도를 표현하는 동시에 자신의 능력을 발휘하여 평가를 받는 자이다. 관객과 배우는 전혀 다른 두 존재이다. 이 양자를 혼동하여 이해하는 것은 무대 위 예술이라는 예술의 기본적 성격과 일치하지 않는다.

8. 슐레겔의 설명대로라면, 고대 그리스 비극의 관객은 이상적인 관객이므로 현대의 비판적이면서 미학적인 관객을 부정한다. 고대 그리스 관객은 비극을 관조하는 자가 아니라 무대 위에 올라가 같이 행동하는 자인데, 현대 연극의 관객은 극을 바라보기만 하고 무대 위에 올라가지도 않고 무대 위에서 직접 행동하지도 않기 때문이다.

다시 보기

'이상적'인 것이 신이나 초월적 실체에서 현실로 나타난다면 형이상학이다. '이상적'인 것이 국가나 어떤 특정한 집단에서 주도되어 표현된다면 이데올로기이다. 이때 '이상적'인 것은 '모범적'인 것을 의도한다. 이상적인 시민은 곧 모범적인 시민을 말하고, 국가가 요구하는 것을 묵묵히 수행하는 시민을 말한다.

국가가 중심이 되어, 국가가 후원을 하여 예술을 만든다면, 국가의 모범적 시민을 만들기 위한 것이다. 국뽕주의 예술은 시민을 이상적으로 만들고자 한다. 흔히 접하는 미국 영화를 보라. 장르가 무엇이건 간에 대부분 미국 영화에는 성조기가 나타난다. 스쳐 지나가거나 전면에 떠오르거나, 멀리서 펄럭이거나 벽에 붙어 있다. 미국 영화에서 성조기는 유비쿼터스로 현존한다. 미국 영화는 다인종주의 국가의 시민을 성조기 앞에 하나로 만드는 역할을 한다.

이상적 관객론은 예술이 예술로 존재하는 것이 아니라 선전의 수단이 되는 경우이다. 선전수단으로서 예술은 진심 어린 이상적 관객을 만들지 못한다. 세뇌를 통한 이상적, 모범적인 것에의 수렴은 수렴일 뿐 영원히 0에 다가가지 못한다. 이상적 관객론의 배후에는 국수주의적 국가가 있고, 국수주의적 국가를 정신적으로 유지하는 국가주의적 철학과 종교가 있다. 이상적 관객론은 예술 철학이 아니라 국가 철학일 뿐이다.

3. 슐레겔 주장의 문제점

하지만 저 명확한 전승은 여기서 슐레겔과 반대로 말한다. 비극의 원시적 형태인 무대 없는 합창가무단 그 자체와 이상적 관객의 저 합창가무단은 결코 서로 조화를 이루지 못한다.[1] 관객의 개념으로부터 도출된 예술을 '관객 그 자체'의 고유한 형식으로 고려하는 것이 옳다고 생각하는가? 볼거리 없는 관객[2]이란 모순된 개념이다. 우리는 비극의 탄생이 대중의 인륜적 지혜에 대한 존중이나 볼거리 없는 관객의 개념으로 설명될 수 없다고 생각한다.'[77] 우리는 이 문제를 피상적인 관찰 방식으로 다루기보다는 깊이 있게 다루어야 한다.

1. '비극의 원시적 형태인 무대 없는 합창가무단'은 비극이 발생하

기 이전의 형태를 말한다. 앞에서 다루었던 것처럼 그리스 비극은 무대가 아닌 디오니소스 축제와 이에 수반된 연희 행위에서 비롯한다. 그 당시에도 합창가무단이 존재하기는 했지만, 무대 위에서 공연하지 않았다. 이때에는 관객과 연기자의 구분이 없었으며, 관객과 연기자가 모두 어우러져 즐기는 형태였다. 반면 '이상적 관객의 저 합창가무단'은 무대가 도입되고 나서, 무대 위에 서는 자와 무대 밖에서 바라보는 자가 엄격하게 구분되었을 때 나타날 수 있는 이론이다.

2. 슐레겔의 '이상적 관객'설에 대한 니체의 세 번째 비판이다. '볼거리 없는 관객'은 형용모순이다. 볼거리가 없다면 보는 관객은 있을 수 없다. 반대로 관객이 있다면 반드시 볼거리가 있다. 무대가 있고 그 위에서 행위하는 자가 있다면 볼거리가 있는 것이고, 이를 보는 관객이 있는 것이다. 반대로 무대 없이 같이 어우러져 춤을 추고 논다면, 보는 것이 아니라 같이 즐기는 것이다. 이 경우는 볼거리도 없고 보는 관객도 없다. 후자는 고대 그리스 비극이 탄생하기 이전의 형태를 말한다. 슐레겔이 '보는 관객'을 전제하면서도 '볼거리 없는' 무대 위 공연을 이야기하는 것은 논리적 모순이다.

다시 보기

니체는 5장에서 서정시의 중요성을 설명하면서, 감정의 보편성, 전 인류가 공감할 수 있는 서정성을 중요시한다. 서정시인의 주관적인 감정이 곧 한 민족, 나아가 전 인류의 보편적인 감정과 조응할 수 있다고 니체는 강조했다. 그런데 왜 니체는 한 민족, 전 인류의 공통적인 서정성을 주장하는 것처럼 보이는 이상적 관객설을 부정하는가?

이 질문에 대해 니체는 이미 답변을 했다. 니체는 서정시인과 서정시를 통해 '감정의 보편성'을 주장했다. 비극 시인은 합창가무단을 통해 자신의 의도를 관객에게 전달할 수 있다. 관객은 합창가무단이 노래 부르는 서정시를 통해, 시인의 전달하고자 하는 감정에 공감할 수 있다. 더 나아간다면, 시민의 일부인 관객이 느끼는 감정은 시민 전체에게 확장되어 공감의 증폭을 일으킬 수 있다. 니체가 말한 것은 서정시를 통한 감정의 증폭은 여기까지만이다.

슐레겔은 감정의 보편성을 넘어 '행동의 일치성'까지 요구하는 오류를 범했다고 니체는 생각했다. 이상적 관객설에 따르면 시인의 감정이 합창가무단을 통해 전달되고, 합창가무단은 시인이 요구하는 행동을 무대 위에서 직접 행한다. 즉, 고통받는 프로메테우스를 합창가무단이 구해 주어야 하고, 이에 공감하는 시민, 전 민족, 나아가 전 인류가 무대 위로 뛰어올라 프로메테우스를 사슬에서 풀어 주어야 한다. 감정의 보편성을 넘어 행동의 일치성까지 요구하는 것은 예술의 선전수단 또는 선동수단으로의 전락을 초래한다.

한발 더 나아가 보자. 왜 니체는 '이상적 관객설'을 부정하는가? 합창가무단이 시민을 대표하고, 민족과 인류를 대표하므로, 합창가무단의 행동을 누구나 따라야 한다고 가정해 보자. 거꾸로 말하면 합창가무단이 시민 전체, 민족 전체, 인류에게 행동을 명령하고, 대중은 따라야 한다고 가정해 보자.

합창가무단은 시인의 의도에 따라 공연하고 행동한다. 고대 그리스 시대에 비극 시인은 누군가의 후원을 받고 지원을 받아 공연한다. 그 결과는 후원자가 비극 시인을 통해, 비극 시인은 합창가무단을 통해, 합창가무단은 관객을 통해, 관객은 시민, 민족, 전 인류를 행동하도록 만들 수 있다. 후원자는 머리 없는 대중, 생각하지 않는 대중, 조정 당하는 대중의 주인이 된다. 관객은, 시민은, 민족은, 전 인류는 조정 당하는 마리오네트이다.

니체는 시키는 대로 따르고, 명령을 부여받기 전에 미리 알아서 기는 대중을 혐오한다. 그러한 대중은 천민이고, 난쟁이이고, 낙타와 나귀처럼 근면 성실하게 죽도록 일하고, 의지를 상실한 채 하루하루 고통스러운 삶을 행복으로 받아들이고 살아가는 자이다. 니체는 의지 상실 대중이 의지 발현 자라투스트라가 되기를 원한다. 고통을 고통으로 알고, 그 고통을 삶의 원동력으로 전환시킬 수 있는 자라투스트라가 진정한 시민이라고 니체는 강조한다. 이상적 관객설은 진정한 시민인 자라투스트라를 조정당하는 대중으로 격하시켜 버린다.

니체는 정치적 목적을 위한 수단으로 전락하여 의지를 상실한 시민 대중을 혐오한다. 이상적 관객설은 파시즘적 예술의 수단화의 전조이다. 그 전조에 저항하는 것, 그것이 니체의 길이다.

4. 실러의 코로스론

실러는 이미 『메시나의 신부』에 실린 유명한 서문[1]에서 합창가무단의 의미에 대해 무한한 가치가 있는 통찰을 제시했다. 그는 여기서 합창가무단을 살아 있는 장벽으로, 즉 비극이 현실세계로부터 자신을 순수하게 분리하고서 그 자신의 이상적인 무대와 시적인 자유를 방어하기 위해서 자신의 주변에 쳐 놓은 것으로 여겼다.[2]

1. 프리드리히 실러는 『메시나의 신부-또는 원수가 된 두 형제』의 서문으로 "비극에서 코로스와 활용에 관해"라는 글을 썼다.
2. 실러는 합창가무단에 관한 민중적 해석이나 민족적 해석 대신 예술 자체의 관점에서 분석했다. 실러는 비극에서 합창가무단이 현실세계(자연세계)와 무대 위의 세계(일종의 가상현실)를 구분하는 역할을 했다고 보았다.

> 그렇다고 모든 시문학의 본질이기도 한 시적 자유를 허락해 주는 것만으로는 충분하지 않다. 코로스[78]의 도입이 유일하게 결정적인 해결 방법이 될 것이다. 그러니까 이런 코로스가 예술의 영역에서 자연주의에 공개적이고 솔직하게 전쟁을 선포하는 데 한몫을 했지만, 우리에게 살아 있는 장벽이 되어 주어야 할 것이다. 이 벽은 현실세계에서 격리해 자신의 상상세계, 창조적 자유를 지켜 주기 위해 비극을 둘러싸고 있어야 한다.[79]

우리는 현실에서 살고 있지만, 공연을 관람하는 순간 무대 위의 가상현실의 세계에 들어간다. 무대 위의 시간, 공간, 장치는 실제 현실과 전혀 다른 시간, 공간, 시설이지만 하나의 현실, 달리 말하면 실제로 존재하는 가상현실이다. 실제 시간이 밤일 수 있지만 무대 위 시간은 낮이며, 작은 무대 위에 도시 전체를 넣을 수도 있고, 판자 하나로 빌딩을 표현할 수 있다. 무대 위 가상현실은 실제 현실과 전혀 다른 법칙에 따라 움직이며, 그 안에서는 실제 현실에서 일어날 수 없으며 발생해서는 안 되는 사건이 진행된다. 무대 위의 가상현실은 모든 자유가 허용되는 일종의 '자연현실'이다.
실제 현실 속에서 살고 있는 관객은 무대 위의 가상현실을 실제인 것처럼 받아들이고 관람을 한다. 가상현실을 부정하는 관객이 있다면, 그가 공연을 제대로 관람할 수 없다는 것은 너무나 명확한 사실이다. 실러는 합창가무단이 실제 현실과 무대 위 가상현실을 구분해 주는 역할을 한다고 주장한다.

실러의 견해는 여전히 우리 현실에도 적용된다. 우리는 현재에도 그리스 비극에서 합창가무단이 수행했던 이러한 역할을 찾아볼 수 있다. 예컨대 뮤지컬과 오페라에서 음악을 연주하는 오케스트라이다. 그리스 비극의 합창가무단과 마찬가지로 무대와 관객 사이에 위치한 오케스트라는 음악을 연주하여, 양자 사이에, 관객과 무대 사이에, 실제 현실과 가상현실 사이에 일종의 장벽을 친다. 음악으로 솟아오른 장벽은 관객으로 하여금 무대 위가 가상적이기는 하지만 실제로 존재하는 것과 같은 환상을 불러일으킨다. 관객은 음악 장벽을 통해 무대 위 가상현실을 실제 현실로 받아들이고서야 극 속에 동화된다.

다시 보기

니체는 합창가무단의 분리설을 주장한다. 합창가무단은 실제 현실과 가상현실 사이에 방벽을 쳐서 양자를 분리해 준다. 합창가무단은 실제 현실 속에 있는 관객을 가상현실로 안내하는 역할을 한다. 관객은 합창가무단을 통해 현실세계를 떠나 가상세계로 들어가고, 가상세계를 가상이 아닌 진짜 현실, 즉 자연현실로 받아들인다.

니체는 합창가무단에 관한 민중설과 이상설을 부정하고 왜 실러의 합창가무단의 견해를 수용했는가? 고민해 볼 만한 문제이다. 니체의 합창가무단론은 지극히 예술 철학적이다. 합창가무단은 관객과 무대 중간에서 중간세계를 형성한다. 합창가무단은 실제 현실과 가상현실을 구분하는 역할을 하고, 궁극적으로 실제 현실의 관객을 가상현실에 빠져들게 만든다. 합창가무단의 음악과 춤을 통해 무대 위를 바라보는 관객은 실제 현실 속의 관객인 동시에 무대 위 가상 세계에 빠져든 자이다. 객석(실제 현실)에 앉은 관객은 주관적인 '나'이면서 무대(가상현실) 위에 동화됨으로써 보편적인 '나'가 된다.

관객은 슐레겔적인 '이상적' 관객이 아니라 진정한 의미에서 보편적인 '관객'이 된다. 관객은 비극의 주인공의 삶과 고통을 자신의 것으로 받아들이는 동시에 자신의 삶과 다른 관객의 삶이 비극의 주인공과 다르지 않다는 것을 느낀다. 관객은 누가 강요하지 않아도 보편적인 감정을 갖게 된다. 모든 인간의 삶이 다르지 않다는 것, 나의 삶은 무대 위의 주인공보다 그래도 낫다는 것, 여기에서 오는 희열이 관객을 안도하게 만든다. 이 안도는 모든 사람이 보편적으로 희구하는 것이다.

5. 장식장과 같은 코로스

실러는 이러한 자신의 주요 무기를 들고서 자연적인 것에 관한 일반적인 개념, 극에 사용된 시에 일반적으로 요청되는 환영을 다루었다.[1] 무대 위의 대낮은 단지 인공적인 것이며, 무대 위 시설(건축물)은 상징에 지나지 않으며, 운율이 있는 언어가 이상적인 인물을 드러내는 동안에도 무대 위는 전체적으로 항상 거짓이 지배하는 곳이다.[2] 하지만 사람들이 이것을 모든 시의 본질인 시적인 자유라고 감내하는 것만으로는 충분하지 못하다.[3] 합창가무단의 도입은 예술 속의 저 자연주의에 대해 명백한 동시에 정

직하게 선전포고를 했던 결정적인 조치이다.[4]

내가 보기에 그런 고찰 방식은 우월하다고 착각하는 우리 시대가 경멸적 유행어인 '유사 이상주의Pseudoidealismus'로 사용한 것이다. 나는 우리가 이와 반대로 모든 이상주의의 반대 지점에 오늘날 우리의 자연적인 것과 현실적인 것의 존경, 특히 밀랍인형 장식장의 형태로 받아들이는 것을 두려워한다. 물론 이런 영역에서도 오늘날 잘 알려진 소설과 같은 예술이 존재한다. 하지만 사람들은 이러한 예술과 더불어 실러-괴테적인 '유사 이상주의'가 극복되었다는 주장으로 우리를 괴롭히지 마라.[5]

1. 실러의 예술론이다. 예술이란 지나치게 자연적(현실적)이어서도 안 되고, 너무나 환영적(이상적, 몽상적)이어서도 안 된다. 예술이 지나치게 실제적이면 우리가 살고 있는 현실과 다를 바 없어지고, 너무나 환영적이면 현실과 동떨어진 뜬구름에 지나지 않는다. 너무 현실적인 예술은 인간에게 위로를 줄 수 없고, 현실과 너무 괴리된 예술 역시 인간에게 허무감만을 줄 뿐이다.

예술이란 자연적인 것과 환영적인 것의 적절한 황금 비율로 조화를 이뤄야 한다. 현실적인 것에 깊이 뿌리를 박되 실현 가능한 환상적인 것을 보여 주는 것이 진정한 예술이다. 실러는 이를 다음과 같이 말한다.

> 더구나 진정한 예술은 바로 무언가 실제적이고 객관적이길 바라기 때문에 진실을 포장하는 허상만으로는 만족하지 못하고 현실 자체 위에, 확고하고 깊은 자연의 토대 위에 자신의 이상적인 뼈대를 세우게 된다.'[80]

자연과 환영의 적절한 조화는 이론적으로는 쉽게 설명할 수 있지만, 예술 속에서 적절하게 구현하는 것은 무척 어렵다.

　　어떻게 예술이 아주 이상적이면서도 동시에 깊은 의미에서 실제적일 수 있을까, 어떻게 예술이 현실을 완전히 벗어나서 자연과 완벽하게 조화를 이룰 수 있을까 ……'[81]

　실러는 그리스 비극을 분석하면서, 합창가무단이 바로 무대 위의 공간과 실제 현실 공간을 분획하는 동시에 현실을 환상으로 바꾸는 역할을 한다고 주장한다.

2. '극에 사용된 시에 일반적으로 요청되는 환영'을 설명한 것이다. 무대 위의 현실이 환영의 세계라는 것, 일종의 가상현실이라는 것을 뜻한다. 실러가 앞의 글에서 쓴 내용을 니체가 그대로 인용했다.

3. '극에 사용된 시에 일반적으로 요청되는 환영'에 대한 일반적 이해에 대한 니체의 비판이다. 무대 위의 환영 세계를 시인이 제 맘대로 표현할 수 있는 '시적인 자유'라고 말한다고 해서, 무대 위의 환영 세계를 이해할 수 있다는 뜻은 아니다.

4. 예술 속에 나타난 '자연적인 것에 관한 일반적인 개념'을 어떻게 극복할 수 있을 것인가? 실러는 그 답을 합창가무단에서 찾았고, 니체는 실러의 답변이 적확했다고 인정한다. 실러는 합창가무단이 어떻게 자연적인 것을 극복할 수 있는 힘이 있는가를 다음과 같이 밝힌다.

　　코로스는 맴도는 좁은 이야기의 줄기에서 벗어나서 과거와 미래의 것, 먼 시대와 민족, 인간성에 관해 널리 유포하고 삶의 위대한 결론을 이끌어 내고 지혜에서 얻은 교훈을 피력한다. 하지만 코로스는 온통 환상이란 막강한 힘을 가지고, 대담한 서정적 자유를 가지고 이를 행한다.'[82]

5. 니체가 이 용어를 자주 사용하지 않았기 때문에 맥락상으로 이해할 필요가 있다. 우선 합창가무단을 '유사 이상주의'라고 비판하는 자들이 있다. 니체는 합창가무단을 유사 이상주의로 폄하하는 것을 부정한다. 합창가무단을 통한 가상현실의 현실화를 반대하는 자들은 사실주의나 자연주의 예술가들이다. 그들은 현실을 있는 그대로 보여 주거나 축소시켜 세밀하게 묘사한다. 그들의 예술은 마치 밀랍인형 장식장과 같다는 것이 니체의 생각이다.

그들은 유사 이상주의라는 말로 '실러-괴테'적인 문학을 비판한다. 하지만 그들의 예술을 보라. 그들은 자연적인 것, 실제적인 것, 현실적인 것에 탐닉하다가 예술의 중요한 한 축인 환영성을 상실했다. 그들은 예술의 절반만을 받아들이고 실천하는 '얼치기 예술가'이거나 '사이비 예술가'이다. 니체가 유사 이상주의를 통해 하고 싶은 말은 이런 뜻이다.

번역상의 문제를 한 가지 고민해야 한다. 우리나라에서는 'Pseudo'를 사이비로 번역하곤 한다. 사이비는 겉은 비슷하지만 속이나 내용이 완전히 다른 것을 뜻한다. 이에 따르면 사이비 이상주의는 겉은 이상주의를 표방하지만 속은 이상주의가 아니다. 실러나 괴테의 문학을 사이비 이상주의로 몰아가는 것은 위험하다. 따라서 Pseudo를 '유사'로 번역하는 게 적당하다.

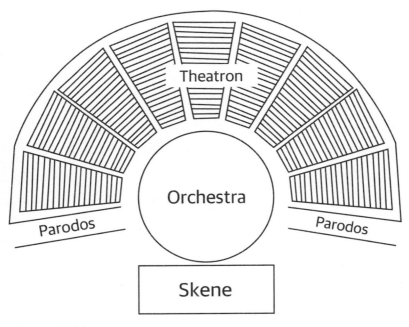

Theatron : 관객석
Orchestra : 합창가무단이 춤추고, 노래하고 다른 배우와 대화를 하는 장소.
　　　　　　우리식으로 말하면 무대(Bühne).
Parodos : 합창가무단과 배우들이 들어오고 나가는 곳.
Skene : 무대 뒤에 있는 건물. 항상 궁전, 신전 등으로 치장되어 있음.

다시 보기

　실러의 설명을 이해하기 위해서 고대 그리스 비극 공연장을 중심
으로 살펴보도록 하자. 위 그림은 공연장 구조의 명칭과 역할을 정
리한 것이다. 오르케스트라에 합창가무단이 위치하고, 그 뒤에 조
금 높은 무대가 있다. 그 무대 뒤에서는 커다란 건물(Skene, Szene)
이 솟아올라 있다. 실러의 설명에 따르면 오르케스트라에서 춤추고
노래하는 합창가무단은 무대와 현실을 가르는 역할을 하는 동시에,
무대 위를 가상현실 공간으로 만드는 역할을 한다. 특히 스킨skene은

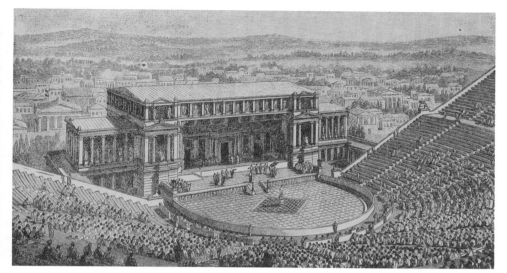
아테네의 아크로폴리스 극장 (개리 토드 사진)

왕실이나 신전으로 꾸며 있어, 무대 위 공간은 일반 시민들이 사는 공간과 전혀 다른 가상 공간이지만, 실제로 존재하는 자연 공간이다. 무대 위는 가상 공간인 동시에 실제 공간이 된다.

실러는 이를 바탕으로 '예술이란 무엇인가'란 질문을 던진다. 현실을 그대로 모사하는 것도 예술이 아니고, 환상의 세계만이 존재하는 것도 예술이 아니다. 예술이란 가짜 시간과 가짜 공간, 가짜 시설물이 지배하는 환상과 실제의 현실과 자연이 황금 비율에 따라 적절히 조화를 이룬 것이다. 현실과 예술의 조합을 가능하게 했던 것은 바로 합창가무단이라고 실러는 말한다.

6. 춤추고 노래하는 합창가무단

물론 실러의 올바른 통찰에 따르면 그리스의 사티로스 합창가무단, 원초적 비극의 합창가무단이 걸었던 '이상적인' 무대가 있다. 그 무대는 필멸의 인간이 실제로 거닐던 주랑보다 더 높은 곳에 있다. 그리스인들은 이 코로스를 위해서 가상적인 **자연상태** Naturstandes의 공중 가설무대를 설치하고, 그 위에 **자연적 존재** Naturwesen를 세워 놓았다.[1]

비극은 이러한 토대 위에서 성장했으며, 물론 바로 이 때문에 처음부터 현실의 고통스러운 모사에서 벗어나 있다. 하지만 이 경우 무대는 하늘과 땅 사이에 제멋대로 환상적으로 만들어진 세계가 아니다. 오히려 무대는 신들이 사는 올림포스가 신앙심 깊은 그리스인들을 위해 존재하는 것과 마찬가지로 현실적이며 믿을 만한 세계인 것이다. 사티로스는 디오니소스의 합창윤무의 무용수로서 신화와 예식의 승인을 받고서 종교적으로 승인된 현실 속에서 살고 있다.

사티로스와 함께 비극이 시작했다는 것, 사티로스로부터 비극의 디오니소스적 지혜가 발생했다는 것은 합창가무단으로부터 비극이 발생했다는 것과 마찬가지로 우리에게 무척 낯선 현상이다. 내가 디오니소스적 음악이 문명과 관련이 있다고 주장한 것과 마찬가지로 가상적인 자연적 존재인 사티로스가 문화인과 관련이 있다고 주장한다면, 이는 아마도 우리 관찰의 출발점이 될 것이다.

리하르트 바그너는 등잔 불빛이 대낮의 햇빛에 사라지듯이 문명도 음악에 의해 지양될 것'[83]이라고 말했다.[2] 이와 동일한 방법으로 나는 그리스적인 문명인이 사티로스 합창가무단을 대면하면 사라지고 있음을 느낄 것이라고 믿는다. 국가와 사회, 일반적으로 인간과 인간 사이의 분열이 압도적인 통일감 앞에서 무력해지고 자연의 심장으로 되돌아간다는 것, 바로 이것이 디오니소스적 비극의 가장 밀접한 영향력이다.[3]

내가 이미 여기서 암시했듯이, 모든 진정한 비극이 우리를 구원해 준 형이상학적 위안은 사물의 근저에 놓여 있는 삶이 현상의 모든 변화에도 불구하고 결코 죽는 것이 아니라 강력한 동시에 기분 좋은 것으로 남아 있다는 것이다. 이러한 위안은 사티로스 합창가무단, 자연적 존재의 합창가무단으로서 생생한 명료성으로 나타나며, 이러한 합창가무단은 모든 문명화의 배후에서 그리고 모든 세대와 민중 역사의 변화에도 불구하고 결코 사라지지 않으며 영원히 동일한 것으로 남아 있다.

1. '자연상태'는 무대 위의 공간과 시간을 말하며, '자연적 존재'는 무대 위에 서 있는 사티로스 합창가무단과 배우 등을 말한다. '자연'이란 말은 앞에서 살펴본 것처럼 현실적, 실제적이란 의미를 지니고 있다. 무대 위를 '자연'이라 부른 이유는 무대 위의 공간이 가상적이기는 하지만 현실적이며 실제로 존재하는 세계이기 때문이다. 이 두 용어는 무대 위가 가상의 세계이지만 그 자체가 우리가 사는 현실과 다른 또 하나의 자연스러운 현실임을 보여 준다.

2. 등잔 불빛이 아무리 밝아도 대낮의 햇빛 앞에서는 빛나지 않는다. 문명과 문화인은 등잔 불빛이고, 음악과 사티로스는 대낮의 햇빛이다. 문명과 문화인이 아무리 잘난 척을 해도 등잔 불빛에 지나지 않으므로, 대낮의 햇빛과 같은 음악과 사티로스 합창가무단 앞에서는 그 빛을 발할 수 없다. 문명과 문화에 대한 비판 그리고 문

명과 문화로부터 인간해방의 시발점은 음악과 사티로스 합창가무단이라고 니체는 선언한다.

3. 니체는 합창가무단을 어떻게 바라보는가? 니체는 민중설, 이상적 관객설을 비판하고, 실러의 실제 현실과 가상현실의 설 등을 인정했다. 실러의 분리설에 근거하여 니체는 합창가무단을 어떻게 바라보는가? 니체의 주장은 처음부터 끝까지 같다. 니체는 합창가무단을 통해 인간이 자연과 하나가 될 수 있다고 주장한다.

니체의 이러한 생각은 합창가무단을 통한 인간의 자연합일설이다. 사티로스가 반은 인간이자 반은 동물(염소)이듯이, 인간은 사티로스 합창가무단을 통해 자연과의 합일, 근원적 일자, 인간의 본성 그 자체로 돌아갈 수 있다고 니체는 보았다.

비판적인 시각으로 이에 이름을 붙인다면, 시민의 문명극복설이다. 니체는 음악을 통한 문명과 문화를 비판하며, 인간을 시스템 안에 붙잡아 두는 국가와 인간을 순화시키는 사회를 비판한다. 니체는 합창가무단을 통해 국가와 사회가 시민을 제한하는 억압과 제한을 극복하고, 인간과 인간의 불화를 화합으로 바꿀 수 있다고 주장한다.

니체에게 사티로스 합창가무단은 자연으로의 회귀와 동시에 문명극복의 힘이 있다고 본다. 춤과 음악은 인간을 하나로 만드는 힘이 있으며, 문명의 제도화인 국가의 권력을 전복할 수 있으며, 문명의 수평화인 사회의 도덕적 평준화, 윤리적 평균화의 경향성을 극복할 수 있다. 사티로스 합창가무단이 인간을 자연과 하나로 만들고 인간을 윤리와 도덕의 통념으로부터 해방시킨 디오니소스 축제에서 비롯했다는 점이 바로 그 증거라고 니체는 말한다.

니체는 인간은 고통에도 불구하고 살 만하고, 살 만한 것으로 여기고 살아야 한다고 말한다. 인간을 저 극심한 고통에서 구해 주는 예술이 있기 때문이다. 문명과 문화의 질곡 속에서 인간을 자연으로 되돌아가게 해 주는 음악이 있기 때문이다. 예술과 음악이 인간에게 주는 형이상학적 위안이 존재하기 때문이다.

경악스러움과 터무니없음의 먹구름이 인간을 고통스럽게 만들고, 국가의 시스템과 사회의 평준화가 인간을 난쟁이로 만들어도 인간에게는 자연으로 그리고 인간의 본원적 상태로 되돌아갈 희망이 있다. 고대 그리스에는 사티로스 합창단이 있었으며, 각 나라마다 자신들만의 사티로스 합창단보다 으뜸가거나 버금가는 음악과 춤이 있었다.

인간을 더 인간답게 타락시키는 악질적으로 정제된 정신문명이 인간에게 폭풍우처럼 쏟아진다고 해도 인간에게는 희망이 있다. 인간을 더 인간답게 악화시키는 고도의 정련된 물질문명이 지구상에 드리운다 할지라도 한 줄기 희망이 있다. 우리들 삶의 한구석에서 인간을 해방시켜 주는 예술과 음악이 생명을 유지하고 있기 때문이다. 니체는 음악에의 기대와 의지 덕분에 데카당스 시대에도 희망을 찾을 수 있다고 보았다.

> 번개의 신에게 저 장벽을 허무는 것이 가능하지 않다면, 종교는 예술과 함께 종말을 고한다.[84]

니체는 예술이 종교를 극복할 수 있을 것이라고, 예술 중에서도 음악이 그 역할을 수행할 수 있을 것이라고 말한다. '종교' 대신 우리가 비판하고 극복해야 할 모든 것을 넣어 보자. 예술과 음악은 인간을 병들고 약하게 만드는 모든 것에 대한 만능 비판자이자 인간에게 닥쳐온 질병을 고쳐 주는 만병통치약이다. 예술 앞에서, 음악의 울림 속에서 인간을 더 인간답게 만드는 정제된 정신문명과 정련된 물질문명은 종말을 고한다.

7. 고통의 구원

가장 명상적이면서, 가장 섬세하고 험난한 고통을 스스로 견뎌내는 그리스인은 이러한 합창가무단에게서 위안을 받았다. 그리스인은 소위 세계사의 엄청난 파괴적 진행[1], 자연의 무자비함[2] 속에서 이런 고통을 보았으며 불교적인 의지의 부정[3]을 갈구할 위험에 처했다. 이때 예술은 그리스인을 구했으며, 예술을 통해서 구원—삶—을 받았다.

1. '소위 세계사의 엄청난 파괴적 진행'은 여러 역사적 사실을 내포하고 있다. 역사적 사실은 비극이 그리스에서 발전했다는 점에서 찾을 수 있다.

아테네는 페르시아 전쟁(기원전 514~448년)을 통해 승리한 후 그리스 전역과 아시아를 지배하는 영광을 누리지만 20여 년(아테네 전성기 기원전 448~430년)을 넘기지 못하고 이류 국가로 전락한다. 아테네는 펠로폰네소스 전쟁(기원전 431~404년)에서 스파르타에 패배한다.

스파르타는 전쟁에서 승리하고 영광을 누리지만, 그 전성기(기원

전 404~371년)는 길지 못했다. 스파르타는 레욱트라 전투(기원전 371
년)에서, 테베에서 패배하고 몰락했다.

  그리스의 최종 승자일 것 같았던 테베 역시 그 전성기(기원전
371~362년)를 오래 누리지 못했다. 니체는 페르시아, 아테네, 스파
르타, 테베 등의 몰락을 두고 소위 '세계사의 엄청난 파괴적 진행'
이란 말을 쓴 듯하다.

2. '자연의 무자비함'은 아테네에 불어닥쳤던 역병을 지칭한다. 아
테네는 기원전 430~426년 사이에 원인을 알 수 없는 역병의 기습
을 받았다. 그리스라는 좁은 지역 안에서 유독 아테네만 이 역병으
로 고통을 겪었다. 그 피해가 얼마나 무시무시했는지를 투키디데스
는 『펠로폰네소스 전쟁사』에서 전한다.

> 묻지 않은 시신이 널려 있어도 인육을 먹는 새나 다른 짐승이 다가가지
> 않았으며, 인육을 먹은 경우에는 죽었다. …… 이 병은 평소 건강 관리를 잘
> 하고 못하고 관계없이 사람을 무차별적으로 낚아채 갔다. 이 역병의 무서운
> 점은 이 병에 감염되었다는 것을 알면 절망감에 사로잡히는 것……, 사람들
> 이 서로 간호하다 교차 감염되어 양떼처럼 죽어 가는 것이었다. ……'[85]

  아테네가 펠로폰네소스 전쟁에서 스파르타에게 진 이유는 이 역
병 때문이라고들 한다. 왜냐하면 아테네 전 인구의 3분의 1이 이 역
병으로 사망했기 때문이다.

> 겨울이 되자 역병이 두 번째로 아테나이인들을 덮쳤다. …… 이 역병만큼
> 아테나이인들의 사기를 저하시키고 전력을 감소시킨 것은 아무것도 없었다.

아테네 역병 (마이클 스위어츠, 1652~1654년경, 로스앤젤레스 카운티 미술관 소장)

현역으로 복무 중이던 중무장 보병 4천4백 명과 기병 3백 명 이상이 죽었고, 일반 민중은 얼마나 죽었는지 그 수를 알 수 없었다.[86]

3. '불교적인 의지의 부정'은 체념과 순응으로 해석할 수 있다. 전쟁의 승리는 경제적인 면에서 부의 엄청난 유입을 가져온다. 부의 증대는 시민들에게 물질적 풍요를 가져다주고, 시민들에게 자긍심을 강화한다. 반면 전쟁의 패배는 경제적인 면에서 절대적인 궁핍을 불러오고 자부심을 약화시킨다. 인간의 힘으로는 어쩔 수 없는, 오

는 것을 막을 수도 없고 몰아낼 수도 없는 엄청난 역병은 시민들의 정신을 약화시킨다. 역병으로 인한 죽음은 살려는 의지, 열심히 노력하려는 마음 자체를 죽여 버린다.

> 사람들은 목숨도 재물도 덧없는 것으로 보고 가진 돈을 향락에 재빨리 써 버리는 것이 옳다고 여겼다. 목표를 이루기도 전에 죽을지도 모르는 판국에 고상해 보이는 목표를 위해 고생을 하려는 사람은 아무도 없었다.[87]

대규모 전쟁에서의 승리와 패배, 인간의 통제를 벗어난 역병을 겪은 인간은 '삶은 덧없다', '인생은 무상하다', '부평초 같은 인생' 등의 체념적 사고를 하기 쉽다. 체념적 태도에 사로잡힌 사람은 인간에게 무차별적으로 퍼부어지는 자연의 힘 앞에 무릎 꿇게 마련이다.

이런 사람은 삶을 찬란하게 살고 싶어 하는 의지를 버리고 쾌락을 택함으로써 현실을 망각하거나 무기력 그 자체를 삶으로 받아들이고 체념과 순응적 인간이 되어 간다. 아테네인들은 최고 영광 뒤에 섬뜩한 역병의 힘 앞에서 쾌락을 선택하거나 의지의 부정이라는 선택을 강요당했다. 니체는 이를 '불교적인 의지의 부정'으로 기술한다.

다시 보기

삶은 고통스럽다. 삶은 고통 그 자체이다. 평화의 시대에 겪는 일상적인 고통을 넘어서는 고통이 있다. 격렬한 전쟁으로 모든 삶이 피폐해지는 고통이다. 전염병으로 사랑하는 가족과 친척들을 잃고,

병에 대한 두려움 자체가 엄습하는 처참한 고통이다.

고통으로부터 구원을 어디에서 얻어야 하는가? 신? 신이 있다면, 한 국가가 평상시에 신을 잘 섬기고 공경했다면, 신은 그 국가를 전쟁에서 패배하게 만들어서는 안 된다. 신에게 제물을 충실히 바치고 신을 받들었다면, 신은 원인을 알 수 없고 치료할 수도 없는 역병을 인간에게 보내서는 안 된다. 하지만 그리스인들이, 아테네인들이 그토록 공경했던 올림포스의 신들은 아테네를 전쟁 패배와 역병으로 유린했다. 올림포스 신들은 마치 전쟁에서 승리한 아테네인들을 시샘이라도 하듯이 그리스 중에서도 아테네에만 역병을 보냈다. 아테네인들은 삶의 고통으로부터 구원을 어디에서 얻어야 하는가? 신?

…… 신들에 대한 두려움 …… 구속력도 없었다. 신들에 대한 두려움에 관해 말하자면, 착한 사람이든 악한 사람이든 무차별적으로 죽는 것을 보자 그들은 신을 경배하든 않든 마찬가지라고 생각했다. ……[88]

태어나면서부터, 정치적 사건에 의해, 인간의 통제를 벗어난 자연의 엄청난 힘에 의해 고통스러운 삶을 살아가는 인간을 구원해 줄 것은 무엇인가? 신! 대부분의 민중들, 학자들, 종교인들, 정치인들은 고통으로부터 구원을 신에게서 찾는다. 니체는 웃고, 자라투스트라는 비웃는다. 신은 인간을 구원해 주지 못한다. 고대 아테네인들의 수난사를 보라. 신이 그들을 참혹한 고통으로부터 구원해 주었는가? 아니다.

그렇다면 인간은 어디에서 고통으로부터 구원을 받을 것인가?

니체는 단언한다. 음악이다. 그리스 비극이다. 반인반수의 사티로스로 구성된 합창가무단이다. 고대 아테네인들은 사티로스 합창가무단의 공연을 보면서 삶의 위로를 얻었고, 삶에의 의지를 얻었고, 고통으로부터 구원을 받았다. 예술이 인간을 고통에서 구한다. 니체의 단언이다.

8. 행동하는 햄릿

삶(존재)이라는 익숙한 한계와 범주를 절멸시키는 디오니소스적 황홀 상태는 지속하는 동안 **망각의** 요소를 지니고 있다. 과거에 개인적으로 경험한 모든 것은 이 망각 속에 잠겨 버린다. 따라서 망각이라는 이러한 심연에 의해서 일상 세계와 디오니소스적 현실이 서로 구분된다.[1] 하지만 저 일상적인 현실이 다시 의식되자마자, 현실은 구토Ekel 그 자체로 느껴진다.[2] 저 상태의 공포란 금욕적이며 의지 부정적인 정서이다.[3]

이러한 의미에서 디오니소스적 인간이란 햄릿과 유사하다. 디오니소스적 인간과 햄릿은 사물의 본질을 실제로 바라보고, 이를 **인식했으며**, 행동한다는 것이 그들을 구토하게 만들었다. 그들은 사물의 영원한 본질을 전혀 변화시킬 수 없기 때문에, 자신들에게 혼란에 빠진 세상을 다시 정리하라고 요구하는 것이 터무니없고 굴욕적이라고 느낀다. 인식은 행위를 못 하게 막으므로, 행위를 하기 위해서는 환영에 의한 베일이 요구된다. 이것이 햄릿의 교훈이다.[4] 이것은 너무 많은 숙고 때문에, 말하자면 가능성의 과잉 때문에 행동을 절대 하지 못하는 몽상가 한스의 저 진부한 지혜가 절대 아니다.[5]

반성으로는 절대 행동을 할 수 없다. 절대 할 수 없지 않은가! 진정한 인식, 견디기 힘든 진리에 대한 통찰이 햄릿뿐만이 아니라 디오니소스적 인간에게서 행동을 추동하는 모든 동기를 압도한다.[6] 이제 더 이상 어떤 위로도 있을 수 없고, 갈망은 죽음 이후의 세계, 신들 그 자체로 넘어가고, 삶은 신들 또는 불멸의 사후세계에 대한 그 빛나는 재반영과 더불어 부정된다.

이제 인간은 확실히 관찰한 의식 속에서 일반적으로 존재(삶)의 무서움Entsetzliche 또는 존재(삶)의 터무니없음Absurde을 보게 된다. 인간은 오필리아의 운명 속에서 그 상징을 이해한다.[7] 이제 인간은 숲의 신 실레노스의 지혜[8]를 이해하게 된다. 그리고 이것이 인간을 구토하게 만든다.

1. 술을 마시고 축제에 몰아된 디오니소스적 상태와 합창가무단으로 표현된 디오니소스적 상태를 보자. 전자는 술에 흠뻑 취해 노래하고, 춤을 추는 상태이다. 이 상태에서 대부분 사람들은 현실의 삶과 존재의 고통을 잊기 마련이다. 망각하기 마련이다.

후자는 전자의 디오니소스적 상태를 예술로 승화시킨 형태이다. 실러적인 관점에서 디오니소스적 합창가무단은 실제 현실과 무대 위 가상현실을 분획하는 역할을 한다. 디오니소스적 합창가무단은 춤과 노래와 행위를 통해서 무대 위 가상현실을 바라보는 관객들에게 현실을 잊게 만드는 역할을 한다.

디오니소스적 축제와 무대 위 합창가무단은 인간에게 살아가는 삶의 고통을 망각하게 만드는 역할을 한다. 7장은 합창가무단에 관한 설명이므로, 합창가무단이 하루하루 살아가는 존재가 삶의 고통을 망각하게 만드는 역할을 한다는 점을 강조한 것이다.

'구토'는 니체에게 아주 중요하다. 구토는 현실에 대한 인간의 태도를 뜻한다. 현실은 고통스럽다. 하루도 고통스럽지 않은 날이 없다. 행복한 날보다는 고통스러운 날들이 더 많다. 실레노스가 미다스에게 했던 고언은 현실의 고통에서 비롯한다. 그 고통을 바라보는 인간은 어떤 태도를 취해야 할 것인가? 구토이다.

우리 번역본은 Ekel을 구토, 구토감, 구토증, 구역질, 혐오, 혐오감, 역겨움 등의 다양한 말로 옮긴다. 구역질은 육체적 현상이 강하고, 혐오, 혐오감 등은 정신적 반응이 강조되고, 역겨움은 대상, 사건, 사물을 대하는 순간이 강조된다고 볼 수 있다. 구토는 위에서 살펴본 것처럼 다양한 경우에 적용되므로, Ekel을 구토로 번역하고, 상황에 따라 뜻을 새겨 읽는 것이 좋다.

구토를 하는 이유는 다양하다. 첫째, 인간의 몸에서 나오는 자연스러운 생리학적 현상이다. 술을 너무 많이 마시거나 체하거나 열이 심하게 나면 자연스럽게 나타나는 반응이 구토이다. 이 구토는 철학적인 문제가 아니라 생리적인 문제이고 의학적인 처치의 대상이다.

둘째, 사물에 대한 반응에서 나오는 육체적 구토도 있다. 더러운 것을 보거나 만지거나 직접 체험하거나 경험하는 것에 대한 반응이다. 이는 그 장소와 순간을 피하면 구토를 면할 수 있다.

셋째, 고통에 대한 반응에서 나오는 육체적 구토도 있다. 하루하루 노동이 너무 고통스럽거나 감당할 수 없을 정도로 힘든 일이 닥쳐도 구토를 한다. 하루하루 삶을 노동으로 살아가는 인간은 고통스러울 수밖에 없다. 그 고통을 온몸으로 겪고 온 영혼으로 대체할 수밖에 없는 인간. 인간은 현실의 고통 앞에서 구토할 수밖에 없다.

넷째, 관계의 고통에서 오는 구토도 있다. 가족 관계, 친구 관계 등 관계는 인간이 받는 스트레스의 근원 중 가장 많은 부분을 차지한다. 관계에서 오는 고통은 피할 길이 없다.

마지막으로 또한 인간의 힘으로는 어쩔 수 없는 운명과 숙명에서 오는 고통, 거대한 자연적 힘 앞에 무기력한 인간에게 오는 고통이 구토를 유발한다. 어디 그뿐이랴! 인간에게는 하루하루가 고통의 열차를 타고 떠나는 여행과 다름없다. 이 모든 것들이 구토를 유발한다.

이 구토 유발 현실에서 어떻게 벗어나야 하는가? 술도, 마약도 잠시 잠깐의 도피를 제공할 뿐이다. 인간은 고통에서 웬만해선, 아니 절대 벗어날 수 없다. 단지 이 고통스러운 현실을 망각할 수 있을 뿐이다. 무엇이 고통을 망각하게 해 주는가? 니체는 합창가무단이 바로 그 역할을 해 준다고 말한다. 합창가무단이 결계結界를 쳐 놓은 장막을 통해 무대 위를 바라봄으로써 고통을 잊을 수 있다는 것이 니체의 주장이다.

3. "저 상태의 경악스러움이란 금욕적이며 의지 부정적인 정서이다." 이 문장은 다음과 같이 바꿔 읽어야 한다. "내가(니체) 구토를 유발하는 저런 상태를 두려워하는 것은 다음과 같은 것 때문이다. 대부분 인간들은 고통스러운 현실에 직면하면 종교가 강조하는 금욕적인 태도를 취하면서 현실을 살아간다. 종교의 탐닉을 통해 인간은 가장 중요한 살려는 의지를 부정하는 태도를 취한다." 니체는 짧은 문장으로 인간이 고통스러운 현실에 직면하면 적극적인 삶의 의지를 드러내는 것이 아니라 종교에 의지하는 태도를 취한다고 비

판한다.

4. 디오니소스적 인간이란 누구인가, 무엇인가? 니체는 정확하게 설명하지 않았다. 다만 니체는 여기서 디오니소스적 인간과 햄릿이 같은 유형의 인간이라고 못을 박았다. 따라서 햄릿이 어떤 유형의 인간인가를 알면 디오니소스적 인간이 어떤 유형인가를 추론할 수 있다.

니체는 햄릿을 행동하는 인간으로 파악한다. 기존의 통념에 따르면 햄릿은 행동하는 인간이 아니라 주저하는 인간, 사색하는 인간, 우유부단한 인간이다. 통념에 따른다면, 햄릿은 '사느냐 죽느냐' 식의 생각과 사색을 하며 행동하기를 주저하다가 실기하는 인간이다. 무조건 행동 먼저 하는 돈키호테적인 인간과 정반대인 인물이 햄릿이다. 니체는 이런 통념을 부정한다.

니체는 왜 햄릿을 행동하는 인간으로 파악하는가? 우리는 그 증거를 찾아볼 필요가 있다. 우선 햄릿은 3막 4장에서 오필리아의 아버지인 폴로니우스를 자신의 아버지를 살해한 원수로 알고 살해한다. 이때 햄릿의 행동은 과감 그 자체이다. 둘째, 햄릿은 자신을 죽인 음모에 가담한 친구들, 로젠크란츠와 길든스턴을 편지 바꿔치기를 통해 영국에서 살해당하게 만든다. 이때 햄릿의 행동은 교활하다. 셋째, 햄릿은 삼촌과 어머니 앞에서 아버지의 죽음의 진실을 파헤치기 위해 연극 극단을 이용한다. 이때 햄릿의 행동은 장기적 계획에 근거한 조직적인 음모이다. 그밖에도 햄릿은 자신이 필요로 할 때 미친 척하기도 하고 때로는 칼을 들고 싸우는 것도 마다하지 않는다. 심지어 햄릿은 '치밀한 계획이 실패할 땐, 무모함이 가끔 큰 도움이 된다'[89]는 것을 신조로 여기는 행동형 인물이다.

그럼에도 기존의 통념에 따르면 햄릿은 사유하느라 행동하기를 주저하는 인간의 전형이다. 하지만 니체는 햄릿을 행동하는 인간으로 전환해서 생각해야 한다고 주장한다. 단, 햄릿의 행동의 근거는 우리가 흔히 생각하는 것과 다르다. 흔히 우리는 인식, 지식, 앎, 반성과 사유 등이 선행되고 난 뒤 행동해야 한다고 생각한다. 생각해보지도 않고 행동 먼저 하는 사람에게 우리는 돌쇠라는 별명을 붙이며 얼마나 경멸하는가!

니체는 우리가 행동의 우선 원칙으로 여기는 인식, 지식, 앎, 반성과 사유 등이 행동을 방해한다고 주장하고, '반성으로는 절대 행동을 할 수 없다'고 강변한다. '사물의 본질을 실제로 바라보고, 이를 인식하며, 행동한다는 것'은 불가능하다.

햄릿을 보라. 햄릿은 아버지가 왜 죽었는지, 무엇 때문에 죽었는지, 누구에 의해 죽었는지 분명히 알고 있다. 하지만 햄릿은 아버지를 누가 죽였는지 알고 있지만 행동하지 못한다. 햄릿이 행동을 할 때는 언제인가? 어머니 왕비 거트루드와 아들 햄릿의 말을 쥐새끼처럼 염탐하려는 폴로니우스가 베일에, 휘장 뒤에 숨어 있을 때, 햄릿은 행동한다. 또한 연극 배우들이 무대 위에서 칼을 들고 대결할 때, 햄릿은 행동한다.

햄릿은 인식에 의해 행동하는 것이 아니라 휘장으로 가려져 있는 곳에서, 휘장으로 상징되는 무대 위 '환영의 베일'이 있는 곳에서 행동하는 인간으로 바뀐다. 니체가 햄릿을 통해 하고 싶은 말은 분명하다. 인식이 행동의 중요 요인이 아니라 환영이 존재하는 곳에서 행동이 일어날 수 있다는 것이다. 여기에서 말하는 인식은 앎, 지식, 교양 등이다. 이런 것들이 마치 햄릿의 행동을 가로막았듯이

폴로니우스 살해 (외젠
들라크루아, 1834~1843
년, 프린트, 메트로폴리
탄 미술관 소장)

인간의 행동을 가로막는 요인들이다. 니체가 하고 싶은 말은 바로
이것이다. 앎이 중요한 것이 아니라 행동이 중요하다는 것, 행동하
기 위해서 앎이 아니라 환영의 베일이 필요하다는 것이다. 환영의
베일은 합창가무단이 만들어 준다는 것이다.

　더 나아가 살펴보자. 니체는 햄릿과 디오니소스적 인간이 같다고
보았다. 햄릿은 환영의 베일이 있는 곳에서 행동하는 인간이므로,

디오니소스적 인간, 무대 위에 서 있는 합창가무단, 무대를 바라보는 관객 역시 환영의 베일이 있는 곳에서 행동하는 인간이 된다.

니체는 기존의 행동철학에 대해 정면 도전한다. 앎이 곧 실천이라는 기존의 사유는 종교적인 교리이고 도덕적인 가르침이다. 선함, 올바름, 정의로움 등을 알면 행동해야 한다는 것이 기존의 사유이자 가치관이다.

하지만 많이 안다고 해서 실천하고 행동하는가? 많이 알면 알수록 우유부단해지고 행동하지 않는다. 오히려 많이 알수록 행동하지 않는 다양한 정당한 변명을 찾는 것이 인간이다. 반성하는 사람은 행동하는가? 반성을 많이 하는 사람은 동일한 상황을 마주했을 때 행동하지 않는다. 어떻게 하면 반성하지 않은 상황에 처할 것인가를 고민한다. 반성하지 않는 제일 좋은 방법은 아무것도 행동하지 않는 것이다. 행동하지 않으면 반성도 없다는 것은 진리이다. 생각이 깊은 사람은 행동하지 않는다. 아니 못한다.

철학자가 행동하는 것을 본 적 있는가? 종교인이 행동하는 것을 본 적 있는가? 그리 많지 않다. 그들은 사색하고 반성하고 참회하느라 행동하지 못하고 안 한다.

니체에게 앎, 인식, 지식, 반성 등은 기존의 종교, 철학, 학문, 교양 등을 뜻한다. 따라서 앎, 인식, 지식 등은 행동을 추동하는 것이 아니라 금욕적이고 의지 부정적인 상태로 인간을 끌고 가고, 결국 행동하지 못하는 나약한 인간으로 전락시킨다. 디오니소스적인 인간이란 무엇인가? 햄릿적인 인간이다. 햄릿적인 인간은 인간을 나약한 병자로 만드는 앎, 인식, 지식을 부정하고 다소 무모할지라도 사물의 본질을 환영의 베일 속에서 드러내며 행동하는 인간이다.

5. '몽상가 한스'는 셰익스피어의 『햄릿』 2막 2장 570~575행에 나오는 Johns-a-dreams를 독일어로 번역한 것이다. 니체는 아버지가 복수를 부탁했음에도 복수를 하지 못하고 있는 상태에 빠진 햄릿이 독백한 Johns-a-dreams를 따온다. 니체는 dreams를 강조하면서 몽상가라는 말을 붙인다. 이에 따른다면 Johns-a-dreams는 행동하기보다는 주저하면서 생각이 많은 몽상가를 뜻한다.

> 그런데 난
>
> 무디고 멍청한 놈Johns-a-dreams으로 기둥서방처럼
>
> 의기소침하여, 내 명분에는 무심한 채
>
> 한마디도 못한다─못해, 그의 왕국과
>
> 가장 귀한 생명이 흉측스레 파멸당한
>
> 그런 왕을 위해서도, 나는 겁쟁이인가?

  니체는 몽상가 한스를 생각하고 사색하다 행동하지 못한 인간이라고 간주한다. 생각이 너무 많고, 행동할 방법이 너무 많아도 행동할 수 없다. 하지만 니체가 바라본 실제 햄릿은 달랐다. 햄릿은 별로 생각하지도 않고 '반성'하지도 않는다. 그는 무대 위의 환영에 의한 베일이 있다면 행동할 뿐이다.

6. 앞에서 지속적으로 니체가 한 주장이다. 진정한 인식, 진리에 대한 통찰은 행동하는 인간이 아니라 나약하게 사색하는 인간으로 만들 뿐이다. 인식과 진리의 부정은 후일 니체에게 아주 중요한 사상적 발전의 전기가 된다.

7. 진정한 인식과 진리에 대한 통찰은 무엇을 말하는가? 니체에 따

르면 종교이다. 진정한 인식과 진리에 대한 통찰에 빠진 인간은 결국 종교에 의지하여 사후의 영생과 행복을 보상으로 받으려 하며, 이를 제공하는 신들을 믿게 된다. 종교에 침몰한 인간은 하루하루를 살아가는 것에 대해 무서움을 느끼고 살아가는 삶의 인연이 어긋나 있는 것에 터무니없음(또는 부조리)을 깨닫게 된다.

햄릿의 애인 오필리아가 바로 그 예이다. 오필리아는 햄릿과의 사랑과 아버지에 대한 사랑, 오빠의 따뜻한 애정 사이에서 하루도 고통스럽지 않은 날이 없었다. 사랑하고 사랑받지만 단 한 번도 행복하지 않은 오필리아는 매일 아침 해가 뜰 때 일어나는 것 자체가 공포였다.

아버지의 사랑이 커질수록 햄릿에 대한 사랑은 의문스러워지고, 햄릿에 대한 사랑이 커질수록 아버지에 대한 사랑의 배신 역시 커진다. 사랑이 화해와 연대로 나아가지 못하는 이 터무니없는 현실 앞에 오필리아는 끝없이 나락으로 떨어진다.

오필리아의 죽음은 삶의 공포와 삶의 터무니없음에 대한 처절한 저항이다. 사랑은 행복으로 끝나지 않고 죽음으로 끝난다는 것, 이것이 바로 오필리아의 삶에 주어진 고통 그 자체이다. 누가 사랑을 아름답다 했는가? 그저 고통 그 자체일 뿐이다. 오필리아가 그 증거이다. 그런데도 인간의 삶이 행복하다고 말하는가?

8. 실레노스의 지혜란 이 책 3장에서 나온 내용을 말한다. 중요하므로 다시 한번 강조한다.

미다스왕이 실레노스에게 물었다. "인간에게 무엇이 최선이고 무엇이 가장 좋은지?" 실레노스는 미다스왕에게 대답했다. "비참한 하루살이 종족이여, 우연의 자식이여, 그리고 고통의 자식이여, 너

의 경우에는 듣지 않는 것이 가장 유익한데 너는 말하라고 강요하
느냐? 너의 경우에 가장 최선은 완전히 얻을 수 없는 것이다. 그것
은 태어나지 않는 것, **존재하지** 않는 것, **무로** 존재하는 것이다. 하지
만 너의 경우에 다음으로 좋은 것은 곧 죽는 것이다." 이에 대한 자
세한 설명은 3장 2절 해설 6에서 다루었다.

사랑마저도 고통이라는 것을 보여 준 오필리아의 삶과 죽음을 보
라. 인간의 모든 삶은 고통 그 자체이다.

다시 보기

구토론은 니체의 현실 비판이자 현실 대안이다. 사건과 현실, 인
간과 종교, 사회와 국가, 인간이 만들어 낸 모든 것에 마주칠 때 나
타나는 정신적 구토 현상이 있다. 이러한 반응으로 나타나는 구토
는 구역질 등 육체적 현상으로 드러나기도 하고, 혐오나 역겨움 등
의 정서적 반응으로 표출되기도 한다.

니체의 구토론은 현실 비판의 무기이고 현실 혁명의 논리이다.
니체는 사상이 여물어 갈수록 구토론을 전방위적으로 확산시킨다.
니체는 기독교와 보편적 신앙, 종교를 믿는 사람에 대해 구토하고,
고전 교양과 교양을 강조하는 것에 대해 구토하고, 도덕적인 수다
와 정직성에 대해 구토하고, 이기주의와 이타주의를 화해시키는 것
에 대해서도 구토하고, 선량한 인간에 대해서도 구토하고, 철학자,
그 대표자인 칸트 등에 대해서도 구토하고, 대중과 민족에 대해서
도, 인간의 평등한 권리, 졸렬하고 우연적인 것에 대해서도 구토하
고 또 구토한다.

니체의 분신이자 인간이라면 누구나 따라야 할 이상적 모범인 자

라투스트라는 구도자가 아니라 구토자이다. 자라투스트라는 현실에서 만나는 다양한 인물과 종교, 교양 등에 대해 구토, 구토, 구토 또 구토한다. 자라투스트라는 현실을 비판적으로 바로 보는 자이자, 구토스러운 현실을 극복할 수 있는 자이자, 니체가 이상적으로 생각한 영웅이다. 현실에 구토감을 느끼는 자는 바로 니체가 바라는 실천적인 인물이고, 그 인물이 세상을 바꾸어 가는 자이다. 그가 바로 자라투스트라이다.

니체의 방식에 따르면 세상의 사람을 두 종류로 나눌 수 있다. 구토하는 자와 구토하지 않는 자이다. 구토하는 자는 인간해방의 가능성을 가진 자이다. 구토하지 않는 자는 구토스러운 현실에서 벗어날 수 없는 자이다. 그는 구토스러운 현실 자체를 볼 수 없기 때문이다. 반면 구토하는 자는 구토에서 벗어날 수 있다. 구토를 유발하는 현실을 볼 수 있기 때문이다. 구토스러운 현실을 낱낱이 보고 비판할 수 있었던 자라투스트라는 구토에서 벗어난다.

> 나에게 무슨 일이 일어났는가? 나는 어떻게 구토에서 벗어났는가? …… 참으로 나는 기쁨의 샘을 재발견하기 위해 가장 높은 곳으로 날아야만 했다!'[90]

니체는 청년들에게 구토할 줄 알아야 한다고 말한다. 구토는 주체가 대상에 반응하는 것이고, 반응하기 위해서는 민감하고 섬세한 정신을 가져야 한다. 나이 든 중장년과 노인은 구토할 줄 모른다. 민감하지도 않고 섬세하지도 않을 뿐만 아니라 부조리하고 공포스러운 현실을 자연스러운 것으로 받아들이기 때문이다. 하지만 청년은 다르다. 술을 많이 먹어 구토할 수도 있고, 고단한 현실에 욕지거리를 내뱉으며 구토할 수 있고, 현실 자체에 구토할 수 있다. '청년이여! 구토하라! 구토하는 청년만이 진정한 청년이다.'라고 니체는 선언한다.

> 청년들은 수천 년 동안 채찍질을 당해 왔다. …… 섬세한 의식이 존재하는 곳에서 느낌은 당연히 하나이다. 바로 구토이다. 구토 때문에 청년은 자신이 태어난 고향에서 멀어지고 모든 인류와 개념들을 의심하는 것을 배우게 된다.[91]

햄릿은 삼촌에게 구토하고, 어머니에 대해 구토하고, 자신의 무기력함에 구토하고, 친구들의 배신에 구토하고, 아버지가 살해당한 현실에 대해 구토하고, 아버지의 살해에 아무런 반응도 없는 현실에 구토한다. 햄릿은 구토하는 인간이다. 햄릿처럼 구토하는 청년들이 많은 나라, 그 나라는 건강하다. 그들은 현재 의심하고, 기존의 모든 것을 회의한다. 그들은 어떻게 바꿀 것인가 고민한다. 구토하는 청년들이 없는 나라, 그 나라는 망해 가는 나라이다. 그들은 순종적이고 복종적이며 모든 것에 만족하고 기쁨을 느낀다.

9. 구원으로서의 예술

여기에서 의지가 이처럼 가장 위험에 처할 때, **예술**이 구원자로서 그리고 의학에 정통한 마법사로 다가온다. 예술만이 삶의 무서움 또는 터무니없음에 구토를 일으키는 저 사유를 살아갈 수밖에 없는 생각Vorstellungen으로 바꾸어 준다.[1] 이것이 바로 경악스러움의 예술적 억제로서 **숭고함**Erhabene이자 터무니없음의 구토로부터 예술적 해방으로서 **희극성**Komische이다.[2] 디티람보스의 사티로스 합창가무단이 그리스적인 예술의 구원적 행위이다.[3] 즉, 앞에서 기술한 발작은 이러한 디오니소스적 시종들의 중간세계에서 다 사라진다.[4]

1. '살아갈 수밖에 없는 생각'은 의지를 뜻한다. 이 단락은 예술만이 인간을 고통스러운 삶과 터무니없음으로부터 구원한다는 니체의 주장이다. 앞에서 살펴본 것처럼 삶과 존재의 고통을 잊기 위해 대다수 인간은 종교에 의존한다. 하지만 종교 그 자체도 니체에게는 구토의 대상, 구토의 근원적 유발 요인에 지나지 않는다. 고대 그리스인들은 삶의 고통과 터무니없음을 극복하고 하루하루를 새롭게 살아가기 위해 예술을 향유했다. 예술 중에서도 비극이 가장 중요한 역할을 했다.

2. 니체는 '경악스러움의 예술적 억제로서 **숭고함**이자 터무니없음의 구토로부터 예술적 해방으로서 **희극성**'에 대해 별다른 설명을 하지 않았다. 니체는 『비극의 탄생』 이전에 집필한 「디오니소스적 세계관」 3장에서 이와 관련하여 자세하게 설명했다. 편의상 구분하여 설명해 보자.

　'숭고함'은 비극의 내용을 말하며, 비극은 곧 삶의 '경악스러움을 예술적으로 억제'한 산물이다. '경악스러움'은 비극의 내용 자체가 인간으로서 도저히 감당할 수 없는 놀라운 일이 벌어진다는 것을 뜻한다. 예컨대 오이디푸스의 삶이다. 오이디푸스는 자신의 아버지를 살해하고, 어머니와 근친상간을 한다. 이는 대다수 인간에게 경악스러운 일로 다가올 수밖에 없다. 이 경악스러움을 예술적으로 억제하여 풀어낸 것이 비극이라는 뜻이다.

'희극성'은 비극에 나오는 합창가무단을 말하며, 합창가무단은 곧 '터무니없음의 구토'로부터 인간을 예술적으로 해방시킨다. '터무니없음'은 삶의 불합리와 부조리함을 뜻하는 것으로 인간은 살아가면서 수없이 많은 부조리와 불합리함에 처한다.

오이디푸스를 다시 예로 생각해 보자. 오이디푸스는 아버지 살해, 어머니와 근친상간의 운명으로부터 벗어나고자 부단히 노력한다. 그는 이 운명으로부터 벗어나려고 노력하지만 벗어날 수 없다. 그렇게 신들도 벗어날 수 없는 그런 운명과 숙명이 그에게 지워져 있기 때문이다. 인간은 이런 불합리하고 부조리한 상황을 끊임없이 겪을 수밖에 없다. 이런 운명의 장난을 고통이 아닌 유희로 표현해 주는 것이 디오니소스 합창가무단의 역할이라는 뜻이다. 합창가무단의 우스꽝스러운 외모 그 자체가 바로 희극적이기 때문이다.

3. 합창가무단이 인간에게 어떤 역할을 했는가에 대한 니체의 생각이다. 니체는 경악스럽고 터무니없는 삶으로부터 인간이 해방될 수 있는 가능성을 합창가무단에서 찾았다. 합창가무단의 익살스러운 외모는 희극성이고, 합창가무단의 무대 위 역할은 숭고함이다. 합창가무단은 이 양자를 통해 그리스 민중들이 고통스러운 삶에서 벗어나도록 도왔다고 니체는 주장한다.

4. '발작'이란 무서움과 터무니없음에서 비롯된 구토를 뜻하며, '중간세계'는 디오니소스 시종으로 구성된 합창가무단이 서 있는 세계를 말한다.

종교냐, 예술이냐! 선택하라! 고통스러운 삶을 접할 때, 삶이 터무니없어질 때, 지금 당장 살아가는 삶이 너무 무서울 때 어떻게 할 것인가? 종교! 집어치워라! 예술! 좋다! 예술이 위로와 위안을 준다. 인간의 본성을 여과 없이 드러낸 사티로스 합창단에게서 위로를 찾고, 인간의 고통을 예술로 극적으로 승화한 사티로스 합창단에게서 위안을 찾아라.

시민들이여! 종교 나부랭이들을 멀리하라. 종교는 믿을수록 그 종교의 노예가 되어 간다. 종교를 멀리할수록 스스로 주인이 되어 갈 수 있다. 고통스러운 삶을 예술로 치유하고, 터무니없는 세계를 음악으로 본래의 상태로 되돌려라. 예술, 음악이 너희를 구원할 것이다.

7장 다시 보기

거대한 남근 형상을 사타구니 부근에 붙이고, 얼굴에는 가면을 쓰고, 아울로스를 부는 50여 명 또는 100여 명의 합창가무단이 무대 양쪽에서 다 같이 춤을 추고 노래를 부른다. 그들은 하나같이 사회에서 소외된 여성들이거나 노인들 아니면 잡혀 온 노예들, 아니면 선원들이다. 그들은 하나가 되어 춤추고 노래하면서 무대 위에서 주인공의 비극적 운명과 죽음을 3자의 시각으로 냉정하게 바라본다. 때로는 수천 명에서 많게는 만여 명이 넘는 시민들이 무대 위를 바라본다. 그들은 합창가무단을 보고 어떤 생각을 할까?

다수 정치가는 사회의 하층민으로 구성된 사티로스 합창가무단을 민중으로 받아들인다. 그리고 그들은 합창가무단을 '민중'이라고 정치적인 이름을 붙인다. 슐레겔은 합창가무단과 하나 되어 감정을 폭발하는 시민들을 본다. 그리고 슐레겔은 합창가무단을 '이상적' 관객으로 보고, '민족'적인 의미를 부여한다.

실러는 합창가무단의 위치와 역할에서 실제 현실과 가상현실을 분획하는 예술적 성격을 본다. 그리고 실러는 합창가무단을 실제 현실과 싸우는 환상가 그리고 가상현실과 전투하는 현실인의 조화로 이해하고, 합창가무단에 예술적 의의를 부여한다.

정치적인 민중설은 사회혁명가의 바람일 뿐이고, 이상적인 관객설은 민족에 꽃다발을 안겨 주는 민족주의자들의 상상일 뿐이고, 현실과 가상의 분리설은 문학가의 날카로운 시선일 뿐이다. 니체는 합창가무단을 사뭇 다르게 평가한다. 니체는 합창가무단이 '반인반수'인 사티로스로 구성된 것에 주목한다.

반인이 반수를 지향한다면, 합창가무단은 어떤 역할을 하는가? 반인이 반수로 되돌아가는 것, 인간에게 족쇄처럼 옭아매는 종교, 윤리, 도덕 등의 허울을 벗어던지는 것이다. 반인이 종교에 구토하고, 윤리에 구토하고, 도덕에 구토하는 것, 곧 인간 본연의 성질 중 하나인 반수를 불러오는 것이다. 사티로스 합창가무단은 환상의 베일을 통해 인간이 문명과 문화에서 벗어나게 만들고, 인간을 자연과 하나가 되게 한다.

반인반수가 반인을 버리면 곧 자연이고, 자연이 곧 인간이 된다. 호랑이와 사자가 인간과 함께 춤을 추고, 인간이 늑대의 젖을 먹고, 고릴라가 인간의 아이를 품에 안고 키운다. 인간은 자연 앞에 선 인간이 아니라 자연 속의 인간이 된다. 자연은 인간의 어머니가 되고, 인간은 자연의 자식이 된다. 인간은 파괴된 자연을 보듬은 어머니

대머리이자 수염이 잔뜩 달리고 말 형상을 한, 사티로스가 성기 위에 와인 잔을 놓고 있다. 다른 사티로스가 그 잔에 와인을 붓고 있다. (기원전 550년경, 메트로폴리탄 미술관 소장)

가 되고, 자연은 인간의 보살핌을 받는다. 시민들은 사티로스 합창가무단의 노래와 춤을 보면서 미학적인 관객이 되고, 마침내 자연과 하나가 된다.

반수가 반인을 지향하는 것은 생각하지 않아도 좋다. 이미 인간은 충분히 도덕, 윤리, 종교 등으로 구속을 받고 있기 때문이다. 더구나 아폴론과 아폴론적인 힘이 메두사가 각인된 방패를 들고 반수적인 것을 충분히 누르고 있기 때문이다. 문명화된 시대의 인간에게 필요한 것은 반인이 반수를 지향하는 것이다. 이것이 문명화된 인간에게 가장 부족한 것이다.

반인반수로 구성된 사티로스 합창가무단의 역할은 인간과 자연의 합일, 그 이상의 역할을 한다. 합창가무단은 공연을 보는 동안 경악스러움과 터무니없음으로 고통받는 시민들에게 현실을 망각하게 만든다. 시민들이 공연에서 경험하는 망각의 순간은 짧다. 공연하는 시간 동안만 망각하기 때문이다. 하지만 짧지 않다. 사티로스 합창가무단이 선물로 주는 망각은 시민들에게 그리스 신들이 먹는 음식이자 음료인 암브로시아이자 올림포스 신들이 마시는 신주神酒인 넥타르이다. 인간과 시민의 마음속에 사티로스 합창가무단이 선물한 감동이 남아 있고, 필요하면 언제든 되새김질할 수 있다.

아폴론적 조각이 주는 관능미와 아폴론적 서사시가 주는 소박미도 인간을 고통에서 잊게 만든다.(3장 4절 참조.) 관능미가 주는 만족은 아주 잠깐뿐이고 소박미를 얻기 위해서는 도덕에서 탈출하려는 노력이 필요하다.

합창가무단의 공연은 아폴론적 예술이 주는 위안과 다르다. 합창가무단은 시민에게 잠시 고통을 잊게 하는 진통제도 아니고, 잠시 즐거움을 대가로 중독에 물들게 하는 마약도 아니다. 합창가무단의 춤과 노래는 시민에게 고통스러움에도 불구하고 인간이 왜 살아야 하는가를 깨닫게 하고, 왜 살아야만 하는가의 의지를 부여하는 성스러운 미약媚藥이다. 반인반수로 구성된 합창가무단은 인간에게 고통에서 벗어날 수 있는 희망을 주고, 시민에게 종교, 윤리, 도덕, 문명과 문화에 저항할 수 있는 욕망을 부여한다.

합창가무단의 역할과 기능

1. 쇄도하는 현실 막기

사티로스와 우리 근대의 전원적인 양치기는 근원적인 것과 자연적인(본능적인) 것을 지향하는 동경의 두 산물이다.[1] 하지만 그리스인은 자신들의 숲속 인간을 놀라지도 않은 채 상당히 확고하게 붙잡았던 반면, 근대인은 감수성이 예민하며, 피리를 불며, 연약한 양치기라는 허영적인 형상과 얼마나 소심하고 유약하게 장난질을 쳤던가![2]

아직 어떤 인식도 가공하지 못했던 자연, 문명의 빗장을 여전히 열지 못한 자연, 그리스인은 자신의 사티로스 안에서 그 자연을 보았으며, 그 때문에 사티로스를 여전히 원숭이와 동일시하지 않았다.[3] 아니 이와 반대로 사티로스는 가장 높고 강력한 흥분을 표현한 인간의 원초적 형태, 즉 신에게 가까이 있기 때문에 무아경에 빠져 고무된 열광자, 신의 고통을 되풀이하면서 같이 괴로

위하는 동지, 자연의 가장 깊은 흉중에서 나온 지혜의 전달자, 그리스인이 경외심을 품고 놀랍게 바라보았던 성적 권능의 감각적 형상이었다. 사티로스는 숭고한 어떤 것이자 신적인 어떤 것이다.[4] 특히 고통으로 파괴된 디오니소스적 인간의 시각에서 사티로스는 그러한 것으로 여겨져야만 했다. 윤색되고 날조된 양치기는 사티로스를 모욕하는 것이다.[5] 숭고한 만족 상태에 있는 그의 눈은 벌거벗고 위축되지 않은 자연의 웅대한 필체 위에 머물렀다. 여기서 문명이라는 환영은 인간의 원초적 형상 앞에서 사라진다. 여기에서 자신의 신에 환호하는 진정한 인간이자 털북숭이 사티로스가 나타난다. 사티로스 앞에서 문명인은 허구의 풍자화로 축소된다.[6]

비극 예술의 이러한 출발과 연관해서 실러는 옳았다.[7] 합창가무단은 쇄도하는 현실Wirklichkeit을 막아서는 살아 있는 장벽이다. 왜냐하면 사티로스 합창가무단은 일반적으로 자신을 유일한 실재Realität로 여기는 문명인보다 삶(존재)을 더 참되게, 더 현실적으로, 완전하게 묘사하기 때문이다.[8] 시의 영역은 시인이 머리로 환상적으로 만들어 낸 실현 불가능한 어떤 것으로서 세계의 밖에 있는 것이 아니다. 시의 영역은 그 반대로 진리의 솔직한 표현이어야 하며, 그 때문에 문명인이 현실이라고 착각하는 저 거짓투성이의 장식물을 내던져 버려야만 한다.[9]

이처럼 고유한 자연적 진리와 자신을 유일한 실재로 치장하는 문화적 속임수의 대비는 사물의 영원한 핵심, 즉 사물 그 자체와 총체적인 현상세계 사이의 대비와 유사하다. 비극이 현상세계의 지속적 몰락 와중에도 형이상학적 위로를 주면서 저 존재적 핵심의 영원한 삶을 입증하듯이, 사티로스 합창가무단의 상징은 이미 사물 그 자체와 현상세계의 저 근원적 관계에 대한 비유에서 드러난다.[10]

근대인의 저 전원적인 양치기는 그에게 자연으로 여겨지는 교양적 환영Bildungsillusion을 총계한 위조일 뿐이다.[11] 디오니소스적 그리스인은 진리와 자연이 그 최고의 힘을 발휘할 것을 원한다. 디오니소스적 그리스인은 자신이 사티로스로 변신하는 것을 지켜본다.[12]

1. 인간은 항상 형이상적인 초월자, 근원적 일자, 이데아 등을 뜻하는 근원적인 것을 추구하는 동시에 눈에 보이는 자연적인 것 또는 인간에게 내재한 가장 본능적인 것을 추구한다는 뜻이다. 전자는 형이상학, 철학 또는 종교, 윤리학 등의 탐구 대상이며, 후자는 인간이 살아갈 수밖에 없는 현실 속의 욕망, 욕구, 갈망이다.

인류의 역사는 전자와 후자의 대립의 연속이거나 전자가 후자를 압도하는 인간 본능 포기의 비굴함이다. 전자를 강조하면 후자를 포기할 수밖에 없으므로 인간적 본성과 본능이 소멸하고, 후자를 추구하면 전자는 이상으로 남을 뿐이며 동물과 다른 인간다움을 포기하는 길이다.

니체는 형이상학적 진리 탐구와 인간적 본능 실현의 대립적 관점에 반기를 든 혁명적인 철학자이다. 니체는 사티로스로 구성된 합창가무단을 통해 인간적 본성과 본능을 추구하는 것 자체가 형이상학적인 근원적 일자와 실제로 하나가 될 수 있다고 역설한다.

8장은 자연과 본능의 상징인 사티로스, 사티로스로 구성된 합창가무단이 자신들뿐만이 아니라 합창가무단을 바라보는 관객까지 근원자 일자, 즉 형이상학적 존재에 도달함을 입증하는 장이다.

2. 이 단락은 우선 고대 그리스인과 근대인, 사티로스와 양치기, 근원적인 것과 자연적인 것의 삼각관계에서 살펴보아야 한다.

첫째, 고대 그리스인은 사티로스를 통해, 근원적인 것과 자연적인 것(본능적인 것)에 도달한 반면, 근대인은 사티로스의 대체물인 양치기를 통해 근원적인 것과 자연적인 것에 도달하지 못한다. 고대 그리스인은 사티로스로 구성된 합창가무단을 통해 근원적인 것과 합일하고 자연적인 것을 온몸에 체현하는 디오니소스적 인간으로 체현되는 반면, 근대인은 양치기란 전원적 환상을 품지만 교육을 받은 교양인 티를 내면서 근원적인 것에 도달하지 못하고 자연적인 것을 결코 향유할 수 없다.

둘째, 이 단락은 8장 전체를 관통하는 두 개의 축을 구성하므로, 8장 1절의 길라잡이 역할을 한다. 하나는 사티로스로 구성된 합창가무단에 대한 니체의 긍정적 평가와, 다른 하나는 양치기를 바라보는 근대인에 대한 비판이다. 따라서 각 단락에서 이 두 개의 축이 어떤 방법으로 구현되는지 살펴봐야 한다.

셋째, 고대 그리스인, 사티로스, 디오니소스적 인간은 후일 니체 철학의 지향점이 되며, 근대인, 목동, 교양인은 후일 니체 철학의 비판점이 된다.

3. 니체의 『비극의 탄생』은 1872년에 출간되었다. 다윈은 『종의 기원』을 1859년에 출판했으며, 인간이 유인원에서 진화했다고 주장한다. 니체와 다윈의 책 출판을 기준으로 이 문장은 다음과 같은 뜻으로 읽어야 한다.

다윈의 진화론에 영향을 받은 니체 당대인들은 사티로스를 원숭이 정도로 취급했다. 극단적으로 말하면 그들은 동물이 진화하면 반인반수가 되고, 반인반수가 진화하면 인간이 된다고 생각했다. 이 때문에 그들은 반인반수의 사티로스를 인간 이하로 취급하거나 극단적으로는 혐오의 대상 정도로 바라보았다. 실제로 고대 그리스 이후, 특히 중세 시대에서 사티로스는 혐오의 대상이거나 악의 원흉 정도로 취급되었다. 사티로스가 성적 욕망을 제 맘대로 실현한다는 주조된 이미지 때문이다. 원숭이 정도로 격하된 사티로스는 인간의 자연적 욕망에 대한 비아냥과 냉소이다.

하지만 니체는 사티로스를 그들과 다르게 평가했다. 그 기원에는 진화론에 대한 니체의 상대적인 평가에서 기인한다. 니체는 인간과 동물이 다르며, 인간의 본성이 동물의 본성과 다른 면이 있다는 것, 인간 자체의 독자성이 있다고 보았다.

> 덧붙여서 나는 인간의 고찰에 머물 것이며, 또한 보다 약화되고 퇴화된 본성에 근거하여 인간이 고상하다는 법칙으로부터 동물의 진화를 추론하는 것을 경계하려고 한다.[92]

다윈주의의 영향을 받아 사티로스를 원숭이 정도로 바라보는 것에 니체는 반발한다. 니체는 사티로스를 원숭이 정도로 격하될 존재가 아니라 신성한 존재로 받아들인다. 니체의 시선은 곧 고대 그리스인의 시선과 일치한다. 고대 그리스인과 니체에게 사티로스는 형이상학적인 근원적인 것과 본능적인 자연적인 것을 동시에 갖춘 신성한 존재로 각인된다.

4. 이 앞의 단락 전체를 요약하면 다음과 같다.

사티로스는 가장 자연적(본능적)이면서 가장 숭고한 존재이다. 사티로스는 가장 비천한 존재이면서 가장 신적인 존재이다. 가장 저열한 수준의 욕망을 추구하는 것이 가장 이상적인 열망을 표현해 주는 것인데 그것이 바로 사티로스이다. 프로이트의 말대로라면, 무의식적인 이드의 성적 욕망이 가장 숭고한 초자아를 형성한다는 것이다. 가장 본능적인 것, 성적 욕망을 표현하는 사티로스가 가장 숭고한 신적인 종교와 같은 역할을 한다는 니체의 주장은 모순처럼 보인다. 이를 해명하는 것이 니체의 평생 철학적 작업이고, 프로이트는 이를 정신분석학적으로 증명한다.

"신에게 가까이 있기 때문에 무아경에 빠져 고무된 열광자"는 사티로스가 디오니소스의 시종으로 항상 곁에서 머물러 있으며, 디오니소스와 더불어 와인을 마시고 취한 채 지내기 때문에 자신을 잊고 지낸다는 뜻이다.

"신의 고통을 되풀이하면서 같이 괴로워하는 동지의 의미"는 디오니소스는 세 번 태어나는 자(이에 대해서는 뒤에서 자세히 다룬다.), 거듭 태어나는 자, 영원회귀하는 자라고 불리는 데에서 찾을 수 있다. 거듭 태어난다는 것 자체가 고통이다. 인간의 삶 자체는 태어나는 순간부터 행복보다는 고통의 연속이다. 포도나무는 봄에 꽃이 피고, 여름에 열매를 맺고, 가을에 그 열매가 술이 되고, 다시 겨울이 되면 잎이 떨어진다. 포도나무는 태어나고 죽는 과정을 거듭 되풀이한다. 성적 욕망도 포도나무와 마찬가지로 커졌다가 줄어드는 형태를 반복한다. 사티로스가 항상 거대한 남근을 단 형상으로 표현되는 것도 이런 뜻이다. 디오니소스가 자연의 태어나고 죽는 과정을 표현한 것이라면 사티로스는 인간이 지닌 성적 욕망의 성쇠를 표현한 것과 같다. 이런 점에서 디오니소스와 사티로스는 동지가 된다.

"자연의 가장 깊은 흉중에서 나온 지혜의 전달자"는 반인반수 사티로스를 조롱거리나 원숭이 정도인 멸시의 대상으로 바라보는 우리 시각에서는 이해하기 힘든 말이다. 사티로스가 저열한 성적 욕망의 화신로 표현된 것은 도덕적이고 윤리적인 것이 학문과 종교의 주류를 이룬 뒤이다. 디오니소스의 스승이 현인이자 신적인 존재인 실레노스였으며, 실레노스 역시 사티로스라는 점을 잊어선 안 된다. 단, 실레노스로 대표될 수 있는 사티로스의 지혜는 자연적인(본능적인) 것을 거세한 우리 시대의 윤리적인 것이 중심이 된 지혜가 아니다. 사티로스의 지혜는 자연적인(본능적인) 것에서 비롯한다.

5. 근대인은 자연적인 것으로서 사티로스를 교양적인 측면에서 '윤색하고' 그 본질적 속성을 '날조하여' 양치기로 희화화한다. 이것은 자연적인 것으로서 사티로스를 모욕하는 것이나 마찬가지이다.

6. 사티로스와 문명의 대비. 문명은 자연적인 것(본능적인 것)을 억압하고 소외시킨다. 사티로스는 문명의 자연적인 것을 억압하라는 이러한 요구를 거부하고, 자연적인 것 그 자체로서 자신을 나타낸다.

7. 실러가 옳았다는 것은 7장의 요약이다. 니체는 '살아 있는 장벽'으로서 사티로스로 구성된 합창가무단이 '현실세계'와 '이상적인 무대'를 구분하는 역할을 한다고 강조한다.

8. 문명인이 자신을 유일한 실재Realität로 믿는다는 것은 한편으로는 문명인 자신이 곧 사물의 본질적 존재라는 뜻인 동시에 다른 한편

으로는 자신 이외의 것을 실재로 믿지 않는다는 뜻이다. 전자에 따른다면, 사물의 본질적 존재인 문명인은 종교를 믿을 필요가 없다. 하지만 문명인은 종교를 믿는다는 점에서 자신이 유일한 실재가 아니게 된다. 후자에 따른다면 문명인은 자신이 유일한 실재이므로, 자신 이외는 실재하지 않는 것이 된다. 하지만 문명인은 실재의 한 형태인 현실 속에서 살아가므로 또한 실재하지 않는 것이 된다. 따라서 문명인이 유일한 실재라는 것은 맞지 않다. 문명인은 종교를 믿고 현실을 인정하지 않는다는 점에서 삶(존재)을 제대로 이해하지 못하고 살아가는 가련한 존재일 뿐이다.

반면 사티로스 합창가무단은 누구인가? 사물의 본질적 존재인 실재와 더불어 같이 존재하는 자가 사티로스 합창가무단이다. 합창가무단은 실러의 말대로 무대 전면에서 쇄도하는 현실을 막아서는 장벽이다. 그 장벽에 서서 합창가무단이 부르는 노래가 바로 서정시이다.

서정시는 어떤 것인가? 5장에서 살펴본 것처럼 서정시는 개인적인 삶을 노래하는 것이지만 모든 인류가 공감하는 그 무엇이다. 시란 바로 삶과 다른 어떤 것처럼 보이지만 삶 자체, 이데아를 표현한 것이다. 시를 노래하는 합창가무단은 이 점에서 자신을 유일한 실재라고 믿지만 삶에서 괴리되어 살아가는 문명인보다 삶을 더 잘 드러낸다.

9. 시(특히 서정시)란 무엇인가에 대한 니체의 주장이다. 쇼펜하우어의 영향을 받은 주장이다. 5장 2절 다시 보기를 보자. 지름 1인치의 원과 지름 4,000마일의 원은 동일한 속성을 가지고 있으며, 시인은 이런 동일한 속성을 드러내는 자이다. 시는 원의 공통된 속성을 제

대로 드러내듯이 삶(존재)을 제대로 드러내는 것, 즉 '진리의 솔직한 표현'이 된다. 시인이 어떤 존재인가는 시가 무엇인지를 한층 더 잘 드러낸다.

> 시인은 이데아, 모든 관계와 연관이 없으며, 모든 시대에서 벗어나 있는 인간의 내적 본성, 사물 그 자체의 적절한 객관성을 최고 수준에서 이해한다.[93]

시인이 드러낸 시는 사물의 본질 그 자체를 드러낸 것이므로, 문명인이 자랑으로 여기는 모든 것을 '거짓투성이의 장식물'로 폐기시킬 수 있다.

10. 비극이란 무엇인가, 비극은 어떤 기능을 하는가? 3장에서 나온 미다스와 실레노스의 대화를 다시 기억해 보자. 인간은 필멸한다는 점에서 영생하는 신과 다르다. 인간은 신과 같은 영생을 원하지만, 얻을 수 없다. 영생의 종교적 표현은 기독교식으로는 구원이고, 불교식으로는 윤회이다.

비극의 주인공은 인간과 마찬가지로 모두 죽는다. 그것도 비극적으로 죽음을 맞는다. 현실에서 죽음을 겪을 수밖에 없는 인간이 왜 인간의 죽음을 묘사한 비극에 열광하는가? 특히 고대 그리스인은 왜 처절한 운명적 죽음을 그린 비극에 열광했는가? 니체는 왜 이런 비극에 인류 최대의 찬사를 보내는가? 되살아남, 영원회귀 때문이다. 운명적 죽음을 맞는 비극의 주인공(디오니소스가 두 번 죽고 세 번 태어나 영원히 죽지 않는 신이 되듯이)은 죽지만 죽는 것이 아니다.(9장과 10장에서 다룬다.)

영원회귀, 겨우내 죽은 듯이 보였다가 봄이 되면 다시 피어오르는 포도와 같은 되살아남, 풀이 죽었던 성기가 다시 화를 내듯이 되살아남을 상징적으로 보여 주는 사티로스, 현실과 삶과 실재와 더불어 하나가 되어 살아가는 사티로스로 구성된 합창단이 바로 그 상징이다. 고대 그리스 비극의 관객은 끝없이 죽었다 되살아나는 사티로스 합창단을 자신으로 받아들임으로써, 현실에서 경험할 수밖에 없는 죽음을 담담하게 받아들인다. 사티로스 합창가무단은 필멸의 세계인 현상세계에서 영원히 삶을 살아가는 사물 그 자체에 자신을 투탁投託하여 사물 그 자체와 하나가 되어 영생을 누리는 자이다.

11. 사티로스와 대비되는 양치기는 인간이 그토록 바라는 '근원적인 것'과 '자연적인 것'을 얼마나 구현하는가? 근원적인 것에 대한 탐구는 진리탐구를 뜻하고, 이는 교육에 의해 위조되고 변형된 '교양'으로 왜곡된다. '자연으로 여겨'진다는 것은 교양 그 자체가 현실 사회를 살아가는 환경이 되어 마치 자연처럼 인간 삶의 일부가 되었다는 뜻이다.

'교양적 환영'이란 '근원적인 것을 탐구하는', '진리'가 만들어 낸 하나의 세계, 마치 자연과 같은 세계이다. 하지만 그 세계는 자연처럼 실재하는 것이 아니라 환영과 같은 보이지 않는 두루뭉술한 세계일 뿐이다. 그 교양적 환영은 '근원적인 것', '진리'에 다가가지 못하므로 마치 '자연적인 것', '자연'을 잘 알고 있는 것과 같은 환상을 만들어 낸다.

바쁜 도시 생활을 하는 근대인이나 현대인이라면 누구나 전원에서 양을 치는 목자, 양치기 소년이다. 누구나 양치기 소년을 꿈꾼다. 하지만 양치기가 '자연적인 것'이나 '자연'일 것이라고 가정하는 것 자체가 말이 안 된다. 양치기는 '근원적인 것'을 잘 안다고 자부하는 인간이 '자연적인 것'과 자연에서 멀어져 있음을 역으로 보여주는 증거에 지나지 않는다.

12. '진리'와 '자연'은 8장 맨 첫 구절을 다시 표현한 것이다. '진리'는 '근원적인 것'을 말하고, '자연'은 '자연적인 것'을 뜻하며, '디오니소스적 그리스인'은 비극을 바라보는 관객을 뜻한다. 따라서 비극을 바라보는 고대 그리스 관객은 비극을 봄으로써 단순히 관조자로 끝나는 것이 아니라 사티로스로 변신하여 삶의 고통을 망각하고서 '근원적인 것'을 찾고 '자연적인 것'을 향유한다. 니체는 사티로스로 구성된 합창가무단이 단순한 공연적 차원을 넘어서 인간의 고통으로부터 해방이라는 놀라운 역할을 한다고 보았다.

다시 보기

교양이란 무엇인가? 교양을 다루기 위해서 '교육'과 연관하여 살펴보아야 한다. 교양Bildung은 교육Erziehung과 밀접하게 연관되어 있다. Erziehung은 우리말로 '교양'으로 번역될 수 없지만, Bildung은 '교양'과 '교육'으로 번역되곤 한다. 니체는 Erziehung와 Bildung을 섞어서 사용하기는 하지만 대체로 명확하게 구분해서 사용하는 편이다. 정리한다면, 교육은 교양을 달성하기 위한 수단이다. 교양은 목적이고 교육은 목적을 달성하기 위한 수단인 셈이다. '교양을 위한 한 민족의 교육'[94]이란 표현은 교양과 교육의 관계를 분명하게 보여 준다.

교육의 목적과 교양의 목적은 같은 것 같지만 사뭇 다르다. 교육의 목적은 '규칙'을 위한 것이라면, 교양의 목적은 사회에서 살아가는 '평균인Mitteln'을 위한 것이다. 교육은 '본질적으로 규칙을 위해서 오락, 유혹, 나약함을 파괴하려는 수단'으로서 '냉혹하며', '경제적인 측면에서 완벽하게 이성적'이다. 교양은 '본질적으로 평균인을 위하여 취향을 예외적인 것에 대한 반대 방향으로 끌고 가는 수단'이다.[95] 교육이 인간에게 내재된 본질적 속성인 자연적(본능적) 요소를 사회와 국가에 적합하게 길들이기 위한 책략이라면, 교양은 개별 인간의 특이성을 파괴하여 평균화시키는 전략이다. 니체의 관점에서 교육과 교양은 개별 인간의 욕망과 의지를 제거하여 사회나 국가를 유지하기에 편리한 평균적인 인간을 만드는 것이 목적이다.

'교양이란 무엇인가'를 더 구체적으로 알아보자. 니체는 교양을 한마디로 "인간 본성과 대립"[96]한다고 못을 박는다. 교양이란 한마디로 자연과 자연적인 것, 본능과 본능적인 것과 대립되는 것이고, 문명을 위한 정신적인 요소를 강화시키는 것이다.

니체는 교양에 대해서 부정적이다. 교양은 인간과 인간의 본능을 억압하기 위한 책략에 지나지 않기 때문이다. 하지만 니체는 교양을 반드시 부정적으로만 보지 않았다. 삶, 인간의 본성, 자연적인 것을 위한 '산' 교양이 있는 반면, 사회와 국가, 인간의 비인간화, 근원적인 것의 탐구를 위한 '죽은' 교양이 있다. '산' 교양이란 인간의 본성과 본능을 억압하는 것이 아니라 이들을 북돋워 주는 것이다. '죽은' 교양이 문자로 구성된 것이라고 한다면, '산' 교양은 음악적인 것이다. 음악은 인간의 '올바른' 교양, '산' 교양을 위한 진정한 수단이 된다.

교양이란 반드시 **개념적인** 것이 아니라, 마치 음악가가 어둠 속에서도

현을 제대로 잡는 것과 마찬가지로 무엇보다 직관적이고 올바르게 **선택하**는 것이다.[97]

인간의 본성과 본능을 저해하고 압살하는 '죽은' 교양, 문자적 교양에 대해서 니체는 『비극의 탄생』 20장에서 독일의 '죽은' 교양을 둘러싸고서 상세하게 논한다. 청년 니체는 여기에서 현존 지배 책략으로서 교양과 대투쟁을 벌인다. 교양을 예술로 극복하기 위한 니체의 근본 투쟁은 20장에서 자세히 다루도록 한다.

2. 디오니소스적 대중의 환영

디오니소스 시종들의 열광적인 무리는 그러한 정서와 인식하에서 환호한다. 그 힘은 그 무리를 자신의 눈앞에서 변화시킨다. 그들은 자신을 다시 살아난 자연정령, 즉 사티로스로 착각하여 바라본다.[1] 이후 비극 합창가무단의 구성은 저 자연적 현상의 예술적 모방이다. 물론 모방 과정 중에 디오니소스적 관객과 디오니소스적 마술사의 구분이 필요했다. 다만 사람들은 아티카 비극의 관객이 오케스트라의 합창가무단 속에서 자신을 다시 발견하며, 근본적으로 관객과 합창가무단 사이에 어떤 대립도 없었다는 점을 유념해야만 한다. 왜냐하면 관객이든 합창가무단이든 모두 춤추고 노래하는 사티로스로 구성되거나 이러한 사티로스로 자신들을 드러내는 숭고한 대규모 합창가무단이기 때문이다.[2]

슐레겔의 용어는 여기에서 우리에게 심오한 뜻을 지닌 것으로 나타난다. 합창가무단이 유일한 **관조자**, 무대 배경Szene의 환영세계Visonwelt의 관조자인 한에서, 합창가무단은 '이상적인 관객'이다.[3] 우리가 알고 있는 것과 같은 관조자라는 관객을 그리스인들은 알지 못했다. 그리스의 극장을 보라. 활처럼 생긴 관객석의 높은 계단 위에 앉아서 자신을 둘러싼 주변 환경을 전혀 **보지 않은** 채 합창윤무단Choreut의 무용수를 지칠 줄 모르는 자신으로 여기는 자가 바로 그리스 관객이다.[4] 이러한 통찰에 따르면 우리는 원비극의 원시적 단계인 합창가무단을 디오니소스적 인간의 자기반영이라고 부르도록 하자. 이러한 현상은 배우의 흐름에서 가장 명확해진다. 배우란 천부적 재능을 지니고서 자신에게 주어진 역할을 눈앞에서 떠다니는 것처럼 잡을 수 있는 듯이 보는 자이다.[5]

디오니소스 합창가무단이란 무엇보다도 디오니소스적 대중의 환영이다. 이는 무대 위 세계가 이러한 사티로스 합창가무단의 환영인 것과 마찬가지이다. 이러한 환영의 힘은 상당히 강력해서 '실재'의 영향에 대해서, 좌석 주위에 앉아 있는 교양인에 대해서 둔감하게 또는 전혀 신경 쓰지 않고 바라보게 만든다.[6]

그리스 극장의 형식은 홀로 있는 계곡을 떠올리게 한다. 무대 배경의 건축물은 마치 빛이 나는 구름과 같이 나타난다. 산맥 속에서 무리 지어 다니던 바쿠스 신자들은 높은 곳에서 이를 내려다보며, 그 한가운데에서 그들은 디오니소스의 형상이 나타나는 것을 바라본다.[7]

1. '정서'는 '자연적인 것'을 말하고, '인식'은 '근원적인 것'을 뜻한다. 합창가무단의 공연을 관람하는 그리스 관객이 '진리와 자연의 최고의 힘'에 영향을 받아서 사티로스로 구성된 합창가무단과 같아진다는 뜻이다.

2. 비극에서 중요한 역할을 차지한 합창가무단이 어떤 과정을 통해 구성되었는가를 설명한 것이다. 예컨대 다음과 같다. 함께 모여서 술을 마시고 함께 춤을 추며 민요조의 노래를 부르는 집단이 있다. 이 집단적인 축제의 과정을 일부 집단이 모여 무대에서 공연한다. 이들이 합창가무단이다. 이들은 새로운 어떤 것을 무대 위에 올린 것이 아니라 집단 연희 과정을 모방하여 올린 것이다.

　무대 위에 오른 자가 합창가무단이라면, 무대 위에 오르지 않고 바라보면서 합창가무단과 하나 되는 자가 고대 그리스 아티카 비극의 관객들이다. 전자가 '디오니소스적 마술가'이며, 후자가 '디오니소스적 관객'이다. 양자는 구분이 되면서도 하나이므로, 어떤 대립이 있을 수 없다. 디오니소스적 관객은 디오니소스적 마술가의 연희를 통해 다시 사티로스로 되돌아간다.

3. 7장에서 나온 슐레겔의 '이상적인 관객설'의 부분적 인정에 관한 내용이다. 앞에서 슐레겔은 이상적인 관객설을 이용하여, 합창가무단이 공연을 관조하는 관객을 넘어, 민족, 전 세계 인간을 하나로 만든다고 주장했다. 니체는 이 점을 일종의 정치적인 민족 강조설로 강도 높게 비판했다.

　니체는 여기서 슐레겔의 이상적 관객설을 부분적으로 인정한다. 이상적 관객의 대상이란 그 공연을 보고 있는 관객에 한정한다. 즉, 그 공연을 보고 있는 관객이 무대 위 사티로스와 하나가 된다는 것이다. 이상적 관객설의 공간적 적용 대상은 공연장에 한정된다는 점에서 '공연장 한정설'로 불러야 한다.

4. 고대 그리스 비극을 관람할 때 발생하는 '자연환경 무시' 현상이다. 이는 비극 극장의 구조에 의해 만들어진 결과이다. 비극의 무대

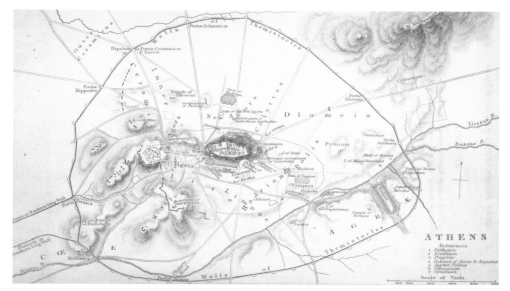

아테네의 고지도 (Connop Thirlwall, *A History of Greece*, p.26 of volume 3, 1846년, 대영 도서관 소장)

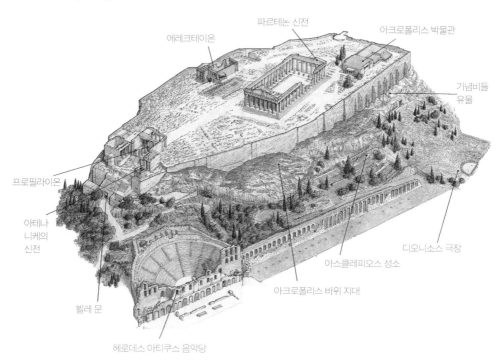

파르테논 신전

에레크테이온

아크로폴리스 박물관

기념비들 유물

프로필라이온

아테나 니케의 신전

디오니소스 극장

아스클레피오스 성소

아크로폴리스 바위 지대

뷜레 문

헤로데스 아티쿠스 음악당

를 자연환경과 연관하여 살펴보도록 하자. 여기서는 주로 니체가 말한 고대 그리스 아테네 비극 극장을 중심으로 살펴보자.

도시 한가운데 높은 곳이 있고 여기에 그리스 신들을 모시는 판테온이 있다. 이 경사면 남쪽에 디오니소스 극장이 있다. 이 극장은 활을 구부린 반원형으로 이루어져 있고, 약 17,000여 명의 관객이 관람할 수 있는 좌석을 갖추고 있다. 관객이 앉는 좌석은 많은 관객을 수용하기 위해서 산을 절개하고 그 안에 계단형 좌석을 만들었으며, 객석의 밖에다 인공 벽을 만들어 주변 자연환경과 단절된 형태로 건축되었다. 또한 관객이 바라보는 무대 뒤편에는 Szene이라는 무대 배경이 있다. 관객은 사방이 둘러 막힌 공연장 한가운데 있는 셈이다.

아테네 시민이라 생각하고, 아테네 비극 극장에서 비극을 관람한다고 가정해 보자. 관객은 움푹 파인 반원형 틀, 옆과 뒤의 거대한 산을 파서 만든 인공 벽, 앞 전면에 서 있는 상당한 크기의 인공적인 무대 배경, 게다가 높은 곳에 위치한 자연적 환경 덕분에 주변의 자연환경과 완벽하게 분리되어 비극을 관람할 수 있다.

고대 그리스 비극을 보는 관객의 시선을 사로잡는 것은 비극뿐이다. 관객은 주변 자연환경과 인공환경에 눈을 돌릴 수 없고, 오로지 비극을 볼 뿐이다. 그들은 주변 환경과 완전히 동떨어진 채 새로운 환경, 비극 속의 새로운 세계에 노출된다.

그리스 관객은 우리 시대에 무대를 관람하는 것과 같은 관조자적인 관객일 수 없다. 앞에서 설명한 대로 그들은 사티로스적인 경험을 이미 체험했던 또는 방금 전에 체험한 관객들이다. 그들은 완벽하게 차단된 공간 속에서 사티로스 합창가무단과 함께 숨을 쉬고,

함께 한탄하고, 함께 괴로워하는 무대 밖 관객이자 무대 안 배우가 된다. 관객은 극에 완전 몰입하여 합창가무단과 하나가 된다. 몰아 상태에 빠진다. 그들 관객은 행동하는 배우인 동시에 바라보는 관객이다.

5. 니체적인 관점의 배우론이다. 배우란 누구인가? 첫째, 타고난 재능을 갖춰야 한다. 후천적 노력으로 어느 정도의 능력을 채울 수 있지만, 우선 중요한 것은 타고난 능력이다. 둘째, 맡은 역할을 인위적으로 행하는 것이 아니라 눈앞에 보이는 그대로 행하는 것이다. 울어야 할 상황에서 인공 눈물을 뿌려 거짓 눈물을 흘리는 것처럼 보이는 것이 아니라 현재의 상황을 진실로 받아들이고 마음에서부터 우러나와 눈물을 흘리는 배우가 진짜 배우이다.

이 글의 맥락에서 본다면, 디오니소스적인 인간(관객)은 합창가무단을 보면서 마치 타고난 재능을 갖춘 배우처럼 눈앞에 보이는 합창가무단을 자연스럽게 받아들이고서 합창가무단을 구성한 사티로스처럼 변한다는 것이다. 디오니소스적 인간은 단순히 겉만 변하는 것이 아니라 근원적인 것과 자연적인 것을 사티로스처럼 받아들여 형이상학적 진리의 세계와 합일한다.

6. 비극 관람이 갖는 '사회 환경 무시' 현상이다. 이는 합창가무단에 의해 만들어진 효과이다. 합창가무단은 반은 사람이고 반은 말 또는 염소인 사티로스로 구성된다. 적으면 수십 명에서 많으면 백여 명에 이르는 합창가무단은 모두 가면을 쓰고, 거대한 남근을 달고 같이 춤을 추고 노래한다. 이 모습은 인간의 현실세계에서는 볼 수 없는 환영적인 모습이다. 게다가 합창가무단은 인간의 본원적 욕망을 여과 없이 드러내며, 인간에게 무엇을 진심으로 욕망하는지 물

실레누스의 이티팔릭 사티로스 (기원전 540~530년, 아테네 국립 고고학 박물관 소장.)

어본다.

고대 그리스 비극의 무대에서 이런 합창가무단을 본다고 가정해 보자. 그 낯선 모습에 우리는 사회적 환경을 볼 겨를도 없다. 또한 이러한 모습이 노골적일 뿐만 아니라 선정적이며, 비윤리적이며 비도덕적이라며 핏대를 높여 비판하는 학자나 종교인이 있다고 가정해 보자. 그들의 이야기는 관객의 귀에 들리지 않는다. 합창가무단의 환영적인 모습과 행동이 관객의 눈과 마음을 빼앗아, 관객을 디오니소스적 인간으로 만들어 근원적인 것과 자연적인 것에 도달하게 만든다. 관객이 디오니소스적 인간으로 변용되어 가는 과정을 다른 어떤 것도 막을 수 없다. 이때 관객은 교육에서 비롯된 교양과 교육을 받은 교양인의 눈치를 보지 않는다.

한 가지 더 염두에 두어야 한다. 여기에서 뜬금없이 나오는 듯 보이는 교양인은 1절에서 나온 양치기의 연장선에 있으며, 근원적인 것을 탐구하는 자를 말한다. 그 근원적인 것을 탐구하는 최초 인간이자 최초 교양인이 소크라테스이다. '교양인'이란 말은 11장에서부터 나오는 비극 극장에서 관람을 하는 소크라테스와 소크라테스의 사상을 비판하기 위한 복선 장치이다.

7. 고대 그리스 아테네의 비극을 관람하는 관객이 되었다고 가정하고 이 글을 읽어야 한다. 디오니소스 극장은 뒤와 옆의 산을 배경으로 움푹 파여 있고, 낮은 무대 뒤에 있는 무대 배경은 우뚝 솟아 있으므로 마치 계곡 속에 떠 있는 구름처럼 보인다.

비극을 보는 관객은 '디오니소스 시종들의 열광적인 무리'로 바쿠스의 신자들과 다름없으며, 그들은 높은 객석에서 합창가무단의 공연을 보고 있다. 합창가무단은 디오니소스의 제자들이므로 관객의 눈에는 디오니소스의 형상과 마찬가지로 보인다. 니체는 여기서 말하는 디오니소스의 형상은 사티로스로 구성된 합창가무단을 말한다. 초기 비극에서는 디오니소스와 디오니소스의 분신, 즉 주인공이 출연하지 않았기 때문이다. 이에 대해서는 8장 뒷부분에서 다룬다.

다시 보기

플라톤의 모방론은 놀이론이자 부정론이며, 아리스토텔레스의 모방론은 배움론이자 보편론이며, 니체의 모방론은 본질론이자 긍정론이다. 세 철학자의 모방론은 그리스 비극을 둘러싼 총성 없는 전쟁, 사상 투쟁의 핵심이다. 세 철학자의 모방론 전투는 하늘 위의 초월적 제국, 본질, 실체, 이데아, 근원적인 것에 모방이 얼마나 많은 기여를 할 수 있는가를 둘러싸고 벌어진다.

플라톤은 모방에 대해 부정적이다. 플라톤은 모방이란 이데아에서 너무 멀리 벗어난 행위에 지나지 않는다고 주장한다. 플라톤은 시와 극을 모방에 맞춰 설명하면서, 비극과 희극을 전적으로 모방에 의한 것, 디티람보스를 시인 자신이 이야기하는 것, 서사시를 모방과 시인 자신이 이야기하는 것으로 구분한다.[98]

플라톤은 신을 '본질 창조자phytourgos', 목수를 '장인dēmiurgos', 화가와 비극 작가를 '모방자mimētēs'로 설명하고, 비극 작가를 '실재'에서 세 번째 먼 것, '본성상 왕과 진리로부터 세 번째인 자'로 규정한다. 본질 창조자는 이데아를 아는 자이고, 장인은 이데아를 형상으로 표현하는 자라고 한다면, 모방자는 '보이는 현상'만을 표현하는 자에 지나지 않는다.[99] 나아가 플라톤은 모방자란 놀이를 하는 것에 지나지 않으며, 이데아나 사물의 본질을 전혀 알지 못하며, 모방자 중의 하나인 비극 작가 역시 놀이를 하는 것에 지나지 않는다고 혹평한다.

모방자는 자기가 모방하는 것들에 대해 언급할 가치가 있는 것은 아무것도 알지 못한다는 것, 이 모방은 일종의 놀이이지, 진지한 것이 못 된다는 것, 그리고 비극시에 관여하는 사람들이, 이암보스 운율로 짓건 또는 서사시 운율로 짓건 간에, 모두가 최대한 모방적이라는 것 ……[100]

플라톤의 제자 아리스토텔레스는 스승의 모방론을 전면 부정하고, 비극에서 모방이 갖는 중요성을 주장한다. 아리스토텔레스는 인간에게는 모방본능과 모방쾌감이 있으며, 모든 인간은 모방을 통해 최상의 즐거움을 누릴 수 있다고 말한다. 그는 비극의 표현 형식인 '시가 역사보다 더 철학적이고 중요하다'고 주장한다. '시적 표현이 보편적인 것의 본성'에 관한 것을 말하기 때문이라고 말한다. 비극 시인이 어떤 인물을 통해 표현한 것은 곧 대부분 인간이 '동일 상황, 동일 조건'에서 '동일 행동'을 한다는 것을 뜻한다. 이것은 모방을 통한 시작詩作이 보편적인 것임을 드러낸다는 의미이다.

> 내가 보편적인 표현에 의해서 뜻하고자 한 것은 그러한 또는 그러저러한 인간이 아마도 또는 필연적으로 말하거나 행동할 것이라는 점이다. 시가 인물들에게 고유한 이름을 부여한다 할지라도, 시의 목적이란 바로 이것이다.'101

아리스토텔레스는 본질, 이데아에서 세 단계나 떨어져 있다는 플라톤의 모방론과 달리 모방의 형태인 비극의 표현 방식인 시가 대다수 인간의 보편성, 즉 본질을 표현할 수 있다고 강조한다. 아리스토텔레스의 이러한 시관은 니체가 말한 서정시가 갖는 인류 감성의 보편성을 의미하는 것과 일치한다고 볼 수 있다.(이 글 5장 참조.)

아리스토텔레스의 모방론을 부분 계승한 니체의 모방론은 플라톤의 모방론과는 대척점에 서 있다. 플라톤은 이상국가에서 비극이 상연되는 것을 부정하는 반면, 니체는 그리스 고대 비극의 중요성을 강조한다. 니체는 플라톤이 비극을 부정하는 이유를 '환영의 모방' 때문이라고, 중요한 것이 아니라 쓸모없는 것의 모방 때문이라고 지적한다.

기존 예술에서 환영의 모방만을 관찰했던 플라톤은 '고상하고 높이 칭송받는' 비극마저도 유쾌한 것, 감각의 본성에 아부하는, 즉 불편하기는 하지만 동시에 유용한 것을 묘사하지 않는 아첨 기술Schmeichelkünsten로 평가했다.[102]

반면 니체가 비극을 강조하는 이유는 "예술가의 창작이란 심오한 의미에서 본다면 자연의 모방"[103]이기 때문이다. 즉, 관객마저도 비극에서 볼 수 있는 사티로스로 구성된 합창가무단을 통해 가장 자연적인 것과 근원적 일자와 체험적으로 만날 수 있다. 성적 욕망의 화신으로 표현된 사티로스는 자연(본능)이 죽고 살아나는 것을 모방한 것이다. 비극의 합창가무단은 사티로스를 다시 모방한 것이며, 이는 '자연적 현상의 예술적 모방'이다. 다시 사티로스로 구성된 합창가무단을 관람하는 관객은 그 합창가무단을 모방한다.

이러한 모방의 최종적인 결과는 무엇인가? 관객도, 사티로스로 구성된 합창가무단도, 사티로스도 결국 자연(본능)으로 되돌아가며, 근원적인 것을 몸으로 느끼고 체현한다. 디오니소스 축제에 참여한 자들이 자연과 하나 되며 근원적인 것을 몸으로 느끼는 것과 마찬가지이다. 이 점에서 니체의 모방론은 자연과 합일인 동시에 근원적인 것, 아리스토텔레스의 용어로는 본질적인 것, 플라톤의 용어로는 이데아를 체험하는 동시에 느끼는 수단이 된다.

모방은 플라톤의 말처럼 본질, 이데아로부터의 먼 퇴행인가, 아니면 아리스토텔레스의 말처럼 모방쾌감론을 통한 보편적인 것으로의 접근인가, 아니면 니체의 말처럼 자연의 모방을 통한 근원적 일자와의 합일인가? 격론의 여지가 많다. 하지만 한 가지 확실한 것은 있다. 니체가 "모방은 모든 문화의 수단"[104]이며, "참된 학문이란 개념적 측면에서 본다면 자연의 모방"*105이라고 말한 것에서 알 수 있듯이, 모방이 없다면 문화도 학문도 존재할 수 없다. 모방이 없다면, 플라톤이 말한 인식도 불가능하고 결국 인간은 이데아의 세계에 도달할 수 있는 학문적 방법도 상실한다. 모방이 없는 인간의 문명은 진보하지 못한다. 이 점에서 플라톤의 모방론은 거부되어야 한다.

3. 살아 있는 현실의 표현

우리가 여기서 비극 합창가무단을 설명하기 위해 도입한 저 예술적인 근원 현상은 기본적인 예술 과정에 관한 우리 학자적 관점에서 본다면 몹시 불쾌하다. 시인이 시인일 수 있는 것은 시인이 자신 앞에 살아 있고 행동하는 형상을 자신의 주변에서 본다는 것, 그 안에서 가장 내적인 본질을 투시한다는 것이다. 이것보다 확실한 것은 없다.[1]

근대적 재능의 치명적 약점 때문에 우리는 미학적인 근원 현상을 복잡하게 만들고 추상적으로 사유하는 경향이 있다.[2] 진짜 시인에게 은유Metapher는 수사적인 어법이 아니라 그에게 개념 대신에 머리에 실제로 떠오른 대리적인 형상이다. 진짜 시인에게 등장인물Charakter은 이리저리 끌어 모은 개별적인 속성을 구성한 전체적인 어떤 것이 아니라 그의 눈앞에 쇄도하는 살아 있는 인물, 이후 지속적으로 살아가는 동시에 행동한다는 점에서 화가가 그린 동일한 환영과는 구분되는 인물이다.[3]

호메로스가 모든 시인보다 훨씬 더 생생하게 묘사했던 것은 무엇을 통해서인가? 호메로스는 훨씬 더 많이 관조했기anschaut 때문이다. 우리 모두는 열등한 시인이기 때문에 시에 대해 그렇게 추상적으로 이야기한다. 이와 반대로 미학적 현상은 아주 단순하다. 살아 있는 놀이를 보고 정령의 무리 주변에 살아가는 능력을 갖추고 있다면, 그는 시인이다. 자신을 변화시켜서 다른 육체와 영혼으로 말하려는 충동을 느낀다면, 그는 극작가이다.[4]

1. '예술적인 근원 현상'이란 앞의 단락에 나오는 '합창가무단 구성은 자연적 현상의 예술적 모방'을 말한다. 이 모방 현상은 사티로스 합창단에게서만 일어나는 것이 아니라 비극을 보는 관객에게서도 나타난다. 관객 역시 사티로스 합창단을 모방한다. 그 모방의 최종 목적은 1절에서 밝힌 '근원적인 것', '진리'와 '자연(본능)적인 것', '자연'을 향한다. 사티로스는 자연적인 것과 본능적인 것을 통해 근원적인 것에 도달한다.

'학자적인 관점에서 본다면 싫어한다'는 앞에 나온 교양인의 정신과 일치한다. 교양인은 '자연적인 것'을 무시하고 '진리' 탐구의 대상인 '근원적인 것'만을 지향한다. 학자와 교양인은 자연적인 것의 대표체인 사티로스를 육욕적이고 천박하며 부도덕하다고 비판한다. 그들은 사티로스로 구성된 합창가무단이 춤을 추며 노래하는 것을 역겨운 것으로 간주한다.

이런 주장을 한 니체는 여기서 갑자기 '시인이란 무엇인가, 누구인가?'라는 질문을 던진다. 5장 서정시에서 주장한 시인론을 여기에서 니체는 돌팔매질하듯 집약해서 우리에게 던진다. 또한 니체는 8장 1절에서 시란 무엇인가란 질문을 던진 후 다시 시인이란 누구인가라는 질문을 던진다.

학자란, 교양인이란 누구인가? 보는 자이다. 보고서 지식과 지혜를 얻었다고 주장하는 자이다. 그들은 무엇을 보는가? 이미 죽은 사물, 지나간 시간과 사건을 보면서 진리를 깨달았다고 주장하는 자이다. 반면 시인이란 누구인가? 8장 1절 해설 9에서 보듯이 시인은 현재 살아 움직이는 대상을 보면서, 즉 자연적인 것을 보면서 그 안에서 사물과 사건의 본질을, 근원적인 것을 느끼고 깨닫는 자이다. 서정시인 아르킬로코스가 바로 그런 시인이다. 시인이 철학자보다 학자보다 교양인보다 근원적인 것에 더 명확하게 도달할 수 있는 것은 살아 움직이는 걸 보고 근원적인 것에 도달하기 때문이다.

니체는 시인론에 근거하여 은유론, 등장인물론, 미학적 현상 등을 규정한다. 살아 있는 것과 행동하는 것은 니체 미학의 근본적 규정에 해당한다.

2. '근대적 재능'이란 이성적 사유를 통한 진리에 도달하는 능력이다. '나는 생각한다'가 그 가장 대표적인 징표이다.

'미학적인 근원 현상'이란 '예술적인 근원 현상'과 같은 말로, 자연적인 것을 통한 근원적인 것에의 도달을 말한다.

우리 근대인은 이성적으로 사유하기 때문에 자연적인 것의 모방인 예술을 향유하는 게 아니라 근원적인 것 자체를 추구하는 경향이 강하다. 그 결과 우리 근대인은 예술을 향유할 수도 즐길 수도 없고, 예술마저도 관조와 사색의 대상으로 삼는다.

3. 니체의 '은유'론과 '등장인물'론으로, 앞에서 나온 시인론의 연장 선상에 있다. 니체의 은유론과 등장인물론의 핵심은 '살아가는 동시에 행동하는' 관점에서 본다는 점이다.(은유에 대한 자세한 설명은 뒤의 다시 보기에서 한다.)

'죽은' 은유란 '수사적인 어법'으로 말하는 것이고, '이리저리 끌어모은 개별적인 속성을 구성한 전체적인 어떤 것'은 '죽은' 등장인물이다. 반대로 '생생한' 은유란 '개념 대신 머리에 떠오른 대리적인 형상'이고, '생동감 있는' 등장인물이란 시인의 '눈앞에 쇄도하는 살아 있는 인물, 이후 지속적으로 살아가는 동시에 행동'하는 인물이다.

'살아 있고 행동하는 형상을 …… 주변에서 보는' 진짜 '시인'은 살아 있는 은유와 생동감 있는 등장인물을 만들어 내는 천부적인 작가이다. 화가가 그린 인물은 2차원 공간에서 정태적으로 머물러 있다는 점에서 비극에서 나오는 등장인물과 대비된다. 이 주장에 근거한다면 아르킬로코스는 '진짜 시인'이고, 아이스킬로스는 '천부적인 작가'이다.

4. anschauen과 관련된 어휘는 철학과 연관하여 번역할 때는 '직관'으로 옮기고, 미학과 관련될 때는 '관조'로 표현하는 것이 좋다. '직관直觀'의 철학적 정의는 '감각, 경험, 연상, 판단, 추리 따위의 사유 작용을 거치지 아니하고 대상을 직접적으로 파악하는 작용'을 뜻하며, '관조觀照'의 미학적 정의는 '아름다움을 사유 작용을 거치지 않고 직접 인식하는 것'을 뜻한다.

철학적 정의이든 미학적 정의이든 anschauen은 '사유 작용을 거치지 않는다'는 점에서 공통적이다. 철학에서는 대상을 직접 인식하는 반면 미학에서는 아름다움을 직접 인식한다는 점에서 차이가 있다. 호메로스는 철학적 측면보다는 미학적 측면이 강하기 때문에 '관조'가 더 어울리는 번역어이다. 이 관조와 어울리는 어휘는 앞에 나오는 '더 생생한anschaulicher'이다.

호메로스의 『일리아스』와 『오디세이아』에는 전투 장면이나 인물의 묘사에서 다른 시인이 서술한 것보다 훨씬 더 생생한 표현이 많다. 서사시인인 호메로스는 어떻게 이런 능력을 발휘했을까? 흔히들, 학자들은 호메로스가 '관조'하는 능력이 뛰어났기 때문이라고 말한다. 하지만 니체는 '아니다'라고 말한다. 비유적으로 말한다면 호메로스가 앞을 못 보는 장님이었는데 관조한다는 것이 가능한가? 앞을 못 보는 시인이 관조한다는 것 자체가 넌센스이다.

　호메로스의 생생한 서술 능력은 어디에서 오는가? 니체는 단언한다. '살아 있는 놀이'를 보고 '정령의 무리 주변에 살아가는 능력'만 있으면 시인이다. 호메로스는 앞을 볼 수 없었으므로 눈으로 직접 트로이 전쟁을 볼 수 없었지만, 실제로 수많은 영웅과 신들의 전쟁을 눈앞에서 벌어지는 것처럼 느꼈고, 이를 시어로 표현했다. 호메로스는 영웅과 신들의 전쟁을 마치 놀이처럼 생각하고 생생하게 경험한 듯이 서술한다.

　한발 더 나가 보자. 니체는 5장에서 서정시를 설명하면서 서사시에 대비시켰다. 서사시는 '객관적 예술가'의 작품이고, '사심 없는 순수한 관조'에 의해서 창작될 수 있으며, 서사시의 대표자인 호메로스는 '나이가 들어 침잠해 가면서 꿈꾸는 자이자 아폴론적이며 소박한 예술가의 전형'이라고 말한다. 서정시의 대표자 아르킬로코스는 어떻게 생생한 시를 쓸 수 있었는가? 관조가 아니라 정령과 더불어 살아가며 삶 자체를 놀이라고 보면서, 머리에 실제 떠오른 생각을 은유적으로 표현하면 시가 된다. 한발 더 나가 시인 자신이 다른 육체와 영혼을 빌려 말하면 극작가가 된다.

위의 글을 문맥상으로 본다면, 니체는 은유를 부정적으로 바라본다. '근대적 재능의 치명적 약점'은 시인들이 '추상적으로 사유하는', '은유'를 사용하여 시를 짓는 것을 말한다. 니체의 관점에서 개념적으로 은유를 통해 시를 짓는 시인은 가짜이다. 니체는 은유를 '개념'이 아닌 '대리형상'으로 떠올리고, 형상을 있는 그대로 표현하는 것이 진짜 시인이라고 말한다. 니체가 호메로스를 위대하게 평가한 이유도 형상을 있는 그대로 표현했기 때문이었다는 점을 상기해 보자.

왜 니체는 은유를 부정적으로 바라보는가? 문학에서 수사적인 어법으로 사용되는 은유는 권력이자 힘이기 때문이다.

한여름 베짱이와 개미를 생각해 보자. 베짱이는 노는 곤충이고, 인간으로 표현하면 딴따라이거나 무위도식하는 기생충이다. 개미는 일하는 곤충이고, 인간으로 표현하면 근면 성실한 바람직한 노동자상, 열심히 공부하는 전형적인 학생상, 하루도 쉬지 않고 가게를 여는 자영업자의 전형이다. 베짱이는 자본주의 시대에 불필요한 인간인 반면, 개미는 우리 시대에 꼭 필요한 인간이다. 우리가 이와 같이 사유하는 이유는 은유 때문이다.

> 은유란 사람이 어떤 점에서 **유사한 것으로** 인식한 것을 **동일한 것으로** 다루는 것을 말한다.[106]

'노는 베짱이'의 은유에 매몰된 우리는 베짱이를 유희하는 인간의 한 측면으로 바라보기 어렵고, '일하는 개미'의 은유에 사로잡힌 대다수는 개미를 죽거나 병들어야만 멈추는 일 중독증workaholic에 걸린 인간으로 바라보지 못한다.

인간이 사물, 사건, 사태 등을 바라보는 시선은 은유에 의해 제한 당해, 다른 어떤 것을 바라보지 못하게 만든다. 사람들은 자신들만의 시선으로 세상을 바라보고 표현하는 것을 금지당한다. 사람들 사이에 일반적으로 통용되는 은유는 진리를 규정하는 척도가 된다. 은유는 강제력 있는 힘을 소유한다.

인상은 개념을 통해 표현되고, 분류되며, 그 다음 사멸되고, 탈각되고, 개념으로 미라화되고 보존된다. …… 가장 익숙한 은유, 일상적 은유는 이제 진리와 드문 것의 척도로 영향력을 지닌다.[107]

여기서 은유가 모든 것의 가치를 규정하는 척도로 등장한다. 척도Maß는 아폴론적 가치를 규정하는 중요 용어이다(3장). 아폴론적인 것은 모든 것을 정의하고, 규정하는 것이다. 이 척도가 필요한 이유는 두말할 필요 없이 이질적이고 특이성을 지닌 인간들이 모여 사는 사회를 유지하고, 국가 권력을 지키기 위한 것이다.

은유는 바로 공유하는 척도를 정하기 위한 문학적 기술인 동시에 가장 원초적 진리 창출 장치이자 다른 것을 배제하기 위한 기초 책략이다. 은유의 가장 기초적인 형태는 도덕적 장치로서 시스템을 유지하는 순문학적 장치이다. 니체는 은유가 지배 장치로 작동하고 있다는 것을 날카롭게 지적한다. 니체는 일상적인 직유를 벗어난 은유가 가진 정치적 힘을 밝혔다.

정치 사회는 확고한 일치를 요구하고, 정치 사회는 은유의 일상적인 사용에 근거하여 만들어진다. …… 따라서 대중이 사용하는 것처럼 모든 말을 사용하는 것이 정치적 관습Konvenienz이고 도덕이다. 진리로 존재한다는 것은 사물의 일상적 의미에서 벗어나지 않는 것을 말할 뿐이다.[*108]

진리가 가지는 힘은 은유에서 오고, 은유는 국가와 사회를 유지시키는 기본 장치라는 것을 밝힌 니체는 지배적인 은유를 파괴하는 공작을 시도한다.

익숙하지 않은 모든 은유 사용은 정치 사회를 격앙시키고, 파괴시키기도 한다.[*109]

은유를 공유하는 자와 은유를 파괴하는 자는 사회와 국가의 시스템을 따르는 자와 그 체계를 파괴하는 자의 기초적인 구분이다. 낯선 은유를 통한 익숙한 은유 지배의 파괴! 니체가 던진 '지배로서 국가와 사회'의 파괴 공작 방법이다. 성공 여부는 낯선 은유로 지배적인 은유를 파괴하는 자들이 얼마나 많이 있는가에 달려 있다.

4. 극적인 현상

디오니소스적 충동은 전체 대중에게 이러한 예술적 재능을 나눠 주며, 그러한 정령 무리의 주변에 있는 자신을 보게 만들며 궁극적으로 그 무리와 같이 있으면 하나라는 것을 알게 만든다. 비극 합창가무단의 이러한 과정이 바로 극적인dramatische 근원형상Urphänomen이다. 즉, 자기 자신이 자신 앞에서 변해서 이제 마치 사람이 다른 생명, 다른 등장인물에게 들어가서 행동하는 것이다. 이러한 과정은 극 발전의 초기에 나타난다.[1]

여기에는 자신의 형상들과 융합되는 것이 아니라 화가와 유사하게 관조하는 눈으로 자신의 형상들을 자신의 외부에 있는 것으로 바라보는 음유시인Rhapsode과는 다른 그 무엇이 있다.[2] 여기에는 이미 외부 자연에 들어감에 의한 개체의 포기가 있다. 그리고 또한 이러한 현상은 전염병처럼 번져 나간다. 그 결과 전체 대중이 이런 방법으로 마법에 걸렸다고 느낀다. 그 때문에 디티람보스는 다른 합창 노래들과 본질적으로 다르다.[3]

월계수 가지를 손에 들고 아폴론 신전으로 장엄하게 다가가며 행진곡을 부르는 젊은 처녀들은 현재의 그 자신으로 남아 있으면서, 시민으로서 자신들의 이름을 그대로 간직한다.[4] 반면 디티람보스 합창가무단은 변신하는 자들로 구성된 합창가무단이다. 따라서 그들의 시민 시절 과거, 그들의 사회적 지위는 완전히 망각된다. 그들은 시간을 망각한 채 자신들의 신을 위해 모든 사회 영역 외부에서 살아가는 시종들이다.[5]

그리스인들의 다른 모든 합창가무단적 서정시는 아폴론적 개별 가수의 엄청난 폭발에 지나지 않는다. 반면 디티람보스에서 무의식적인 무리 연희자로 구성된 하나의 공동체가 우리 앞에 서 있고, 그들은 변신을 한 모습으로 서로서로를 바라본다.[6]

1. '극적인 현상'이란 무엇인가에 대한 설명이다. 한마디로 '극적인 현상'은 극을 바라보는 관객에게 기존의 '나', 바라보고 관조하는 '나'를 버리고 몰아의 상태, 더불어 하나 되기이다. 관객의 이러한

변신이나 변용을 가능하게 해 주는 게 비극의 합창가무단이다. 합창가무단이 이러한 역할을 할 수 있는 것은 합창가무단의 자연적인 성격에서 비롯한다. 더 근원으로 거슬러 올라가면 디오니소스 축제에 참석한 빈자도, 부자도, 나이 든 여인도, 젊은 여인도, 선원도, 노예도, 세상에 사는 모든 사람이 합창가무단의 기원이 되는 데에서 비롯한다.

디오니소스 축제에 참석한 자들은 나를 잊고 축제의 구성원이 되고, 축제라는 예술품의 요소가 되는 동시에 축제라는 예술품의 주인공이 된다. '나'는 '나'이면서 전체의 하나, 근원적인 것과 합일된다. 극을 보는 행위는 보는 것으로 끝나는 것이 아니라 더불어 같이 공감하고 행동하는 것이다. 이것이 '극적인 현상'이라고 니체는 말한다.

2. 니체가 말한 '음유시인'은 서사시인을 말하며, 서사시를 낭송하는 자이다. 서사시는 앞에서 설명한 대로 아폴론적인 예술이며, 형상을 노래하는 예술이다. 서사시는 객관적 예술가의 전형이며, 따라서 서사시인인 음유시인은 화가처럼 관조하는 자이며, 결국 다른 타자와 융합하지 못한다.

3. 디오니소스 합창가무단의 본질적 특징을 한마디로 정의하면 "외부 자연에 들어감에 의한 개체의 포기"이다. '외부 자연'이란 비극의 합창가무단과 이 공연을 보는 모든 자연인을 말한다. '들어감'이란 참여하는 자와 보는 자가 합창가무단과 공연 관객과 하나 됨을 뜻한다. '개체의 포기'란 나의 개별적 특이성과 정체성을 다 벗어버리고 공연에 참여한 전체로서 하나, 몰아가 되어 하나가 된 전체로 나타나는 현상을 의미한다. '전염병처럼 번져 나간다'는 역병만

큼이나 빠르고 신속하게, 누구도 피할 수 없으며 치명적인 결과를 초래한다는 뜻이다. 전체를 요약하면, 비극 합창가무단의 공연을 보는 자는 누구나 다 개체를 포기하고 관람자인 동시에 예술품이 된다는 뜻이다.

반면 다른 공연, 예컨대 음유시인의 노래와 합창은 보는 자를 더더욱 관조하게 만들며 자신에 침잠하여, 자아의 자각을 강조한다.

4. 아폴론을 찬양하는 파이안과 관련된 내용이다. 파이안Paean은 원래 병을 치료해 주는 신으로서,『일리아스』에서 나타난다.

> 하지만 상처에 효과가 좋은 향유를 부드럽게
> 발라 주어서 파이안이 그를 죽지 않게
> 만들었다.[110]

> 그(제우스)는 멈추고서 파이안에게
> 치료해 주라고 건네주었다. 파이안은 통증을 완화하는 약으로
> 그를 치료해 주었다.[111]

이 글에서 보듯이 파이안은 원래 독립적인 신이었다. 하지만 후일 시간이 흐르면서 파이안은 의술의 아폴론과 동일시되었고, 아폴론의 아들이자 의술의 신이 된 아스클레피오스와 동일시되었다.

후일 파이안Paian은 역병이나 질병 등 나쁜 일에서 구원을 해 주는 아폴론에게 감사하는 노래라는 뜻을 지니게 된다. 파이안의 근거는 플라톤이 노래를 분류하면서 신을 향한 기원을 노래하는 찬가, 이와 반대되는 만가, 아폴론 등을 찬양하는 파이안, 디오니소스와 관

련된 디티람보스 등을 말한 데서 그 단서를 찾을 수 있다.[112]

이 글은 호메로스의 저작에서 나오는 파이안이나 아스클레피오스를 지칭하는 파이안이 아니라, 의술의 신 아폴론을 찬양하는 노래를 부르는 파이안과 연관된다. 월계수가 아폴론의 상징이라는 점이 그 단서이다.

'젊은'은 주로 19세에서 30세 사이를 뜻한다. 30살까지란 근거 역시 플라톤의 저작에서 찾을 수 있다.

> 첫째로, …… 어린이 합창가무단이 첫 순서로 등장하는 …… 둘째로는 서른 살까지의 합창가무단이 등장하는데, 이들은 말하게 되는 것들의 진실성에 대한 증언자로서 파이안(Paian, 아폴론)의 이름을 부르고서, 젊은이들에게 설득으로써 자비를 베푸시길 기원할 겁니다.[113]

19살이라는 근거는 플라톤이 합창가무단에게 술을 어느 정도 허용해야 할 것인가에서 나온다.

> 아이들은 18세까지는 술을 전혀 보지 못하는 것으로 할 것입니다. …… 그다음으로는 30세까지는 물론 술을 맛보되 알맞은 정도까지만 하고, 젊은이는 술 취함과 과음을 전적으로 삼가도록 할 것입니다.[114]

'처녀들'이란 아폴론신을 신전에서 모시는 신녀들을 뜻한다. 이는 호메로스의 『일리아스』 I, 35에서 나오는 노인이 의술과 역병의 신인 아폴론에게 아폴론신을 섬기던 사제이자 자신의 딸을 구원해 달라는 데에서 나온다.

‘그 자신으로 남아 있으면서, 시민으로서 자신의 이름을 그대로 간직한다’는 디오니소스가 몰아를 통한 자기망각의 신인 반면 아폴론은 절제의 신이자 척도의 신이라는 점에서 찾아야 한다. 아폴론은 앞에서 살펴본 대로 척도Maß의 신으로 어떤 선을 넘어서는 것을 부정하고 금지한다. 그 때문에 아폴론을 숭배하는 노래를 부를 때조차도 ‘젊은 처녀들’은 자신의 이름과 사회적 신분을 망각하지 않았다고 추론할 수 있다. 또한 파이안이라는 음악의 내용이 역병과 질병으로부터의 구원이라고 한다면, 자신의 이름을 부르면서 역병과 질병에 걸리지 않도록 기원했다는 것도 추론할 수 있다. 마지막으로 파이안에 참석한 사람은 절도의 신인 아폴론의 제자들답게 자신을 망각하지 않으며 사회에서 부르는 이름을 고스란히 간직한다고 추론할 수 있다.

5. 자신을 망각하지 않고 이름을 그대로 간직하고 있는 아폴론적 합창가무단인 파이안과 달리 디티람보스적 합창가무단은 자신의 출신과 신분과 이름을 망각한다는 점이 가장 큰 특징이다. 에우리피데스가 지은 『박코스의 여신도들』에는 이런 내용이 잘 나타난다. 디오니소스를 따르는 무수한 신도들이 축제에 참가한다. 그 이유는 디오니소스가 가지고 있는 만민평등사상 때문이다.

> 그분은 모든 사람에게서 존경을 받고
> 분열 없이 공동체 전체로부터 칭송받기를 원하시오.[115]

디오니소스 축제에 참가한 자들은 신분이 낮은 자들만이 아니다. 부자도 가난한 자도,[116] 왕의 할아버지와 그 친구,[117] 왕의 어머니와

왕의 이모들*118도 디오니소스 축제에 참가한다. 그들은 그 축제에 참가하지만 자신이 과거에 어떤 신분이었는지, 자신의 이름이 무엇이었는지를 기억하지도 않으며 기억하려 노력하지도 않는다. 그들은 축제 무리 속 일부이자 전체로 남아 있으며, 그들 자신이 과거에 사회적으로 지녔던 이름은 기억하지 않는다. 그들은 디오니소스를 원하는 것을 향유할 뿐이다.

> 이는 그분의 특수한 능력으로서
> 사람들이 함께 어우러져 춤추게 하시고
> 피리 소리가 울리면 사람들을 즐겁게 만들고
> 근심을 잊게 하시나이다.*119

디오니소스 축제에 참여한 자들은 모든 사람이 술을 마시면 취하듯이 자신의 나이, 지위, 신분, 남녀 등의 차이를 잊고 모두 평등해지고 행복해진다. 마찬가지로 비극 합창단의 공연을 관람하는 관객 역시 자신의 이름을 망각하고 자신의 신분과 지위도 잊어버리고 디오니소스적 기운을 향유한다.

6. 아폴론적인 합창가무단의 역할이란 고작해야 한 위대한 시인의 말을 폭발적으로 울리는 앰프의 역할을 할 뿐이다. 즉, 아폴론의 고귀한 목소리와 가르침을 한 사람의 시인을 통해서 전달하면 널리 들리지 않는다. 공간적 제약이라는 한계를 넘기 위해 파이안이라는 합창가무단이란 증폭장치를 통해 전달하는 것이 아폴론적 합창가무단의 역할이다.

반면 디오니소스적 합창가무단은 디오니소스의 말씀을 가르치려고 들지 않는다. 보는 자들이 서로 어우러지고 너와 나를 잊고 서로 공감할 뿐이다. 디오니소스의 말씀과 가르침은 합창가무단과 합창가무단의 공연을 보는 관객의 온몸에 체현될 뿐이다.

다시 보기

이 단락은 따지고 보면 아폴론적 원리와 디오니소스적 원리를 총합하여 설명한 것이다. 니체는 아폴론적 원리를 쇼펜하우어의 철학을 바탕으로 개별화 원리principium individuationis로 규정(4장)하는 반면 디오니소스적 원리를 융합화Verschmelzung 원리로 이해한다. 니체는 디오니소스적 원리에 의거한 가장 전형적인 상태를 축제에서 나를 잊고 하나가 되는 것과 같은 현상으로 설명(1장)한다. 니체는 이것을 한마디로 '예술적 현상이란 개별화 원리의 파괴'라고 단언(2장)한다.

8장의 이 부분은 개별화 원리의 파괴가 가장 극적으로 이뤄지는 현상을 다룬다. 무대 위에 사티로스로 구성된 합창가무단의 망아 현상, 비극을 바라보는 관객의 몰아 현상을 니체는 '극적인 현상'으로 규정한다. 이는 마치 디오니소스 축제에 참가한 자들이 자신을 잊고 전체와 하나가 되는 융합 현상, 즉 하나하나가 물처럼 스며들어 가 자신은 소멸하고 기존의 것과 전혀 다른 생명체를 만들어 전체가 하나로 되는 현상을 뜻한다.

아폴론적인 개별화 원리와 정반대되는 디오니소스적 융합화 원리는 개별 인간, 개체의 인위적 조합이 아니라 유기체적 조합이다. 서사적 음유시인이 관조자에 지나지 않고, 아폴론적 합창단이 노래를 부를 때조차도 자신의 이름을 간직하며, 다른 모든 합창단이 아폴론의 목소리를 더 크게 키워 주는 증폭기에 지나지 않는 현상은 개별화의 원리로서, 개체의 강조이거나 개체 유지이다. 반면 대중이 개체로서 자신을 포기하고, 디오니소스 합창단이 사회적 지위를 망각하고, 또 그 합창단이 무리로 변신하여 서로를 바라보는 현상은 융합화 원리로서, 개체의 포기를 통한 새로운 창조물, 개체의 포기를 통한 새로운 공동체의 창조 현상이다. 비극을 바라보는 자마저 비극과 하나 되는 현상, 이것이 바로 '극적인 현상'이다.

5. 신과 열광자의 상호 반영

마법에 걸리는 것은 모든 극 예술의 전제이다. 마법에 걸린 이러한 상태에서 디오니소스적 열광자는 자신을 사티로스로 보고, **그리고 사티로스로서 다시 신을 바라본다.** 즉, 디오니소스적 열광자는 그 변화Verwandlung 속에서 자신의 외부에 있는 새로운 환영을 자신 상태의 아폴론적 완성으로서 본다. 이러한 새로운 환영과 더불어 극은 완성된다.[1]

1. 관객은 사티로스로 구성된 합창가무단을 보고 사티로스와 같은 상태로 변화한다. 사티로스로 구성된 합창가무단과 같아진 관객은 자신의 외부에 있는 새로운 환영, 즉 신을 다시 본다. 그 신은 누구인가? 디오니소스적 시종인 사티로스 합창가무단이다. 그 합창가무단은 형상을 띠는 형태로 나타나므로 아폴론적인 예술로 전환한다. 비극을 바라보는 관객은 관객인 동시에, 무대 위에서 춤추고 노래하는 사티로스로 구성된 합창가무단인 동시에, '새로운 형태'를 띠고 나타났다는 점에서 아폴론적인 예술이 된다.

매우 짧은 단락이지만 주의 깊게 보아야 한다. 앞의 단락에서 몰아와 망아를 통한 전체와 하나 되기가 '극적인 현상'이라고 니체는 설명했다. 문제는 여기서 발생한다. 수많은 개체, 개인이 극 속에서 하나가 되어 새로운 '무엇'이 탄생했다.

그 '무엇'은 무엇인가? 바로 새로운 개체라는 점이다. 극을 보는 자나 극 속에서 춤추고 노래하는 자나 모두 하나가 된 기이한 현상, 이 현상은 다름 아닌 개별화 원리에 의한 또 다른 개체의 출현이다. 디오니소스적 원리에 의해 새로운 개체가 만들어졌지만 그 새로운 개체는 아폴론적 원리에 따라 완성된다.

니체가 '자기비판'에서 스스로 비판했던 정반합의 원리가 여기서 완성된다. 아폴론적 꿈의 원리, 서정시와 민요 그리고 춤을 결합시킨 디오니소스적 합창가무단, 디오니소스적 합창가무단에 의한 관객의 몰아 현상, 새로운 '무엇'의 탄생. 이 새로운 '무엇'은 정반합의 원리에 따른 새로운 생명체이지만, 형상과 정형을 지니고 있기 때문에 아폴론적 원리에 지배를 받는다.

6. 아폴론적 형상세계의 탄생

이와 같이 인식했다면, 우리는 그리스 비극을 아폴론적 형상세계로 거듭 새롭게 태어나는 디오니소스적 합창가무단으로 이해해야만 한다. 비극이 감정적으로 녹아들어 간 저 합창가무단의 음악 파트Chorpartien는 확실히 소위 전체 대화의 모태, 즉 전체 무대 세계, 고유한 극의 모태이다.[1]

연이어 나타나는 다양한 창작 속에서 비극의 이와 같은 근원적 토대는 극의 저 환영을 쏟아 낸다. 하지만 다른 한편 디오니소스적 상태의 객관화로서 완전한 꿈의 현상이자 특수한 서사시적 본성은 가상 속으로의 아폴론적 해소가 아니라 그 반대로 개체의 파괴이자 초월적 존재와 그의 통일성을 드러낸다.[2]

그러므로 극은 디오니소스적 인식과 활동의 아폴론적 육화 Versinnlichung이며,[3] 엄청난 간극을 통해서 서사시와 확연히 구분된다.[4]

1. 이 문장에 대한 답은 아리스토텔레스의 『시학』 12장이 답을 준다. 아리스토텔레스는 6장에서 11장까지 비극의 정의와 그 질적 요소들을 분석하면서, 주로 플롯을 중심으로 설명하고, 12장을 비극의 양적 요소들이란 관점에서 분석한다.

> 양적인 관점에서 본다면, 즉 비극이 나뉘어지는 낱낱의 부분 관점에서 본다면, 비극은 다음과 같이 나뉜다. 프롤로그prologue, 삽화episode, 엑소도스 exodos, 그리고 합창가무단 부문으로 나뉘고, 합창가무단 부문은 다시 등장 가parode와 정립가stasimon로 나뉜다. 이 두 가지는 모든 비극에서 다 나타나는 반면, 무대 위의 노래songs from the stage와 애탄가Commoe는 몇몇 비극에서만 발견된다.
>
> 프롤로그는 합창가무단의 등장가 이전에 있는 모든 걸 말하고, 삽화는 합창가무단의 등장가와 정립가 전체 노래 사이에 있는 모든 걸 말하며, 엑소도스는 합창가무단의 마지막 노래 뒤에 나오는 모든 걸 말한다. 합창가무단 부문에서 등장가는 합창가무단의 최초 노래 전부이며, 정립가는 단단장격 또는 장단격이 없는 합창가무단의 노래이다.[*120]

'양적인 요소들'이란 비극의 출연자들이 하는 노래와 춤, 그리고 대화가 공연에서 얼마만큼 많이 차지하는가를 중심으로 살펴본다는 뜻이다. 아리스토텔레스가 설명한 양적인 관점은 주로 고전적인 비극, 비극이 변형되기 이전의 원형에 해당하는 것이다. 아리스토텔레스의 기준에 따르면, 비극은 합창가무단의 등장으로 시작해서(등장가), 삽화, 정립가를 거쳐 합창가무단으로 끝나는(엑소도스) 것을 보여 준다. 아리스토텔레스가 분석한 양적인 관점에서 본다면 비극은 합창가무단 이상도 그 이하도 아니다.

실제로 비극의 가장 고전적 형태이자 원형이라 할 수 있는 아이스킬로스의 비극 『아가멤논』을 살펴보자. 전체 내용의 70퍼센트 가량이 합창가무단의 노래로 구성되어 있다. 주로 합창가무단이 좌우 번갈아 노래하거나, 합창가무단과 주인공 또는 또 다른 배우가 번갈아 노래나 대화를 한다. 배우와 배우, 주인공과 주인공의 노래와 대화는 단 두 군데뿐이다. 이런 점에서 본다면, 그리스 비극은 합창가무단으로 시작해서 합창가무단으로 끝난다고 볼 수 있다.

아이스킬로스에서 시작하여 소포클레스를 거쳐 에우리피데스에 이르면, 합창가무단이 차지하는 비중과 역할은 현격히 줄어든다. 그 대신 배우와 배우의 역할을 상당히 증대하여, 합창가무단이 주요 역할을 했던 비극은 소멸된다고 볼 수 있다. 합창가무단의 죽음과 또 다른 '비극'의 탄생에 대해서 니체는 11장부터 자세히 다룬다.

이상을 바탕으로 니체가 했던 말을 분석해 보자. '합창가무단의 음악 파트Chorpartien'는 아리스토텔레스의 분석과 실제 비극에서 나오는 합창가무단이 차지하는 음악적 요소, 즉 노래에 해당한다. '전체 대화의 모태, 즉 전체 무대세계'는 합창가무단의 음악 파트 부분이 노래로 표현되지만 결국 대화를 나타내는 것이며, 그 대화는 무대에서 전달하고자 하는 모든 세계를 표현한다. '고유한 극의 모태'는 곧 합창가무단의 음악 파트 그 자체가 비극을 비극답게 만든다는 뜻이다. 따라서 결론적으로 합창가무단의 음악 파트인 노래가 비극을 비극답게 만드는 전부라는 말이 된다.

2. 서사시와 비극은 둘 다 극적 흥분과 절정, 감정의 기복, 상황의 극적인 전개 등 비슷한 점이 많다. 서사시와 비극은 현상적으로 드러나서 눈에 보인다는 점과, 꿈에서나 보는 것과 같은 현상이 관객의 눈에 보인다는 점에서 같다.

차이가 있다면, 아폴론적인 서사시는 시를 낭독하는 과정에서도 개인과 개체가 그대로 살아남아 있는 반면, 디오니소스적 상태가 비극으로 드러날 때에는 개인과 개체가 소멸하고 춤추고 노래하는 합창가무단이나 이를 관람하는 관객이 거대한 자연과 근원적 일자와 하나가 된다는 점이다.

3. 극이란 무엇인가? 8장의 첫머리로 다시 돌아가 보자. 사티로스는 근원적인 것과 자연적인 것을 지향하는 동경의 산물이라고 니체는 말했다. '근원적인 것'을 지향하는 것은 '디오니소스적 인식'에 해당한다. '자연적인 것'을 지향하는 것은 사티로스로 구성된 합창가무단을 통해 나타나며 '디오니소스적 활동'에 해당한다. 사티로스로 구성된 합창가무단의 춤과 노래를 보고 듣는 관객은 합창가무단을 통해 꿈에서나 볼 수 있는 가상인 '신적인 모습'을 무대 위에서 만나게 된다. 이것은 '디오니소스적 인식과 활동'이 아폴론적인 가상으로 드러나므로 '아폴론적 육화'이다.

4. 디오니소스적 비극은 근원적인 것과 자연적인 것이 합일되는 것

을 지향하는 반면, 서사시는 관조를 통한 근원적인 것에 도달하기를 바란다. 서사시는 객관적 인식에 근거하는 형이상학적 진리에 도달하기를 바라므로, 근원적인 것과 하나가 되는 형이상학적 전략을 사용하는 디오니소스적 비극과는 커다란 차이가 난다.

다시 보기

고대 그리스 비극이란 무엇인가? 아폴론적인 것(정)과 디오니소스적인 것(반)의 결합에 의해, 디오니소스적인 것이 녹아들어 가 새롭게 탄생한 아폴론적인 형상이 고대 그리스 비극(합)이다. 새롭게 탄생한 고대 그리스 비극이 외양적 형상을 띤다는 점에서 아폴론적이지만, 그 본질은 디오니소스적인 것이다.

왜 그런가? 고대 그리스 비극을 양적인 관점에서 분석해 본다면, 결국 사티로스로 구성된 합창가무단이 주요한 역할을 맡기 때문이다. 질적인 관점에서 분석해 본다면, 합창가무단이 개체의 파괴를 통해서 근원적 일자와 만나게 해 주기 때문이다. 니체가 내린 결론은 겉으로 보면 아폴론적인 것이지만, 안에서 보면 디오니소스적인 것이다. 그렇기 때문에 아폴론적 원리에 충실한 서사시와 디오니소스적 원리에 충실한 그리스 비극은 완전히 다른 성격을 지닌 예술이다.

7. 현대 오페라의 오케스트라의 의미

그리스 비극의 **합창가무단**은 곧 디오니소스적으로 흥분된 전체 대중의 상징이다. 우리가 이렇게 설명함으로써, 비극에 관해 완전히 설명한 셈이다.[1]

우리는 현대 무대의 합창단Chor,[2] 그 중에서도 특히 오페라 합창단의 위치에 익숙하기 때문에,[3] 그리스의 저 비극 합창가무단이 어떻게 해서 고유한 '연기'보다 오래되었으며, 근원적이며 중요한지—이것이 왜 그렇게 명료하게 전승되었는가—를 파악할 수 없었다.[4]

우리가 상당히 중요한 것이자 근원적인 것으로 전승된 것의 운韻을 맞출 수 없기 때문에, 합창가무단이 왜 신분이 낮은 시종적 본질, 무엇보다도 염소 형상을 한 사티로스로 구성되었는지를 파악할 수 없었다.[5]

우리에게 무대 배경 앞 오케스트라는 항상 수수께끼로 남아 있었기 때문에, 우리는 무대 배경이 연기와 더불어 기본적으로 그리고 근원적으로 **환영**으로 여겨졌다는 것, 합창가무단이 유일한 '실재'라는 것, 즉 합창가무단이 환영을 스스로 만들어 내고 이 환영을 전체적인 춤, 노래, 대화의 상징으로 말했다는 통찰에 이제 도달했다.[6]

이러한 합창가무단은 자신의 환영 속에서 자신의 주인이자 스승인 디오니소스를 바라보며, 바로 그 때문에 영원히 **시중드는** 합창가무단이 된다.[7] 합창가무단은 신인 디오니소스가 어떻게 고통을 받고 어떻게 존경을 받는지 보았으며, 바로 그 때문에 독자적으로 **행동하지** 않는다.[8] 신에게 철저하게 시중드는 이와 같은 지위에 있음에도 불구하고 합창가무단은 **자연**(본성)에 관한 최상의 표현, 특히 디오니소스적인 표현이며, 바로 그 때문에 이와 같은 방법으로 신탁과 지혜의 말을 전달한다.

신을 동정하는 자mitleidende[9]로서 합창가무단은 동시에 **현자**이며 세상의 저 깊숙한 곳에서 진리를 고지하는 자이다. 저 환상적이며 그토록 상스러운 형상의 인물이자 지혜로운 자이자 영감을 주는 사티로스, 동시에 신과 대립되는 '순수한 인간'인 사티로스가 발생한다. 자연과 가장 강력한 충동의 모사, 이의 상징이자 동시에 자연과 충동의 지혜와 예술을 알리는 자로서의 사티로스, 즉 예술가, 시인, 춤꾼, 영혼을 보는 자를 한 몸에 구현한 **자로서** 사티로스이다.

1. 비극의 비밀을 완전히 파헤치는 것은 합창가무단에 달려 있다는 뜻이다. 합창가무단은 무대 위 합창가무단으로 끝나지 않고 합창가무단을 바라보는 관객을 이해하는 길이다.

합창가무단은 수많은 사람과 함께 술을 마시고 더불어 춤을 추며 흥분한 상태이다. 여기서 끝나면 합창가무단은 그리스 비극 이전의 디오니소스 축제에 참석한 수많은 대중의 망아 상태와 다를 바 없다.

그리스 비극은 여기서 한발 더 나가 합창가무단을 통해 합창가무단뿐만이 아니라 관람객 전체가 형이상학적 진리인 근원적 일자에 합일하게 만든다. 관객은 몰아 상태에 빠진다. 디오니소스적 흥분은 방종으로 흐르는 흥분이 아니라 형이상학적 진리에 도달하는 고차원적인 흥분으로 귀결된다.

2. Chor을 여기서는 합창단으로 번역한다. 고대 비극에서는 춤을 동반했기 때문에 합창가무단이 맞지만, 근대 이후에는 춤이 사라지기 때문이다. 이 때문에 우리는 고대 그리스 비극을 오해한다.

3. 그리스 비극의 합창가무단은 무대 앞, 즉 오케스트라에 위치하

고 있는 반면, 현대 오페라 합창단은 주인공들 뒤에, 즉 무대 뒤편에 위치하고 있다.(기능적 측면에서 현대 오페라나 뮤지컬에서 합창가무단과 같은 역할을 하는 것은 무대 앞에 있는 오케스트라이다.)

4. 현대 합창단의 위치는 그리스 비극의 이해를 가로막는다. 그 중 하나가 바로 '연기'이다. 무대 위 예술의 시작과 끝은 '연기'라고 생각하는 경향이 있다. 하지만 고대 그리스 비극에서는 합창가무단의 춤과 노래가 우선적으로 중요하고, 연기는 부차적이었다. 주인공을 중심으로 한 연기적 요소는 합창가무단의 보조적 요소로서 후일 추가되었다. 이 점에 대해서는 앞에서 밝혔다.

5. '운을 맞출 수 없었다'는 것은 다음과 같은 뜻이 있다. 현재 우리는 고대 그리스 비극의 대본만을 볼 수 있다. 따라서 노래와 춤을 표현한 합창가무단의 대본이 실제로 어떻게 노래로 불려지고 어떻게 춤으로 표현되었는지 현재 우리는 알 수 없다.

니체가 7장과 8장에서 합창가무단을 설명하기 위해 6장에서 아주 공을 들여 민요를 설명했다는 점을 기억하자. 또한 니체는 7장과 8장에서 합창가무단이 5장의 '서정시'를 담은 6장의 '민요'를 노래하면서 춤을 춘다고 말한 점도 잊어서는 안 된다. 그렇다면 그리스 비극의 최대 난제가 해결된다.

그 난제란 무엇인가? 합창가무단이 신분이 낮은 자인 시종이고, 반인반수, 그것도 성적 욕망으로 항상 발기한 성기를 적나라하게 드러내고 있는 사티로스로 구성된 것은 무엇 때문인가? 이 문제를 누구도 해결할 수 없었다고 니체는 단언한다. 반면 니체는 이 문제를 완벽하게 해결했다고 선언한다. 신분이 낮은 자인 시종, 반인반수는 다름 아닌 일반 대중, 일반 시민의 분신이다. 그 분신은 서사시에 공명하기보다는 서정시에 공감하고, 신을 위로하는 고상한 파이안에 감동하기보다는 입에서 입으로 전해지는 민요를 흥얼거리며 하나가 된다.

함께 공명하고 함께 흥얼거리며 어깨춤을 추는 자가 바로 일반 민중이자 일반 시민이다. 그들이 단순히 축제적 흥분에 사로잡혀 방탕과 일탈에 만족한다면, 그들은 근원적이며 중요한 것에 도달할 수 없다. 하지만 그들은 가장 자연적인 것을 욕망하는 디오니소스의 제자들이지만 아폴론적 절도에 따라 형상화된 가상의 세계에서 근원적인 것과 하나가 된다.

가장 낮은 것이 가장 고상한 것이 된다는 진리, 사티로스로 구성된 합창단은 사회의 가장 낮은 존재이자 자연에서 가장 육욕적인 존재이지만 형이상학적인 근원적 일자와 몸과 마음이 하나가 되는 고상한 자가 된다.

6. 무대를 바라보는 관객은 환영에 사로잡히기 마련이다. 비극이나 극을 관람하는 관객이 극과 하나 되지 못한다면, 그 관객은 극에서 소외될 수밖에 없다. 관객이 극과 하나 됨은 무대에서 공연하는 순간 만들어지는 환영세계에 빠져들 때이다. 실러가 합창가무단이 현실세계와 이상세계를 나누는 역할을 한다고 보았던 것, 니체가 합창가무단을 통해 현실 속의 관객이 이상세계에 빠져들 수 있다고 말한 것은 관객이 무대 위 세계에 빠져듦을 말한다.

무대 위 세계는 현실세계와 전혀 다른 문법으로 작동하는 세계이다. 무대 위 시간도, 공간도, 배경도 현실과는 다른 원칙에 의해 세워진다. 그렇다면 이 환영의 세계는 어떻게 만들어지는가? 니체의 질문이다.

고대 그리스 비극의 무대에서 처음부터 환영의 세계로 존재하는 것이 있다. 이른바 '죽은' 환영의 세계이다. 그것은 여러 목적으로 만들어진 무대 배경Szene이다. 신들이 사는 하늘의 세계, 신적인 영웅이 사는 세계, 아니면 인간 세계에서 극히 일부인 왕들이 사는 궁전 같은 것들이 무대 배경이다. 대다수 대중에게 무대 배경은 현실에서는 거의 보거나 경험할 수 없는 환영의 세계이다. 무대 배경은 '기본적으로 그리고 근원적으로 환영'이다. 하지만 공연이 오르기 전부터 이미 만들어진 환영의 세계이다. 이러한 '죽은' 환영의 세계는 관객의 눈길을 끌고 호기심을 자극할 수 있지만, 관객들을 환영의 세계에 인입하지는 못한다.

비극의 공연 속에서 '산' 또는 '살아 있는' 환영의 세계를 누군가 만들지 않는다면, 공연에 몰입할 수 없다. 니체식으로 말하면 형이상학적인 근원적 일자와 합일할 수 없다. 니체는 그 답을 찾아냈다. 무대 위에서 유일한 '실재'는 사티로스로 구성된 합창가무단이다. 그 합창가무단이 '살아 있는' 환영의 세계를 만들어 낸다. 합창가무단이 살아 있는 환영의 세계를 만들어 내는 것은 '춤, 노래, 대화'이다.

합창가무단의 춤, 노래, 대화는 앞에서 살펴본 것처럼 무대 위를 완전히 새로운 세계, 현실에서 마주치거나 경험할 수 없는 가상의 세계, 다시 말하면 아폴론적인 세계를 만들어 낸다. 관객은 합창가무단이 만들어 낸 '살아 있는' 환영의 세계를 바탕으로 '죽은' 환영의 세계인 무대 배경을 자연현실로 받아들이고, 마침내 무대 위의 합창가무단과 하나가 된다. 관객은 합창가무단을 통해 니체가 말하는 형이상학적인 근원적 일자와 하나가 된다. 이것이 바로 니체의 합창가무단 이론이다.

7. 합창가무단과 눈에 보이는 주인공과의 관계를 설명한 구절이다. 비극의 '주인공'은 비극적인 운명에 처해 죽을 수밖에 없는 숙명을 달게 받아들이는 자이며, 디오니소스의 또 다른 분신들이다. 이에 대해서는 9장과 10장에서 자세하게 다룬다. 눈에 보이는 주인공이라고 못을 박은 이유는 비극이 처음 발생했을 때 합창가무단만 존재했고 다른 등장인물이 없었기 때문이다. 즉, 원형적인 비극에는 디오니소스의 분신인 주인공이 없었으며, 합창가무단은 마치 디오니소스가 보이지는 않지만 존재하는 것으로 여기고 연희 활동을 했다.

8. 고통과 고난을 겪은 디오니소스의 분신들인 주인공에 대해서는 9장과 10장에서 자세히 다룬다. '독자적으로 행동하지 않는다'는 것은 합창가무단에게 독자적인 배역이나 역할이 없었음을 뜻한다. 전해지는 그리스 비극에서 보면 합창가무단은 독자적인 캐릭터가 아니다. 여기서 문제가 발생한다. 합창가무단은 비극 내에서 주요한 역할을 맡지 않았음에도 불구하고 가장 중요한 역할을 한다는 점이다. 니체가 설명하고자 한 것은 바로 이 역할이다. 그 역할은 앞에서 설명한 내용이다.

9. 일반적으로 많이 오역을 하는 곳이다. mitleidende를 주로 '함께 고통을 겪는 자'나 '고통을 함께하는 존재' 등으로 번역하면서 고통을 강조하고 있다. 이렇게 번역을 하는 이유는 슬픔, 괴로움, 고뇌, 불행 등을 뜻하는 'Leid'와, '함께'를 뜻하는 'mit'를 결합한 데서 비롯한다.

하지만 Mitleiden은 하나의 용어로서 '연민'이 아니라 '동정' 또는

'동정심'을 뜻한다. mitleidende는 '동정하는 자'로 번역하는 것이 정확하며, 문맥의 의미를 살리기 위해 '신을 동정하는 자'로 옮기는 것이 좋다.

니체는 바로 위 단락에서 합창가무단인 사티로스가 자신들의 스승이자 주인인 신의 고통을 '바라보는' 존재이지 함께 고통을 겪는 존재로 설명하지 않는다. 동정심은 내가 타인의 고통을 바라보고서 불쌍하다고 느끼는 연민을 갖고, 마치 자기 일처럼 동병상련의 정을 느끼고, 마침내 고통을 받는 존재에게 정신적으로나 물질적으로 베푸는 것을 말한다. 사티로스는 스승이자 주인인 디오니소스의 고통을 동정하는 자이고, 사티로스는 곧 비극을 보는 관객들이다. 관객들은 디오니소스의 고통, 비극 주인공의 고통, 우리가 생활하면서 보게 되는 다른 사람들의 고통에 동정을 느끼는 존재이다.

니체는 Mitleiden과 유사한 단어로 Erbarmen이란 단어를 아주 드물게 사용한다. Erbarmen은 우리말로 '연민'이다. 연민은 고통받는 대상을 불쌍하게 여기는 것을 말한다. 동정은 연민에서 한발 더 나아가 대상의 고통을 내가 받는 것처럼 여기고, 도와주기 위해 실제로 행동까지 행하는 것이다. 연민은 측은지심에서 그치지만, 동정은 고통받는 인간들끼리의 연대를 가능케 한다.

동정이나 동정심은 그리스 비극을 이해하는 데 아주 중요한 용어이다. 3장 4절에서 '경악Schrecken'을 설명하는 곳에서 '공포Furcht'를 비극 주인공의 고통과 연관해서 설명했다. '동정'은 비극의 주인공이 겪는 고통에 대한 또 다른 하나의 태도이다. 즉, 관객이 비극의 주인공이 겪는 '고통'을 바라볼 때 일어나는 현상이 '공포와 동정'이다. 고통과 공포 및 동정을 둘러싼 내용에 대해서는 12장 7절 해설에서 자세히 다루도록 한다.

이 유명한 공포와 동정은 이미 아리스토텔레스의 『시학』에서 여러 번 언급되었다. 아리스토텔레스는 공포와 동정을 가지고 그 유명한 카타르시스론을 주장한다. 아리스토텔레스의 카타르시스론에 대한 비판을 니체는 22장에서 다루므로, 그곳에서 상세하게 설명하도록 한다.

니체는 고통을 목도하면서 나타나는 공포와 동정을 자신의 이론 정립 수단으로 사용하는 동시에 다양한 분야의 비판을 위한 도구로 발전시키고, 궁극적으로 자신의 철학을 완성하기 위한 디딤돌로 사용했다. 이에 대해서는 나오는 대로 설명한다.

다시 보기

사티로스는 무엇인가? 비극에서 전무nothing이자 전부everything이다. 전무인 이유는 하찮은 존재라는 점에서, 전부인 이유는 인간이 가장 고상하게 여기는 가치와 형이상학적 진리를 구현한다는 점에서이다. 사티로스로 구성된 합창가무단을 바라보는 관객이 합창가무단과 하나가 된다는 것은 곧 자연적 존재로서 인간의 현재와 근원적 일자와 하나가 되는 인간의 미래, 지향점 등을 밝히는 것이다. 이를 설명하면 다음 쪽의 표와 같다.

니체 사상의 지향점은 현재의 현실을 살아가는 인간이 전무에 불과하지만 전부가 될 수 있는 인간이 되는 것이다. 사티로스처럼 전무이기 때문에 사티로스처럼 전무처럼 살아간다면 주체의지를 상실한 노예, 낙타, 나귀, 난쟁이에 지나지 않는 시민이다. 사티로스처럼 전무이지만 근원적 일자와 합일하는 사티로스처럼 살아간다면

전무(nothing)	과정	전부(everything)	사상적 지향점
신에게 시중을 드는 자	자연의 최상의 디오니소스적 표현으로서 포도나무와 같이 겨울에는 죽고 봄에는 다시 살아남을 드러냄	자연의 본성에 관한 신탁과 지혜의 전달자	영원회귀
신의 고통을 동정하는 자	디오니소스의 분신인 주인공이 고통을 당할 때 동정하는 자	세상의 깊숙한 곳에서 진리를 고지하는 자	고통스러운 삶의 극복자
상스러운 형상을 지닌 인물이자 영감을 주는 자	신과 대립하는 자로서 신은 죽었다를 실천할 수 있는 강건한 인간	순수한 인간	어린아이
자연과 강력한 충동의 모사자	자연과 합일을 예술로 알리는 자로서 예술의 소비가 아닌 예술 향유의 시민	예술가, 시인, 춤꾼, 영혼을 한 몸에 구현한 자	예술의 향유자로서 시민

전부가 되어 주체의지를 확고히 하고 실천하는 인간, 어린아이이자 초인이자 자라투스트라적인 시민이다. 사티로스는 니체 철학의 출발이자 니체 철학의 지향점이자 종결점이다.

8. 디오니소스의 객관화

이러한 관점과 전승에 따른다면, 무대 위의 진짜 주인공이자 환영의 중심인물인 **디오니소스**는 우선 가장 오래된 비극의 시대에 진짜 현존했던 것이 아니라 현존하는 것으로만 여겨졌을 뿐

이다. 즉, 비극은 근원적으로 '극'이 아니라 '합창가무'였을 뿐이다.[1]

후일 신을 실재하는 것으로 보여 주고, 환영적 형상을 변용된 틀에 따라서 각자의 눈에 보이도록 묘사하려는 시도가 행해졌다. 그럼으로써 고유한 의미에서 '극'이 시작되었다.[2]

이제 디티람보스 합창가무단은 청중의 정서를 디오니소스적 단계로 끌어올리는 의무가 부여된다. 비극의 영웅이 무대 위에 나타나면, 청중들은 기형적인 가면을 쓴 인간을 보는 것이 아니라 말하자면 황홀에 빠진 자신에게서 태어난 환영의 형상을 보게 된다.[3]

최근에 사별한 아내 알케스티스를 생각하며 영혼이 소진될 정도로 쇠약해진 아드메토스를 떠올려 보자. 그때 그에게 갑자기 비슷한 모습을 하고 걸음마저도 닮은 여성의 형상이 덮개에 싸인채 누군가에 의해 들려 온다고 해 보자. 우리는 그가 갑자기 불안하게 떨다가 폭풍우처럼 신속하게 진짜인가 아닌가 비교하고 곧 본능적으로 받아들이는 것을 알게 된다. 이것은 디오니소스적으로 고양한 관객이 무대 위에 등장하는 신을 보는 것과 같은 느낌, 청중이 이미 신의 고통과 하나가 되었다는 느낌과 유사하다는 것을 우리는 알게 된다. 관객은 무의식적으로 자신의 영혼 앞에서 떨고 있는 완전한 마법적인 신의 형상을 저 가면을 쓴 형상에게로 전이시키고서, 실제로 존재하는 가면 쓴 형상을 정신적인 측면에서 존재하지 않는 비현실적인 것으로 해체시켜 버린다.[4]

이것이 바로 아폴론적인 꿈의 상태이다. 그 상태에서 일상의 세계는 감추어지고, 새로운 세계가 일상 세계보다 더 명료해지고, 더 명확해지고, 더 잘 이해되며, 우리의 눈에 지속적으로 변화하며 그림자처럼 새롭게 태어난다. 이에 근거하여 우리는 그리스 비극 속에서 철저하게 파악되는 양식상의 대립을 파악하게 된다. 언어, 색채감, 운동, 대화의 역동성이 한편으로는 합창가무단의 디오니소스적 서정시에서, 다른 한편으로는 아폴론적인 무대 배경인 꿈의 세계에서 완전히 서로 다른 표현의 영역으로 출현한다.

디오니소스가 객관화되는 아폴론적 현상은 '영원한 바다, 헝클어진 실, 불타오르는 생명'—이것은 합창가무단의 음악이다—이 더 이상 아니며, 또한 영감을 받은 디오니소스 시종들이 신 가까이에서 느꼈던, 즉 감응할 수 있지만 형상으로 응축시킬 수 없었던 그런 힘도 더 이상 아니다. 이제 무대 배경으로부터 서사적인 형상의 명료성과 확고함이 합창가무단에게 말을 한다. 이제 디오니소스는 힘을 통해 더 이상 이야기하지 않고, 서사적인 영웅으로서 호메로스의 언어로 이야기한다.[5]

1. 최초의 비극, 비극의 원형에는 디오니소스가 등장하지 않았지만, 합창가무단은 마치 디오니소스가 무대 위에 존재하는 것으로 여기고 행동했다는 뜻이다. 원형으로서 비극은 주인공 역을 하는 디오니소스나 디오니소스의 분신이 존재하지 않았으므로 연기가 주요 역할을 하는 극이 아니다. 원형으로서 비극은 합창가무단이 춤과 노래로 주요 역할을 했다는 것이 니체의 주장이다.
2. 7장 1절의 해설 4에서 설명했다. 이를 여기에 맞춰 설명하면 다음과 같다. 비극의 초기에는 합창가무단만 존재했으나, 후일 합창

가무단을 쉬도록 만들기 위해 배우들이 두세 명씩 늘게 된다. 합창가무단이 춤과 노래, 대화를 중심으로 역할했다면, 늘어난 배우들은 대화와 '연기'를 중심으로 역할을 수행한다. 늘어난 배우들은 우리가 비극에서 보는 주인공들이다.

주인공들의 대화는 점점 늘어난다. 주인공의 대화 증가는 당연히 합창가무단의 역할 약화를 초래하고, 합창가무단의 춤과 노래 역할이 줄어듦을 의미한다. 반대로 주인공과 배우의 역할은 증가하고, 그들의 대화와 연기가 늘어남을 뜻한다. 우리가 현재 접할 수 있는 아이스킬로스의 비극 작품은 춤과 노래가 중심이었다고 한다면, 에우리피데스의 비극 작품은 춤과 노래 대신 대화와 연기가 상당히 중요한 역할을 한다.

3. 디티람보스 합창가무단은 관객을 디오니소스적인 몰아의 상태로 만들고, 무대 위의 환영적 형상을 실제로 존재하는 것처럼 받아들이게 만드는 역할을 한다. 이때 관객들이 받아들이는 기괴한 환영적 형상은 관객의 외부에 존재하는 기괴한 형상이 아니라 인간들 본연에 내재한 기괴한 형상의 구현이다. 즉, 자신의 또 다른 자아의 변형에 지나지 않는다. 따라서 무대 위에 등장하는 영웅, 주인공을 보는 관객은 무대 위 인물을 바라봄에 만족하는 것이 아니라 관객 자신이 영웅, 주인공과 같은 인물이 되는 것이나 마찬가지이다.

4. 에우리피데스의 『알케스티스』의 내용이다. 이 내용은 관객이 무대 위 주인공의 환영과 자신을 어떻게 일치시키는가를 보여 준다. 이 단락을 앞의 단락과 연결시켜 해석하면 다음과 같다.

곧 죽어야 할 운명인 아드메토스가 있다. 부모도, 자식도, 그 누구도 아드메토스 대신 죽어 주지 않는다. 그때 부인 알케스티스가 아

혜라클레스가 지하세계에서 알케스티스를 데려와 아드메토스에게 인도해 주는 모습 (요한 하인리히 티쉬바인, 1780년경)

드메토스 대신 죽어 준다. 부인을 잃고 난 아드메토스는 아무런 의욕 없이 살아간다. 이때 헤라클레스가 손님으로 찾아오자, 부인이 죽어 슬프다는 핑계를 대지 않고 최선을 다해 대접한다. 이에 감동한 헤라클레스가 사자의 세계인 하데스에 가서 알케스티스를 베일로 덮어 데리고 온다. 헤라클레스는 짐짓 알케스티스를 경기에서 쟁취한 여인이라고 속이고서 아드메토스의 손에 넘겨주려고 한다.

이때 관객은 어떻게 반응하는가? 관객은 이미 헤라클레스가 데리고 온 여인이 알케스티스라는 것을 알고 있다. 하지만 알케스티스라고 생각하지 않고 경기에서 이긴 대가로 받은 여인이라고 생각한다. 아드메토스와 감정적으로 동화되어 있기 때문이다. 만약 감정적으로 동화되어 있지 않고, 지하의 세계에서 데리고 온 알케스티스라고 생각한다면 극을 보는 재미도 없을 뿐더러 극을 보아야 하는 이유도 없다.

왜 관객들은 헤라클레스의 속임수 아닌 속임수에 속아 넘어가는가? 앞 단락에서 말한 합창가무단이 청중의 정서를 디오니소스적 단계로 끌어올렸기 때문이다. 합창가무단은 관객이 헤라클레스와 아드메토스의 뻔한 거짓말을 거짓말로 받아들이지 않도록, 사실로 받아들이도록 사전 작업을 한다. 『알케스티스』895~1005행에서 합창가무단은 인간에게 죽음은 숙명이라고 노래와 춤으로 말한다. 합창가무단은 신마저도, 심지어 제우스마저도 운명의 여신 아난케가 짜 놓은 덫에서 벗어날 수 없음을 춤과 노래로 보여 준다.

합창가무단의 열정적인 춤과 설득력 있는 노래에 빠져든 관객은 죽은 자는 다시 살아 돌아올 수 없다고 철석같이 믿는다. 따라서 관객은 헤라클레스가 지하의 세계에서 베일을 씌워 데려온 알케스티스를 아드메토스의 부인이 아니라 경기에서 이겨 쟁취한 여인이라고 생각한다. 아드메토스가 베일을 벗은 알케스티스를 보고 "내가 묻었던 아내를 내가 보고 있단 말이오?"라고 묻는 순간, 관객 역시 아드메토스의 느낌과 똑같은 물음을 던진다. 아드메토스가 죽었다가 살아 돌아온 부인을 보고 격한 감동을 느끼듯이, 관객도 아드메토스와 동일한 진한 감격에 눈물을 흘린다.

이러한 감정의 전이가 어떻게 가능한가? 합창가무단이 관객을 디오니소스적으로 고양시켜 놓았기 때문이다. 관객은 합창가무단을 통해 꿈에서나 느낄 수 있는 가상의 세계를, 환상의 세계를 현실처럼 받아들인다.

5. 그리스 비극이란 무엇인가? 아폴론적인 것과 디오니소스적인 창

조적 결합이다. 니체가 '자기비판'에서 변증법적으로 말한 것으로 분석해 보자. 아폴론적인 것인 무대 배경이 '정'이고 디오니소스적인 것인 서정시적인 언어와 색채감, 민요적인 운동, 대화의 역동성이 '반'이다.(그 반대로 생각해도 좋다.) 정과 반이 합쳐져서 '합'인, 그리스 비극이 탄생한다.

그 합의 상태인 그리스 비극 속에서 고통으로 가득 찬 일상의 세계는 잠시 멈추고 그림자와 같은 새로운 세계, 인간의 고통을 잊게 만드는 위안의 세계가 실제로 현실세계가 된다. 가상의 현실세계에서 주인공은 누구인가? 서사적인 영웅으로서 비극의 주인공이고, 그들은 호메로스적인 언어로 이야기한다. 이에 대한 분석을 니체는 9장과 10장에서 행한다.

다시 보기

비극에서 극적 가상을 현실적 실제로 받아들이는 가장 커다란 이유는 무엇인가? 합창가무단의 역할 때문이라고 니체는 주저하지 않고 말한다. 우리는 드라마나 영화를 보면서 왜 몰입하게 되고, 왜 극적 사실을 현실처럼 실제 벌어지는 일처럼 받아들이는가? 니체는 에우리피데스의 『알케스티스』로 설명한다.

이 설명이 어느 정도 타당한가 아닌가는 니체의 글을 읽는 독자의 몫이다. 격렬하게 니체의 설명을 수용하는 자도 있을 수 있고, 냉소적인 시선으로 바라보며 말도 안 되는 헛소리로 치부할 수도 있다. 이것은 중요하지 않다. 문제는 우리가 극(비극, 연극, 영화, 드라마, 뮤지컬, 오페라 등)을 보면서 극적 현실을 마치 실제로 일어나는 일처럼 받아들인다는 점이다. 격하게 감동하든 처연하게 슬퍼하든 중요하지 않다. 어떤 극에는 반응을 하지 않지만, 다른 어떤 극에는 몰입하기 때문이다.

우리는 다양한 종류의 극을 향유하거나 소비하면서, 실제로 살지 못한 삶을 대리 체험하며 감정을 느낀다. 왜 그렇게 느끼는가? 복선, 현실감, 연기, 막대한 자본에 의한 무대 장치나 시설 등 다양한 이유로 설명할 수 있다. 중요한 것은 공감하고 반응한다는 것이다.

니체는 고대 그리스 비극을 설명하면서 이 모든 역할이 사티로스로 구성된 합창가무단에 있다고 보았다. 합창가무단이 무대 위의 유일한 실재이기 때문에, 그 유일한 실재가 음악과 춤, 언어, 색채감, 운동, 대화를 통해 역동적인 가상현실을 만들어 내기 때문이다. 아직 비극에 주인공이 등장하지 않았다는 점을 고려하면, 니체의 설명은 대단히 설득력이 있다.

8장 다시 보기

니체의 글을 어떻게 읽어야 하는가? 3장 전체 다시 보기에서 이미 한 번 이 주제를 이야기했다. 하지만 여기에서 다시 한번 니체의 글 읽기 방법을 살펴봐야 한다. 8장까지 읽은 일반 독자들이 '니체의 글이 반복된다는 느낌이 든다'고 말하기 때문이다. 일반 독자들의 지적은 일면 타당하다. 겉으로 보기에 비슷한 말을 하는 것처럼 보이기 때문이다.

겉으로 본다면 니체는 1~4장에서 한 말을 8장에서 다시 말한 것처럼 보인다. 하지만 사실은 전혀 다르다. 1~4장의 내용은 아폴론적인 형상을 중심으로 디오니소스적인 것의 수용을 설명한 것이라고 한다면, 5~8장은 디오니소스적인 융합을 중심으로 아폴론적인 것의 수용을 설명한 것이다. 주와 객이 완전히 바뀐 상태에서 독일적인 변증법적 사유 방법에 의거하여 완전히 서로 다른 설명을 한 것이다. 1~4장과 5~8장은 오른쪽에서 왼쪽으로 걸어가면서 세상을 보는 방법과 왼쪽에서 오른쪽으로 걸어가면서 세상을 보는 방법을, 철학적인 사유와 음악철학을 서로 다르게 설명한 것이다. 1~4장과 5~8장은 사회적이고 국가적인 시스템이 어떻게 일반 시민들의 의식을 수용하는가를 설명하는 방법과, 일반 시민의 삶과 행동 및 사유가 어떻게 사회적이고 국가적인 시스템을 만들어 가는가를 서로 다르게 설명한 것이다.

일반 독자가 이를 꼼꼼히 이해하고 판단하기는 쉽지 않다. 난해하기 그지없고, 복잡하기 짝이 없기 때문이다. 깊이 있게 이해하기 위해서는 니체의 의도 자체를 이해하고 글을 읽어야 한다. 깊이 읽지 않고서 수다스럽게 떠드는 떠버리 독서가, 글을 야무지게 읽는 것이 아니라 어눌하고 답답하게 읽고 말하는 맹꽁이 독서가, 반쯤은 이해한 듯이 말하지만 사실은 나머지 반을 전혀 이해하지 못하고 읽는 얼치기 독서가가 전문가인 척 해서는 안 된다. 니체가 자신의 책을 읽을 때 말한 쓰디쓴 조언을 반드시 기억해야 한다.

내가 기대하는 독자는 세 가지 성질을 반드시 지녀야만 한다. 그는 반드시 차분해야 하고, 반드시 성급하게 읽어서는 안 된다. 그는 책을 읽는 도중에 자기 자신과 자신의 '교양'을 결코 끌고 들어와서는 안 된다. 마지막으로 그는 결론에서 결과물로서 새로운 도표를 기대해서는 안 된다.[121]

니체를 좀 알고 있다고 생각하는 독자는 니체의 글을 속사포처럼 읽는다. 그들은 '교양' 정도 수준의 지식에 근거해서 니체의 글을 예단한다. 하지만 그들은 니체의 글을 완전히 이해하지 못한다. 그렇기 때문에 그들은 니체가 글을 쓰면서 도표로 정리해 주길 원한다. 니체는 친절한 저자도 아니고 인기를 끌기 위해 독자에게 아부하는 집필가도 아니다. 니체는 도표로 정리해 주지 않는다. 그러면 그들은 니체가 한 말을 제대로 이해하지 못하고서 '니체가 했던 말을 또 한다'라고 말하면서 니체의 오류를 발견이나 한 듯이 전문가들끼리 속삭인다.

하지만 보라. 니체는 잠언식 글쓰기로 도약한다. 그의 짧은 문장 하나하나에는 아주 많은 생각과 사유와 비밀스러운 지혜를 담고 있다. 그의 글에 문제가 있다고 비판하지 말라. 비판하기 전에 니체가 진심으로 말하고자 한 것이 무엇인가라는 질문을 던져야 한다. 그 질문을 질근질근 되새김질하며 읽고 또 읽어야 한다.

특히 『비극의 탄생』에는 모든 니체 사상의 맹아가 담겨 있다. 비극의 주요 요소 씨앗 하나가 싹을 틔우고 톡톡 발전하여 인류 사회 전체의 지식에 맹렬하게 도전하고, 과감하게 뒤집어엎고, 혁명적으로 전복시킨다. '교양'은 전문가 비판의 씨앗이 되는 동시에 종교와 언론 등에 조정 당하는 대중들을 질타하는 수단이 되고, '모방'은 고대 철학과 싸울 수 있는 무기가 되고, '은유'는 시스템화하는 국가와 사회를 비판하는 첨병이 된다.

내가 잘 모른다고 해서 니체가 반복한다고 말하지 말자. 모독이다. 이해하지 못한다고 중언부언한다고 비난하지 말자. 전문 무식증이다. 낯설다고 말을 반복하고 있다고 속단하지 말자. 왜곡이다. 니체의 글은 니체가 말한 대로 되새김질이 최고이고, 니체가 만들어 주지 않은 도표를 스스로 만들어 보는 것이 최고의 독서법이다.

니체에 빚지지 않은 비판적인 현대 사상가는 없다. 최소한 니체에게 빚을 졌다면, 이자라도 매달 갚아야 한다. 니체에게 빚을 지지 않았기 때문에 니체를 비난하고 비판할 권리가 있다고 말한 철학자와 사상가라면 그는 전문가가 아니다. 그는 멍청이이거나 맹추이면서 전문가인 척하는 자이다.

능동적 영웅과 수동적 영웅

1. 그리스적 명랑성

그리스 비극의 아폴론적 부분, 즉 대화Dialoge[1]에서 겉으로 떠오르는 모든 것은 꾸밈없고, 맑고, 아름다운 모습이다. 이러한 의미에서 대화는 그리스인의 모상에 지나지 않는 반면, 그리스인의 본성은 춤에서 나타난다.[2] 왜냐하면 춤에는 거대한 힘이 잠재되어 있지만, 부드럽고 풍부한 율동으로 드러나기 때문이다. 소포클레스 작품 속 주인공의 언어가 지닌 아폴론적인 명료함과 투명함은 우리를 깜짝 놀라게 만든다. 우리는 이 때문에 곧장 그리스인적인 본질의 가장 내적인 토대를 보았다고 착각하고, 이 토대에 이르는 길이 그렇게 간단하다는 것에 또다시 놀라게 된다.[3]

하지만 우리가 표면에 나타나고 명백하게 보이는 주인공Held[4]의 성격—기본적으로 어두운 벽면에 비치는 밝은 형상, 즉 철저하게 현상에 지나지 않는—에서 일단 눈을 돌려 다른 곳을 보면,

우리는 오히려 이와 같은 맑은 영상 속에서 자신을 투사한 신화 속으로 들어가게 된다. 그러면 우리는 갑자기 이미 알려진 광학적인 것과 반대 관계에 있는 하나의 현상을 체험한다. 우리가 태양을 눈으로 보려고 강렬하게 시도하다 눈이 부서 눈을 돌리게 되면, 우리는 그 동시에 눈의 치료제와 같은 검게 빛나는 반점 dunkle farbige Flecken을 보게 된다. 이와 반대로 소포클레스 비극에 나오는 주인공의 저 밝은 형상의 현상Lichtbildererschenung, 즉 가면을 쓴 아폴론은 내적인 것과 자연을 바라본 것의 필연적인 산물이자 끔찍한 산물이다. 이는 마치 무시무시한 어둠에 상처를 입은 시선을 치료하기 위해 밝게 빛나는 반점과 같은 것이다.[5]

이러한 의미에서만 우리는 '그리스적 명랑성'이라는 중대하면서도 의미심장한 개념을 올바르게 파악할 수 있다고 믿는다. 하지만 우리는 현재 모든 영역에서 그리스적 명랑성을 위험에 처하지 않는 편안한 상태로 허구적으로 이해한 개념을 마주치게 된다.[6]

1. 비극이란 무엇인가? 니체는 7장에서 **"비극이 비극적인 합창가무단에서 발생했으며"** 비극이란 "기본적으로 합창가무단일 뿐이며, 합창가무단 이외의 다른 어떤 것이 아니었다"고 말한다. 합창가무에 대해 플라톤은 『법률』654b에서 노래와 춤을 뜻한다고 못 박았다. 합창가무란 디오니소스적인 부분으로, 5에서 8장까지 언급한 서정시, 민요, 음악으로 설명했다. 디오니소스적인 것의 또 다른 부분은 뒤에서 나오는 춤이다.

그렇다면 비극에서 아폴론적인 것은 어디에서 찾아야 할까? 니체는 1장에서 3장까지 아폴론적인 부분을 조각과 서사시로 설명했지만, 비극에 있는 아폴론적인 것을 설명하지는 않았다. 그 대신 니체는 9장 들머리에서 고대 그리스 비극에서 아폴론적인 부분을 '대화'라고 단언한다. 니체가 대화를 왜 아폴론적인 부분이라고 언급했는지 알아보자. 그 단서는 아리스토텔레스의 『시학』 6장에 나오는 비극의 정의이다.

비극이란 ······ 재미를 주는 장식품을 갖춘 언어를 사용하며 ······[122]

'재미를 주는 장식품을 갖춘 언어'란 율동rhythm과 화성harmony을 가진 언어이며, 리듬이란 음악적 요소와 춤적인 요소를 말한다. 아울로스와 키타라 연주는 화성과 율동만을 사용하며 이때 율동이란 음악적 요소를 뜻하는 반면, 춤꾼의 춤은 화성 없는 율동만 모방한다. 이때 율동은 춤이란 요소를 뜻한다.[123] 춤에 관한 것을 플라톤이 충분히 언급했다는 점을 고려하면, 아리스토텔레스가 비극에 언어적 요소를 들여와 설명했다는 것은 상당히 중요하다.

아리스토텔레스는 비극이 볼거리(spectacle, 무대와 인물의 분장 및 가면), 성격character, 플롯plot, 화법diction, 선율melody, 사상thought의 여섯 가지 요소로 이뤄진다고 말한다.[124] 여섯 가지 요소 중 인물의 화법과 사상은 언어를 통해 나타난다. 화법은 '운문의 작성'을 의미한다.[125] 사상은 '행위자들이 특별한 점을 증명하거나 보편적인 진리를 설명할 때 말하는 것'[126]이며, "상황에 맞춰 무엇이든 말하거나 적절한 말을 하는 힘이다."[127]

비극은 이 점에서 합창가무가 가장 본질적이지만, 상당히 많은 부분을 언어에 의존할 수밖에 없다. 언어가 없다면 시어도 없고, 등장인물이 전달하고자 하는 메시지도 전달 불가능하다. 언어 없는, 대화 없는 비극이란 존재할 수 없다. 아리스토텔레스는 이 대화와 언어를 비극의 여섯 가지 요소 중 하나로 보았고, 등장인물의 생각과 사상을 전달하는 수단으로 이해했다. 니체는 이 언어적 요소를 아폴론적 요소로 규정한다. 아리스토텔레스가 언급하듯이 등장인물의 생각과 사상을 전달해 주기 때문이다. 생각과 사상은 아폴론적인 척도를 바탕으로 한다.

노래와 춤이 디오니소스적 요소라고 한다면, 언어와 대화는 아폴론적인 요소이다. 고대 그리스 비극의 주인공이 사상을 전달하는 방법인 언어를 둘러싸고 투쟁을 벌인다. 시와 비극에서 사상을 표현한 언어와 대화를 교육의 기본 수단으로 할 것인가, 아니면 소크라테스에서 비롯한 정치학과 철학을 교육의 기본 수단으로 할 것인가? 아리스토텔레스는 "비극에서 대화에 해당하는 이것(사상)은 정치학과 수사학의 대상이 된다."[128]라고 말한다. 이는 곧 사상의 전달 수단으로서 비극의 패배와 이념의 전달 수단으로서 정치학과 철학의 승리를 뜻한다.

2. 그리스 비극에서 아폴론적인 것과 디오니소스적인 것을 달리 표현한 말이다. '대화'는 비극에서 아폴론을 뜻하고 '춤'은 디오니소스적인 것을 말한다. 아폴론 조각상은 단순, 명료, 아름다움의 극치이다. 그리스 비극을 소리 내어 읽어 본 사람이라면, 아폴론적인 대화 부분이 '꾸밈없고, 맑고, 아름'답다고 생각할 것이다. 비극의 주인공이 나누는 대화는 그리스인이 그토록 이상으로 생각하는 아폴론적 속성을 표현하지만, 그리스인의 겉모습에 지나지 않다고 니체는 주

장한다.

반면 그리스 비극에서 공연되는 춤은 어떤가? '부드럽고, 풍부한 율동'으로 표현되지만 그 안에는 '거대한 힘'이 잠재되어 있다. 춤이란 한겨울 언 땅을 뚫고 나와 싹을 틔우는 포도나무와 같다. 그리스인의 잠재적인 내적 본질을 보여 주는 것은 바로 춤이라고 니체는 생각한다.

니체가 춤을 자세하게 다루지 않으므로 비극과 춤의 관계는 이 절의 다시 보기에서 자세하게 다룬다.

3. 고대 그리스 비극에 나타난 대사의 특징을 지적한 말이다. 고대 그리스 비극에 나오는 가사나 대사는 아폴론적 예술인 조각과 마찬가지로 단순, 투명, 명료하게 사물, 사태, 인간 본성 등을 촌철살인으로 표현한 경우가 많다. 그리스 비극의 대사가 얼마나 아름답고 함축적인가는 직접 소리 내어 읽어 보면서 확인해 보는 수밖에 없다. 만학의 근본으로서 정치학과 사물의 본질을 캐묻는 철학이 길게 장황하게 설명한 것을 비극에서는 시적인 단 한마디로 본질을 드러낸다. 예를 들면 '자존심은 폭군을 낳는 법"[129]이란 단 한마디 말을 정치학적으로 풀어 설명한다면 폭군의 생성 원인이다.

비극의 대사는 시적인 성격을 지녔거나 시 자체이므로 간단하면서도 아주 깊은 뜻을 지녔다. 소크라테스와 플라톤의 등장 이전 시민들은 그리스 비극과 호메로스의 시들을 들으면서 교육을 받았다. 그들은 시의 함축적 언어를 다양한 각도로 생각하고 토론하며 생각을 교류했다.

4. Held는 흔히 소설, 연극, 드라마에서 주인공을 뜻한다. 니체는 비극에서 Held를 주인공이란 의미로 썼지만, 영웅이란 뜻도 있다.

니체는 비극의 주인공을 곧 영웅으로 바라보고, 그 영웅을 디오니소스의 분신으로 본다.

소포클레스의 비극『오이디푸스왕』의 주인공인 오이디푸스는 곧 영웅이며, 아이스킬로스의 비극『결박된 프로메테우스』의 주인공인 프로메테우스 역시 영웅이다. 오이디푸스와 프로메테우스는 디오니소스의 분신으로서 디오니소스의 또 다른 모습으로 무대 위에 올랐을 뿐이다. 비극에 등장하는 다른 모든 주인공 역시 영웅이고 디오니소스의 또 다른 분신들이다.

5. 이 절의 전체 요지는 다음과 같다. '밝은 것을 바라보다 눈을 감으면 어두운 반점이 보이고, 어두운 것을 바라보다 눈을 감으면 밝은 반점이 보인다.' 비극에 빗대어 설명해 보자. 비극 주인공의 아폴론적인 것을 들여다보면 어두운 반점, 즉 디오니소스적인 것의 중요성과 마주치게 된다. 반대로 비극 주인공의 어두운 현상, 디오니소스적인 것의 가면을 쓴 아폴론을 들여다보면 밝은 반점, 즉 아폴론적인 것의 중요성을 보게 된다.

니체는 여기서 우리 상식과 부딪치는 주장을 한다. 우리 상식에 따르면 소포클레스 비극의 주인공인 오이디푸스는 비극의 주인공이므로 어두워야 한다. 아버지를 살해하고 어머니와 근친상간을 했기 때문에, 천륜을 어긴 것이다. 하지만 니체는 오이디푸스가 밝은 형상으로 빛난다고 말한다. 오이디푸스가 내적인 것과 자연을 제대로 보았기 때문이라고 니체는 그 근거를 댄다. 9장 전체의 반은 오이디푸스가 밝은 현상으로 빛난다는 것을 논증한다고 볼 수 있다. 여기서 '명랑성'이 철학적 개념으로 등장한다.

6. 니체는 9장에서 그리스적 명랑성을 왜곡하여 이해한 자들을 비

판하고 '진정한 그리스적 명랑성이란 무엇인가'를 설명한다. 명랑한 사람을 본 적 있는가? 그는 슬퍼하지 않고 즐거워하고, 힘들어하지 않고 유쾌하며, 어려워하지 않고 유유자적하다. 한마디로 명랑성은 '위험에 처하지 않은 편안한 상태'를 뜻한다. 우리가 이해하는 명랑성, 더 구체적으로 그리스적 명랑성은 이것이다. 하지만 이런 명랑성은 왜곡된 명랑성이다.

하이네가 왜곡된 명랑성의 대표자이다. 그는 그리스적 명랑성을 '안락한 감각주의bequemer Sensualismus''[130]로 이해한다. 그는 내 몸과 마음만 편하기 위해 술 마시고 춤추고 노는 것을 그리스적 명랑성으로 이해한다. 니체는 이러한 그리스적 명랑성을 노예계급의 명랑성으로 11장 2절에서 비판한다. 이는 11장에서 자세히 다룬다. 니체는 하이네적인 방식과 정반대로 그리스적 명랑성을 이해한다.

> 그리스 예술은 우리에게 무시무시한 심연이 없다면 진정하게 아름다운 어떤 표면도 없다는 것을 가르친다.'[131]

진정한 아름다움의 표면에는 무시무시한 심연을 간직하고 있다는 것, 즉 겉으로 보기에 명랑하지만 이면에는 어둡고 무서운 삶의 고통이 놓여 있다는 것이다. 니체는 대표적인 그리스적 명랑성을 보여 주는 자를 예로 든다. 바로 오이디푸스이다. 오이디푸스는 죽을 무렵 신과 같은 지위에 오르고 주변 모든 사람들이 도움을 청하는 자이다.(뒤에서 설명한다.) 이런 점에서 오이디푸스는 명랑해 보인다.

하지만 이면을 보라. 그는 아버지 살해와 어머니와의 근친상간,

이를 알게 된 어머니의 자살이라는 끔찍한 현실을 경험한 자이고 그 죄의식 때문에 스스로 자신의 눈을 찌르고 장님이 되어 떠돌아 다니는 자이다. 오이디푸스는 이런 극도의 고통을 겪었기에 죽을 무렵 보인 그의 명랑함이 진정한 명랑함이다. 고통 끝에 화려하게 피어난 꽃, 어두운 과거 때문에 현실의 화려함이 더 밝게 보이는 것이 그리스적 명랑성이다.

다시 보기

니체에게 춤은 억압되고 왜곡된 삶으로부터 벗어나는 해방철학이자 사물의 본질을 드러내는 형이상학적 실천 방법이다.

니체는 춤을 기존 질서, 도덕, 인륜, 윤리, 종교, 법, 국가 등에서 벗어나기 위한 시민철학이자 해방철학으로 바라보았다. 니체가 「자기비판의 시도」 마지막 7장의 마지막 절을 『자라투스트라는 이렇게 말했다』에서 나오는 춤으로 빼곡이 채웠음을 상기하자. 춤을 해방철학으로 보는 니체의 사유는 춤을 형식적이고, 국가적이며, 신에 복무하는 것으로 바라본 플라톤의 사유와 정반대이다.

플라톤은 "옳게 키타라 연주를 하고 옳게 노래를 부르고 옳게 춤을 추는 것이 속하는 기술"을 '무사 여신'을 위한 것이고, 이 기술을 '시가 기법'[132]이라고 말한다. 시가 기법 중 하나가 옳게 춤추는 것이라는 플라톤의 주장은 우리가 흔히 알고 있는 춤이 주는 흥겨움, 기쁨을 부정한다.

플라톤은 '아름답다고 생각된 것을 그때마다 몸과 소리로' 전달해 주는 것을 '아름다운 자세(춤사위), 노랫가락 그리고 노래와 춤'[133]이라고 말한다. 플라톤은 춤을 아름다움에 대한 이해를 몸으로 표현하는 것으로 본다. 이런 주장은 격정이 난무하는 격렬함과 치받치는 분노와 격노를 용솟음치게 표현하는 춤을 이해하지 못하게 만든다.

플라톤은 '몸과 관련된 훌륭한 상태를 표현한 것 중의 하나로 춤을 들고, 아테네 여신을 기쁘게 하기 위해 완전 중무장한 채로 춤을 추고, 소년소녀들이 이를 모방'[134]해야 한다고 말한다. 플라톤은 춤을 전투 훈련을 위한 전 단계 정도로 바라본다. 이런 춤관은 춤을 국가를 지키기 위한 하나의 수단, 국가주의적 예술 수단으로 이해할 뿐이다.

니체는 명시적으로 밝히지는 않지만 '옳은 춤', '아름다운 춤', '훌륭한 춤'을 부정한다. 술과 노래 그리고 춤에 도취한 디오니소스 축제를 보라. 무대 위에서나 볼 수 있는 규격에 맞는 옳은 춤도 없고, 형식에 맞춘 아름다운 춤도 없고, 국가를 위한 신체 단련의 하나로 보는 훌륭한 춤도 없다. 오로지 기존 형식과 질서, 윤리와 사회 그리고 국가로부터 탈주하기 위한 춤만이 존재한다. 니체의 해방적 춤 사상은 기존 모든 질서와 사상과 윤리, 종교를 의미하는 '중력의 영'[135]으로부터 벗어나기 위한 시민들의 처절한 몸짓, 인간의 해방 투쟁이다. 바로 이 때문에 니체는 「자기비판의 시도」 7장 마지막 절에서, 『자라투스트라는 이렇게 말했다』에서 춤을 길게 인용했다.

니체는 춤을 인간해방 투쟁과 다른 관점에서도 바라보았다. 니체는 춤을 사물의 본질, 근원적 일자에 도달하는 수단으로 보았다. 이 역시 플라톤의 춤 사상과 완전히 대척되는 지점이다.

플라톤은 『법률』 654b에서 비극이란 본질적으로 합창가무이고, 합창가무는 춤과 노래로 이루어져 있다고 말한다. 플라톤은 또한 고귀함을 목표로 더 아름다운 몸을 모방하고, 용감한 혼을 모방하며, 알맞은 정도의 즐거움을 모방하는 사려 깊은 혼이 춤이라고 강조한다. 플라톤은 '알맞은 정도', 아폴론적인 척도라는 잣대를 가지고 그 '정도'에서 벗어난 춤을 극단적으로 비판한다. 그 대상은 다름 아닌 디오니소스 신자들의 춤이고, 이 춤은 시민에 적합한 춤이 아니라고 플라톤은 강조한다.

> 박코스(디오니소스) 신도들의 춤이나 이를 따르는 하고 많은 춤들로서, ……요정들과 판들 그리고 실레노스들과 사티로스들이라는 이름들로 부르는 술 취한 자들을 모방하는 것들이죠. …… 이 부류의 춤 전체는 평화로운 춤으로도, 전투적인 춤으로도, 또는 그 어떤 것으로도 쉽게 규정되는 걸 결코 받아들이려 하지 않을 것…… 이 부류의 춤은 시민에 적합한 것이 아니라……[136]

플라톤은 디오니소스 축제에서 한판 질탕하게 벌어지는 춤을 춤으로 인정하지 않을 뿐만 아니라 시민들이 추어서는 안 되는 잘못된 춤으로 이해한다. 플라톤은 디오니소스 축제의 신명난 춤을 술에 취해 몸을 흔드는 이러저러한 충동의 광란 정도로, 즉 '적당한 정도'를 벗어난 것으로 이해한다. 다른 말로 하면 디오니소스 축제의 춤은 아폴론적인 척도를 벗어난다. 그렇기 때문에 플라톤은 디오니소스의 춤을 모방해서는 안 된다고 강변한다.

니체는 춤을 단순한 충동의 집합체가 아니라고 보았다.

> "여러 충동들 사이에서 이리저리 흔들리는 것과 같은 것이 춤이 아니라는

사실을 상기하는 것이 바람직하다."[137]

니체에게 춤은 음악과 마찬가지로 근원적 일자에 이르는 형이상학적 체험의 최고 수단이다. 2장 4절에서 다양한 디오니소스 축제에서 보았던 것처럼 춤은 형이상학적 근원적 일자와 하나가 되는 가장 적합한 수단이다.

비극에서 춤이 차지하는 중요성은 음악만큼이나 상당히 크다. 플라톤과 대척점에 있는 니체는 『비극의 탄생』에서 음악을 바탕으로 사유의 여정을 시작했으며 그 이후 크게 발전시켰다. 니체의 철학은 음악에 관한 철학이라고 해도 지나치지 않다. 반면 니체는 『비극의 탄생』 21장에서도 춤을 다루지만 심도 있게 고찰하지 않았으며, 다른 저작에서도 단편적으로 다룰 뿐이다. 니체가 춤을 단편적으로 다루었다고 춤이 중요하지 않은 것은 아니다. 오히려 춤은 우리에게 정치적, 철학적 사유의 여지를 열어 준다고 할 수 있다. 춤이란 무엇인가? 춤은 사물의 본질을 보여 주는 어떤 것이다.

나는 춤으로만 최고의 사물에 대한 비유를 말할 뿐이다. 그리고 나의 최고의 비유는 말해지지 않고 나의 사지에 남아 있을 뿐이다.[138]

니체에게 춤은 본질을 비유로 말하는 최고 수단이자, 근원적 일자가 존재한다면 음악 이외에 근원적 일자에 다가갈 수 있는 또 다른 수단이다. 니체의 춤에 대한 강력한 기대와 달리, 니체는 춤철학을 음악철학과 달리 그리 발전시키지 않았다(못했다?). 발전하지 않았다고 해서 무의미하지는 않다. 오히려 춤철학은 인간이 탐구할

이 춤은 수피댄스이다. 수피댄스는 이슬람 신비주의자였던 루미(1207~1273년)가 창시한 춤으로 이슬람 수피즘의 독특한 기도 방식이다. 수피댄스는 시계 반대 방향으로 계속 돌면서 추다 보면 신과 하나가 된다고 한다. 루미는 이 춤을 이슬람교의 코란을 읽지 못하는 일반 대중을 위해 창시했다고 한다. 그는 경전이 아니더라도 단순한 춤을 통해 신을 체험할 수 있다고 보았다. (에드몬도 데 아미치스, 1883년)

최후의 철학이다. 앞으로 철학은 몸, 그 몸으로 표현한 춤, 그리고 춤이 가진 힘과 그 의미를 탐구해야 한다.

하지만 춤에 관한 철학은 어렵다. 음악과 문학은 기록으로 남아 있고 보전되어 있지만 기록으로 남아 있는 춤은 그리 많지 않다. 춤은 시대와 상황에 따라 계속 변하고, 개인마다 너무 다르다. 춤은 단 한 번도 동일한 형태로 유지 보전된 적이 없다. 책에 그려져 있다 할지라도 시대와 장소와 춤꾼에 따라서 서로 다르게 표현한다. 서로 다른 느낌의 표현, 지속적 변화와 유동성을 특징으로 하는 춤은 연구의 대상이기 이전에 느낌 그 자체이다. 춤을 철학적으로 사유하기 곤란함 그 자체가 곤란함이다. 그렇기 때문에 더 많은 연구와 철학적 사유가 필요하다.

2. 수동적 영웅, 오이디푸스

소포클레스는 그리스 극장에서 가장 고통스러운 인물인 불행한 오이디푸스를 고귀한 인물로 이해했다. 그는 자신이 가진 지혜 때문에 오류에 빠지고 비참해지지만, 마침내 엄청난 고통[1]을 겪음으로써 마법적이고 신적인 힘을 주변에 행사하게 되었으며, 그의 사후에도 그 힘을 행사할 수 있었다. 고귀한 인물은 죄를 짓지 않았다고 심오한 시인은 우리에게 다음과 같이 말하는 것이다. 고귀한 인물의 행동은 모든 법칙, 모든 자연질서, 물론 인륜적 세계를 파괴하지만, 바로 이러한 행동은 훨씬 더 고상한 마법적인 활동의 범주를 들여오고, 그 범주는 전복된 구세계의 폐허 위에서 새로운 세계를 구축한다.[2]

시인이자 동시에 종교 사상가가 말하고자 한 것은 바로 이것이다. 시인으로서 그는 우리에게 먼저 아주 복잡하게 얽힌 심리審理[3] 과정을 제시하고, 재판관이 오랜 시간에 걸쳐 하나하나 갈등을 풀듯 풀지만 마침내 자신이 몰락하게 된다. 그리스인들은 이러한 변증법적 해결에 크게 즐거움을 느낀다. 그 덕분에 작품 전체에 감도는 명랑성Heiterkeit[4]이 나타나며, 이 명랑성은 일반적으로 저 심리審理의 소름 끼치는 흐름들의 위험함을 완화시킨다.[5]

우리는 이와 동일한 명랑성을 『콜로노스의 오이디푸스』에서 만나지만, 다음과 같은 무한히 존경받는 변용Verklärung을 보게 된다. 엄청난 불행에 빠진 노인, 자신과 마주치는 모든 것에 대해 순수하게 **고통받는** 자로서 희생당할 뿐인 노인에 대해서 초지상적인 명랑성이 나타난다. 이 명랑성은 신적인 영역에서 하강하여[6] 다음과 같은 것을 우리에게 암시한다. 순수하게 수동적 태도에 머문 주인공이 자신의 삶을 한참 높이 뛰어넘는 가장 적극적인 능동성에 도달하게 만드는 반면, 젊은 시절 그의 의식적인 노력과 열정은 다만 그를 수동성 상태로 이끌었다는 점이다.[7] 필멸의 눈으로는 풀 수 없을 정도로 혼란한 오이디푸스 플롯의 심리審理 매듭Prozeßknoten이 마침내 풀리게 된다. 이러한 신적인 변증법적 반대 상태에서 우리는 가장 심오한 인간적 기쁨을 만끽한다.[8]

우리가 이러한 설명으로 시인을 올바르게 판단했다 할지라도, 과연 신화의 내용이 제대로 설명되었는가라는 질문이 여전히 던져질 수 있다. 그리고 이것은 단지 시인의 전체 의견이 몰락을 바라본 후 치유하는 자연이 우리에게 제시한 저 빛나는 빛의 형상에 지나지 않는다는 것을 보여 줄 뿐이다.

자신의 아버지의 살해자이자 어머니의 남편인 오이디푸스, 스핑크스의 수수께끼 해결자 오이디푸스! 이러한 운명적 행위의 신비한 세 쌍은 우리에게 무엇을 말하는가? 현명한 마법사는 근친상간에서만 태어날 수 있다는 이야기가 저 먼 옛날, 특히 페르시아 민간신앙에서 전해져 내려온다.[9] 우리는 수수께끼를 풀고 자신의 어머니와 결혼한 오이디푸스를 고찰한 후 곧장 다음과 같이 해석할 것이다. 예언적이고 마법적인 힘이 현재와 미래의 영역, 엄격한 개별화의 법칙, 일반적으로 자연의 고유한 마법을 파괴하는 바로 그곳에서 거대한 자연 역행성Naturwidrigkeit—그곳에서 마치 근친상간과 같은—이 원인으로 출현해야만 한다. 인간이 자연에 거역하여, 즉 반자연적인 것에 의해서 승리하지 못한다면,

자연에게 그 비밀을 털어놓으라고 강요할 수 있겠는가? 나는 오이디푸스 운명의 저 무서운 세 쌍 속에서 이러한 인식이 새겨져 있다고 생각한다. 자연의 수수께끼—저 이중적 성격의 스핑크스—를 해결한 자는 아버지의 살해자이자 어머니의 남편으로서 가장 신성한 자연질서를 파괴해야만 한다.[10]

저 신화는 물론 지혜와 디오니소스적인 지혜란 자연 역행적 공포라는 것, 자신의 지혜에 의해서 자연을 절멸의 심연으로 떨어뜨린 자 역시 자연의 해체를 경험해야만 한다는 것을 우리에게 귓속말로 다음과 같이 속삭이는 듯하다. "지혜의 날카로움은 지혜로운 자에게 적대적으로 향한다. 지혜는 자연의 파괴이다." 신화는 그러한 놀라운 명제를 우리에게 소리쳐 알려 준다. 그러나 그리스 시인이 마치 태양의 빛처럼 신화의 고상하면서도 무서운 멤논의 거상에 손을 대자, 멤논의 거상은 갑자기 소포클레스적인 멜로디로 노래하기 시작한다.[11]

1. Leiden은 인간이라면 누구나 겪는 또는 겪게 될 일반적인 불행에서 빚어지는 고통을 말한다. 부, 권력, 명예에 관계없이 인간이라면 누구나 다 고통Leiden을 겪게 마련이다. Schmerz는 일반적으로 통증을 뜻한다. Schmerz는 두통Kopfschmerz, 치통Zahnschmerz, 복통Bauchschmerzen 등 육체적 고통뿐 아니라 정신적 고통을 의미하기도 한다. Schmerz는 불행에서 빚어지는 일반적 고통이 한 인간에게 현상적으로 드러남을 뜻하기도 한다. Qual은 Schmerz보다 순간적이며 훨씬 더 강력한 고통을 뜻한다.

억지를 부려서라도 이 세 가지 고통을 구분해 보자. 예컨대 소포클레스의 『오이디푸스왕』을 프로이트식으로 설명해 보자. 오이디 푸스는 인간으로서 누구나 겪어야 될 아버지에 대한 증오와 어머니 에 대한 근친상간의 욕구를 가지고 있다고 가정해 보자. 이때 빚어 지는 불행에서 오는 고통은 Leiden이다. 오이디푸스는 필연적 우연 에 의해 아버지를 살해하고 어머니와 근친상간을 범한다. 이 실천 에서 오는 심리적 통증의 고통은 Schmerz이다. 인간이라면 누구나 다 Leiden의 고통을 겪게 마련이고, 정도의 차이는 있지만 Schmerz 에서 오는 고통을 벗어날 수 없다. 또한 오이디푸스가 자신의 행위에 대한 죄책감에 자신의 눈을 찌르고 난 뒤에 오는 고통은 Qual이다.

성경식으로 이야기하면 원죄에 대한 벌인 노동의 고통은 Leiden 이고, 실제로 농사를 짓거나 공장에서 일하는 데에서 오는 고통은 육체적 통증을 동반하는 Schmerz이고, 노동하다 다쳐서 오는 순간 적이고 강렬한 고통, 쇠꼬챙이로 찌르는 듯한 고통은 Qual이다.

Schmerz의 고통은 이 고통을 이해하는 의사를 필요로 하는 반면 Leiden의 고통은 이 고통에 공감하는 마음, 니체의 표현에 따르면 엄마를 필요로 한다.

> 다른 사람(또는 동물)이 어떤 기분인지를 이해하는(verstehen) 것은 다른 사람에 대해 공감하는(mitempfinden) 것과 전혀 다르다. 예를 들면 전자가 의사의 지식에 해당한다면, 후자는 아픈 아이 엄마의 앎이다. 하지만 그 전제는? 그것은 철저하게 이와 같은 특정한 고통(통증, Schmerz)에서 오는 느낌의 모방이 아니라 누구나 겪는 것에 관한 고통(Leiden)이다. 이와 반대로 지식은 특정한 고통(통증, Schmerz)과 연관된다.[139]

Leiden의 고통을 해결하기 위해서는 엄마와 같은 존재가 되어 심리적으로 안정을 찾아 주는 것이 필요하다. 종교가 이 역할을 한다고 자임한다. 이 점에서 종교는 일종의 심리학이다. 니체는 종교적 심리학이 파산했다고 비판하면서, 자신이 인간에게 주어진 고통을 편안하게 해 줄 수 있는 심리학자라고 말한다.

2. 오이디푸스의 고통은 3장 4절의 설명에서 나온다. 오이디푸스보다 더 고통스러운 삶을 살아간 자는 없다. 오이디푸스는 어느 인간과 비교해도 가장 고통스러운 삶을 살아간 자이다. 아버지 살해와 근친상간이 오이디푸스의 원죄이다.

인간이라면 절대 저질러서는 안 될 죄를 지은 오이디푸스, 그는 죽을 때 어떤 고통을 또 당해야 하는가? 생전에 고통을 당하지 않았다면 사후에 어떤 고통을 당해야 하는가? 니체는 뜻밖에 오이디푸스가 고귀하게 죽었으며, 사후에 신적인 능력을 지니게 된다고 말한다.

소포클레스의 『오이디푸스왕』 이후 비극 『콜로노스의 오이디푸스』에서 니체는 그 근거를 찾아낸다. 우리가 아는 것처럼 오이디푸스는 아버지를 살해하고 어머니와의 근친상간, 어머니의 자살 이후 자신의 눈을 찔러 두 눈을 잃는다. 그 후 오이디푸스는 자신이 다스리던 테바이를 떠나 유랑하며 신탁을 받는다. 아폴론은 오이디푸스에게 많은 불행도 예언했지만, 좋은 예언도 해 준다. 그 예언 중 하나는 인생의 막바지에 이르러서 여신들의 거처에서 피난처를 발견하고 안식을 얻을 것이며, 다른 하나는 오이디푸스를 받아 주는 자에게 이익을, 쫓아내는 자들에게는 재앙을 가져다준다는 것이다.[140]

오이디푸스가 복을 받을 것이란 신탁은 여러 형태로 나타난다. 우선 아폴론이 예언한 신탁을 받은 오이디푸스는 아테네에 가서 자신을 내쫓지 말고 거두어 주기를 바란다면서, 자신은 시민들에게 복을 나눠 주는 자라고 말한다.

둘째, 자의 반 타의 반으로 테바이를 떠난 오이디푸스는 테바이의 왕인 크레온이 곧 찾아올 것이란 말도 딸인 이스메네로부터 듣는다. 오이디푸스 이후 테바이 왕이자 어머니이자 부인의 남매인 크레온은 테바이의 보전을 위해 오이디푸스를 테바이 근처로 모시려고 한다. 오이디푸스가 있는 국가는 망하지 않는다는 신탁 때문이다.[141] 또한 오이디푸스가 있는 나라는 평안을 유지하기 때문이다.

> 이스메네: 아버지께서 살아 계시든 돌아가셨든, 언젠가는 테바이인들이 자신들의 행복을 위해 아버지를 찾게 된다고 했어요.
>
> 오이디푸스: 누가 나 같은 사람에 의해 행복해질 수 있겠느냐?
>
> 이스메네: 신탁에 따르면, 그들의 안녕은 아버지에게 달려 있대요.[142]

셋째, 오이디푸스는 또한 자신의 자식들 간의 왕위 계승 전쟁에서도 중요한 신탁의 대행자이다. 오이디푸스를 차지하는 자가 왕위를 계승한다는 신탁이 내려졌기 때문이다.[143]

마지막으로 오이디푸스는 아테네에서 테세우스의 도움을 받아 편안한 죽음에 이른다. 테세우스가 신의 저주를 받은 오이디푸스를 받아들인 것 역시 오이디푸스가 가지고 있는 '안전 보장'의 신성한 힘 때문이다.

누구도 그분의 휴식처에 접근해서는 안 되며,

인간의 어떤 목소리도

그분이 누워 있는 무덤의 신비를 깨뜨려서는 안 되오.

신성한 무덤을 목소리로 부르지 못하게 하라고 말이오.

내가 그의 말을 진실로 잘 지킨다면, 그분은

내 나라가 영원히 해를 입지 않을 것이라고 약속했소.[144]

　세상에서 가장 비참한 삶을 산 오이디푸스, 세상에서 가장 고통스러운 경험을 뼈와 살에 새긴 오이디푸스, 세상 어디에서도 버림받고 제 명대로 살지 못할 것 같은 오이디푸스! 이것이 우리가 오이디푸스의 삶에서 느끼는 보편적인 감정이다. 하지만 니체는 『콜로노스의 오이디푸스』를 바탕으로 절대 고통을 겪는 오이디푸스를 절대 평안의 오이디푸스로 바꾸어 해석한다. 니체는 가장 고통스러운 인물을 가장 고귀한 인간으로 변화시킨다.

　니체는 우리의 상식을 전복한다. 오이디푸스는 원죄를 지은 자가 아니라 고귀한 자이다. 그는 기존의 법과 질서, 윤리를 완전히 파괴했지만, 그 파괴로 인해 벌을 받지 않았다. 오히려 오이디푸스는 구원을 받았다. 그는 구세계의 질서를 파괴한 후에 새로운 신세계를 구축했다. 말년에 오이디푸스의 주위는 음울하고 암울하고 어둠으로 침잠하는 게 아니라 유쾌하고 명랑하고 밝은 빛이 감돈다. 오이디푸스는 신세계로 나아가는 이정표이다. 니체는 오이디푸스의 말년을 밝고 환한 것으로 바라본다. 어둠 뒤에 나타나는 밝은 반점!

3. Prozeß는 우리말로 매듭이나 소송 등으로 번역하고 있다. 매듭은 지나치게 문학적인 반면 소송은 지나치게 법적이다.

매듭이란 말은 등장인물들 간의 갈등, 주인공의 내적 갈등 등을 표현하기에 적합하다. 하지만 매듭이란 말은 오이디푸스에게 얽히고설킨 사건을 추적하는 과정을 표현하기에는 부족하다. 또한 뒤에서 니체는 Prozeßknoten이란 말을 쓰면서 매듭knoten이란 말을 사용하는데, 소송과 매듭이란 어휘의 결합은 다소 어색하다.

Prozeß는 법적 의미나 문학적 의미가 아닌 사실을 자세히 조사하고 처리한다는 심리審理로 번역하는 것이 문맥에 어울린다.

4. 니체 철학에서 '명랑성Heiterkeit'은 상당히 중요하지만 이해하기 쉽지는 않다. 니체는 이를 단순명료하게 "명랑성은 우리가 이해하기 가장 어려운 것이다."[145]라고 선언한다. 니체는 명랑성을 명료하게 정의한다.

가혹한 긴장 뒤에 얻어지는 행복Seligkeit[146]

니체는 명랑성을 "심오한 결핍의 표시"[147], "오랜 긴장으로부터 일시적 해방"[148], 앞에서 언급한 '편안한 감각주의bequemer Sensualismus'로 이해하지 말라고 말한다.

니체식 명랑성이란 고통을 겪은 뒤에 찾아오는 지속적인 행복이라고 정의할 수 있다. 명랑성은 비교적 명쾌하고 간단하게 정의내릴 수 있지만, 이해하기는 쉽지 않다. 니체는 명랑성 앞에 여러 형용사를 붙여 다양한 의미로 사용할 뿐만 아니라 현대 문명도 비판한다. 예컨대 그리스적 명랑성, 소크라테스적 명랑성, 예술적 명랑성, 알렉산드로스적 명랑성, 바그녀적 명랑성, 독일적 명랑성, 정신적 명랑성, 초지상적 명랑성, 성급한 명랑성, 정신적 명랑성 등등

수없이 다른 명랑성이 나타나고, 그 의미 또한 각각 다르다.

니체의 글을 읽다가 명랑성이란 단어가 나오면, 일단 긴장하고, 니체가 어떤 의미로 사용했는가를 물어야 하며, 그 명랑성이 현재 우리와 어떤 관계가 있는가라는 질문을 던져야 한다. 니체가 사용한 명랑성의 의미를 오독하지 않기 위해서이다.

5. 이 단락을 이해하기 위해서 중요한 것은 명랑성의 주체이다. 즉, 누가 명랑성을 느끼는가이다. 주체는 오이디푸스가 아니라 고대 그리스인들, 『오이디푸스왕』을 관람한 그리스인들, 현재 이 비극을 읽는 독자나 보고 있는 관객이다.

『오이디푸스왕』의 전체적인 흐름은 상당히 긴박하다. 오이디푸스는 현재의 왕이며, 나라에 역병이 돌고 있고, 그 역병의 원인을 찾아보라고 명령하고, 역병의 원인이 된 자를 테바이에서 추방한다고 명령을 내린다. 사건은 오이디푸스가 아버지를 살해했으며, 어머니와 근친상간을 한 결과 자식들을 낳았고, 그 때문에 테바이에 역병이 돌고 있음을 오이디푸스가 서서히 알아 가는 것으로 진행된다. 결과는 정해져 있다. 오이디푸스는 자신의 죄를 알게 되고, 어머니이자 부인의 자살을 겪게 되고, 오이디푸스는 자신이 내린 명령에 따라 자신의 눈을 찌르고 테바이를 떠난다.

발단, 전개, 결과에 이르는 전체 흐름을 오이디푸스 입장에서 보면 너무 고통스럽다. 오이디푸스 입장에서 본 관객은 그 무지막지한 고통을 견딜 수 없을 정도로 심각하게 받아들인다. 오이디푸스는 어떤 것으로도 감당할 수 없는 인류 파괴의 범죄를 저질렀고, 그 때문에 인간으로서는 감당할 수 없는 고통을 당한다.

문제는 이 오이디푸스적 범죄라는 것이 무엇인가이다. 아버지를 부정하고 극복하고 싶은 아들의 기본적인 소망, 우리가 기억하지 못하지만 프로이트가 인간의 기본 심리라고 가정하고 있는 어머니와 관계를 맺고 싶은 유아적 소망으로 인한 원죄의 고통은 남성이라면 피해갈 수 없다.(여성의 경우, 어머니에 대한 증오와 아버지와 근친상간의 욕구.) 오이디푸스의 어머니 이오카스테는 이 욕망이 얼마나 보편적인 것인가를 그 먼 옛날 아주 간단명료하게 지적한다.

> 인간의 행로가 운에 의해서 지배를 받고, 인간은
> 아무것도 알지 못하는데, 뭘 두려워하셔요?
> 이렁저렁 원하는 대로 쉽게 사는 게 가장 좋지요.
> 그러니 어머니와의 결혼을 두려워 마세요.
> 이전부터 수많은 남자들이 꿈속에서 자신을 낳아 준
> 어머니와 잠자리에 들었어요. 최소한 그런 징조로
> 마음이 괴롭지 않는 자가 속을 상하지 않는답니다.[149]

인간은 누구나 지을 수 있는 죄, 꿈에서도 생각해서는 안 되지만 꿈속에서나 저지를 수 있는 죄, 하지만 이 죄를 저지른다면 누구도 용서할 수 없고 용서받을 수 없는 죄, 이 죄를 저지른 자는 끝없는 고통, 인간으로서는 이겨 낼 수 없는 극심한 고통 속에서 살아가야 한다. 오이디푸스는 인간이라면 누구나 겪어야 할 가장 커다란 고통을 적나라하게 보여 준다. 중요한 것은 이오카스테의 지적처럼 누구나 그 죄를 마음속으로 짓고, 그 죄를 잊고 살아가지만 사라지지는 않는다는 점이다.

오이디푸스의 삶의 과정을 보는 관객은 말할 수 없는 긴장감과 심장을 옥죄어 오는 긴박감을 느낀다. 누구나 오이디푸스와 같은 죄를 짓기 때문이다. 사건의 결과가 나오는 순간, 오이디푸스가 스스로 지은 죄에 대한 인과응보로서, 스스로 내린 처벌로서 자신의 눈을 찌르고 테바이를 떠나는 순간 관객은 행복해진다. "가혹한 긴장 뒤에 얻어지는 행복Seligkeit", 자신의 마음을 억누르던 오랜 긴장이 풀리고 긴박감이 마침내 해소된다.

'오이디푸스왕'을 보거나 읽는 관객이라면, 오이디푸스의 행적이 주는 그 행복감, 즉 명랑함을 누리게 마련이다. 니체는 오이디푸스 왕이 아닌 『오이디푸스왕』을 보는 관객이 왜 비참함에 빠지지 않고 행복해지는지, 왜 명랑성을 느끼게 되는지를 이렇게 설명한다.

6. '변용'에 대해서는 2장 3절의 주해에서 다뤘다. 니체는 '지상에서 하늘로 상승하는 변용'을 4장 1절의 〈그리스도의 변용〉에서 다루었으며, 여기에서는 오이디푸스를 통해 '신적인 영역에서, 하늘에서 지상으로 하강하는 변용'을 다룬다.

예수는 죽어서 땅에서 하늘로 오르며 신적인 변용을 보여 주지만, 오이디푸스는 신탁 덕분에 하늘에서 땅으로 내려오는 신적인 변용을 행사한다. 오이디푸스는 인간적인 존재이지만 신의 예언 덕분에 신적인 성질, 오이디푸스를 가진 국가는 망하지 않고, 오이디푸스를 차지한 자는 나라의 왕위를 잇게 되며, 오이디푸스가 머무는 국가의 시민은 안녕을 누린다 등의 능력을 갖게 된다. 한마디로 오이디푸스는 신이 인간에게 복을 나눠 줄 수 있는 것과 같은 고귀한 능력을 소유한다.

7. 니체는 능동성과 수동성 두 기준으로 『오이디푸스왕』과 『콜로노스의 오이디푸스』를 요약했다. 오이디푸스가 젊은 시절 자신의 지

혜에 의해서 스핑크스의 문제를 풀었다는 점은 능동성이며, 이 능동성 덕분에 저주를 받아 실명하고 테바이를 떠돌게 되는 것은 수동성이다. 이는 『오이디푸스왕』의 내용을 요약한 것이다. 반면 오이디푸스가 늙고 눈도 멀어 아무것도 할 수 없는 상태는 수동성이며, 신탁 덕분에 변용을 하여 신적인 능력을 보여 주게 되자 자식을 포함하여 주변의 모든 사람이 서로 모셔 가려고 하는 것은 능동성이다. 이는 『콜로노스의 오이디푸스』의 내용을 요약한 것이다.

8. 이 단락을 이해하기 위해서 중요한 것은 명랑성의 주체이다. 즉, 누가 명랑성을 느끼는가이다. 명랑성의 주체는 오이디푸스 그 자신이다. '오이디푸스적 명랑성'이 문제이다.

우리는 여기서 다시 『비극의 탄생』에서 나타나는 니체의 근본 문제의식을 만난다. 인간은 온갖 고통에도 불구하고 왜 살 만한가? 니체는 이 문제를 미다스왕과 실레노스의 대화를 통해 던졌다. 니체는 3장 3절에서 "본능(자연)의 거대한(티탄적인) 힘에 대한 저 엄청난 불신, 모든 인식을 넘어 무자비하게 지배하는 저 모이라, 인간의 친구인 거대한 프로메테우스의 저 독수리, 지혜로운 오이디푸스의 저 끔찍한 운명, 오레스테스가 어머니를 살해하도록 강요한 아트레우스 가문의 저 저주 등" 인간을 고통스럽게 하는 예들을 제시했다. 이 장에서는 그 중에서 오이디푸스와 프로메테우스를 예로 다룬다.

니체가 오이디푸스를 통해 하고 싶은 이야기는 간단하다. 엄청난 죄를 지어 고통스럽게 살아간 오이디푸스는 왜 천벌을 받지 않고 엄청난 힘을 행사할 수 있었는가? 오이디푸스는 아버지 살해, 근친상간, 어머니 자살, 시력 상실, 궁전의 왕에서 거리의 걸인으로의 전락을 겪는다. 인간들 중에 누가 오이디푸스보다 더한 죄를 지은 자가 있을까?

아들 폴리네이케스가 아버지 오이디푸스를 찾아와 도움을 달라고 호소하고 있는 모습 (장 앙투안 테오도르 지루스트, 1788년, 달라스 미술관 소장)

테세우스가 오이디푸스 앞에 서 있는 모습 (아스무스 야코프 카스튼스, 1797년)

오이디푸스보다 더한 고통을 겪은 자가 있을까? 오이디푸스 정도의 고통을 겪은 자라면 실레노스의 조언이 아니더라도 당연히 현재의 삶을 빨리 마감하고 죽어서의 구원을 바라는 게 좋지 않을까? 니체는 단연코 아니라고 말한다. 그런 자는 종교에 빠져 현재 현실의 삶을 등한히 하는 자이다.

오이디푸스를 보라. 그는 극단의 고통을 겪었지만, 자신도 모르는 운명의 힘, 아니면 신탁 덕분에 누구나가 함께 지내고 싶고 존경하는 인물로 살다 죽어 간다. 자식도, 테바이 시민들도, 아테네 시민들도, 심지어 아테네의 왕 테세우스도, 한때 정적처럼 여겼던 크레온도 오이디푸스의 손을 잡고자 한다.

오이디푸스는 명랑성 그 자체이다. '오이디푸스적 명랑성'은 극을 통해 관객에게 전염된다. 니체의 주장은 명확하다. 인간이라면 누구나 '오이디푸스적 명랑성'을 타고난다는 것이다. 오이디푸스가 겪는 삶의 고통을 보는 관객은 너무 힘들다. 그들 역시 오이디푸스와 같은 마음을 지니고 있고, 오이디푸스와 같은 원죄 아닌 원죄를 짓는다. 관객은 오이디푸스가 사건을 해결하기 위해 한 발 한 발 나아가는 발걸음에 가슴 졸인다. 관객들은 오이디푸스의 처절한 삶에 공감하고 마침내 따뜻한 죽음을 맞이하는 오이디푸스를 보면서 안도한다.

오이디푸스는 관객 그 자신이다. 대다수 인간은 오이디푸스의 마지막에 안도하고 편안한 숨을 내쉰다. 오이디푸스의 삶은 동정의 대상이다. 하지만 오이디푸스는 말년에 이르러 타인에게 기쁨을 주는 존재로 나타난다. 관객은 오이디푸스를 동정의 대상으로 느끼다가 그 동정의 대상이 주는 즐거움에 내심 환호한다. 오이디푸스의 삶과 죽음은 인간에게 편안함을 준다.

더 나아가 니체는 묻는다. 인간에게 삶이란 무엇인가? 고통 그 자체이다. 오이디푸스 정도는 아니지만 인간은 누구나 다 고통스러운 삶을 겪기 마련이다. 크고 작은 고통과 고난 때문에 현재의 삶을 포기하고 사후의 행복을 구해야 하는가? 아니다. '죽어 정승이 산 개만 못하다.', '개똥밭에 굴러도 이승이 낫다.'라는 속담을 오이디푸스의 삶이 보여 준다. 저승에게 아킬레우스가 살아 있는 오디세우스를 만난 후 외친 소리에 귀 기울여 보라.*150

니체의 현세적 종교관이다. 사후 영생, 사후 구원에 매달려 현재 현실의 삶을 포기하는 종교를 믿느니 차라리 현재의 고통을 즐기고 살아라! 그리스의 위대한 신들마저도 복종할 수밖에 없었던 운명의 여신 모이라가 당신에게 어떤 운명을 부여했는가? 아무도 모른다. 오이디푸스는 극도의 긴장과 고통을 겪고 마침내 영원한 행복을 얻지 않았는가! 이것이 바로 오이디푸스적 명랑성이다. 극한의 고통을 이겨 낸 후 얻는 영원한 행복! 구원과 사후 영생을 통해서는 어떤 행복도 얻을 수도 없고 얻는다 할지라도 죽은 뒤라 알 수 없다.

9. 니체는 고대 조로아스터교에서 전해져 내려오는 교리를 바탕으로 이 주장을 했다. 이 주장은 어느 정도 타당하다. 왜냐하면 후일 『자라투스트라는 이렇게 말했다』에서 자라투스트라는 조로아스터의 독일어식 표기이기 때문이다. 조로아스터교에 따르면 근친상간에 의해 태어난 아이는 치유력이 있다. 근친상간과 관련된 조로아스터교의 입장은 다음과 같은 교리에 나타난다.

자신 아들의 아들을 가진 자는 복을 받는다. …… 즐거움, 상냥함, 기쁨은 모두 자기 자신 딸의 출산에서 낳은 아들 덕이다. 그는 동일한 어머니의 형제이다. 그리고 아들과 어머니에게 태어난 그는 동일한 아버지의 형제이기도 하다. 이것은 대단한 즐거움이고, 그 즐거움은 기쁨의 은총이다. …… 이 가족은 무엇보다 완벽하다. 그 가족은 본성상 짜증도 내지 않고 애정을 한 몸에 받는다.[151]

이 내용은 24장 바그너 악극을 설명하면서 다시 만나게 된다.

10. '이중적 성격의 스핑크스'는 현상적으로 보면 독수리의 날개와 사자의 몸으로 나타나는 자연과 두상으로 나타나는 인간을 뜻한다. '이중적 성격의 스핑크스'와 오이디푸스의 관계를 상징적으로 살펴보자. 3장 4절 해설 5에서 이 문제를 조금 다루었으므로 이를 바탕으로 설명해 보도록 한다.

테바이의 예언자 테이레시아스는 인간 운명의 세세한 부분까지 맞히는 지혜로운 자이다. 이 지혜로운 자 테이레시아스는 왜 스핑크스의 문제를 풀지 못하는가? 그는 인간적인 지혜를 갖춘 것이 아니라 운명을 예언하는 신적인 지혜를 갖추었기 때문이다. 예언자는 아폴론의 대행자이기 때문이다.

오이디푸스가 스핑크스의 문제를 풀었다는 것은 무엇을 의미하는가? 스핑크스는 한편으로 인간이지만 다른 한편으로는 자연을 상징한다. 오이디푸스가 수수께끼를 해결했다는 것은 스핑크스에게 있는 자연의 질서, 자연의 비밀을 파헤쳤다는 것을 뜻한다. 스핑크스가 오이디푸스의 답변에 부끄러움을 못 이겨 계곡에 떨어져 자살한다는 것은 인간이 곧 자연의 질서를 이해하고 자연의 질서를

오이디푸스와 스핑크스 (기원전 470년, 바티칸 박물관 소장)

뛰어넘는다는 뜻이다. 오이디푸스는 신적인 지혜를 지닌 테이레시아스와는 다른 인간적 지혜를 갖춘 자이다.

니체는 오이디푸스와 스핑크스의 대결을 인간과 자연의 대결로서 인간이 자연을 이겨 내는 지식을 갖추기 시작한 것으로 파악한다. 니체는 소포클레스의 오이디푸스 이야기에서 자연을 극복한 인간의 지식과 지혜를 찾아냈다.

인간이 자연을 극복하는 지혜와 지식을 갖고 난 후 어떤 일이 생기는가? 오이디푸스는 왕이 되었다. 하지만 그 결과는 어떤가? 오이디푸스는 기존의 자연질서를 역행한다. 그는 아버지를 살해했으며, 어머니와 근친상간한다. 그 결과 오이디푸스는 커다란 고통에 빠지게 된다. 하지만 다시 그 고통의 결과는 어떤가? 오이디푸스는 구원을 받아 명랑한 최후를 맞는다.

니체는 오이디푸스를 통해 무엇을 이야기하는가? 자연의 질서를 파헤친 자 오이디푸스는 알 수 없는 자연의 힘과 운명에 의해 파괴 당하지만, 결국 주변의 모든 사람들에게 존경과 부러움을 받는 명랑한 결과를 초래한다.

'오이디푸스적 명랑성'에 즐거움을 느끼는 평범한 인간이라면 어떻게 행동해야 하는가? 오이디푸스처럼 행동해야 한다. 지혜와 지식을 갖추고, 현존 질서를 파괴하고, 그 파괴의 대가로 고통을 당할 것이다. 하지만 그 고통이 전부는 아니다. 그는 다시 주변의 모든 인간들에게 존경을 받게 될 것이다. 그가 누구인가? 오이디푸스이다. 그가 누구인가? 초인, 자라투스트라이다. 그가 누구인가? 현재 우리 시대를 살아가는 평범한 시민이다. 평범한 시민이 그렇게 살아가도록 노력해야 한다는 것이 니체의 전언이다.

11. 멤논의 거상은 이집트의 아메노피스 3세(통치 기간 기원전

멤논의 거상 (빌헬름 뤼브케, 막스 셈라우, 《미술사 개요》, Paul Neff Verlag, 1908년)

1391~1353년)의 좌상을 가리킨다. 후일 그리스의 역사학자인 스트라보(Strabo, 기원전 63~23년)가 이 좌상을 멤논의 거상으로 오해했고, 이 오해가 지금까지 전해진다. 스트라보는 이 지역을 여행하던 중 지진으로 균열 난 거상들 속에서 바람소리를 들었다. 그는 이 바람소리를 아들 멤논을 잃은 새벽의 여신 에오스의 울음소리라고 생각했고, 이 거상을 멤논의 거상으로 불렀다.

에티오피아의 왕인 멤논은 새벽의 여신 에오스와 티토노스 사이에서 태어났다. 멤논은 트로이 전쟁에서 헥토르가 아킬레우스에게 살해당하자 트로이 편을 들어 참전했다. 멤논은 아킬레우스와 전투에서 죽임을 당했고, 어머니가 그 시신을 옮겼다고 한다. 새벽에 들판에 내리는 이슬은 어머니 에오스가 쏟은 눈물이라고 한다. 새벽의 첫 광선들이 이 조상 위에 쏟아지면, 어머니에게 경의를 표하려는 듯 아름다운 선율이 흘러나왔다고 한다.

이 문장에서 그리스 시인은 새벽의 여신 에오스와 같고 멤논은 오이디푸스와 같다. 그리스 시인 소포클레스가 오이디푸스와 관련된 이야기를 노래하면 자연과 지혜와 관련된 이야기가 퍼져 나오기 마련이다. 이것은 마치 새벽의 에오스가 멤논의 거상에 빛을 비추면 퍼져 나오는 노래와 같다.

다시 보기

사회과학이나 인문학에 관심을 가진 자라면 오이디푸스에 대한 태도를 분명히 해야 하고, 오이디푸스를 해석하는 방향을 정해야 한다. 오이디푸스적인 삶을 찬성할 것인가 비난할 것인가는 인간학의 가장 기본적인 가치관을 결정하는 시금석이다. 극단적으로 말하면, 찬성과 반대 둘 중 하나의 길뿐이 없다. 한편으로 찬성하고 다른 한편으로는 비판하는 양비론이나 균형잡인 시각은 찬성의 아류이거나 반대의 아류일 뿐이다. 찬성하는 자는 새로운 길을 여는 해석을 제시하는 자이고, 반대하는 자는 기존 질서를 유지하고 발전시키는 자이다.

소포클레스는 오이디푸스의 불행한 삶에 극적인 성격을 부여했고, 플라톤은 오이디푸스적인 삶의 제거를 평생 학문의 목적으로 삼았다. 니체는 오이디푸스의 고통스러운 삶을 인간이라면 견뎌 내야 할 수동적 고통 중의 하나로 제시했고, 프로이트는 오이디푸스를 통해 인간의 기본적 욕망을 밝혀냈고 인간의 정신세계를 이해할 수 있는 첫 단추를 열었다. 대다수 사회과학과 인문학이 플라톤의 재해석이라면, 대다수 인간학은 오이디푸스 죽이기에 열중한다. 반면 대다수 혁명적인 사유가 니체와 프로이트를 매개로 출현했다면, 오이디푸스 살리기, 오이디푸스적인 삶의 인간적 재평가에 매진한다.

오이디푸스를 어떻게 해석할 것인가? 양자택일의 두 길만이 있는 엄청난 폭발력을 지닌 오이디푸스 이야기의 단순한 골격은 호메로스의 『오디세이아』에 나온다. 오디세우스는 죽은 자들의 세계인 명계에 여행 가서 오이디푸스를 만난다. 그 심오하고 복잡한 이야기의 뼈대는 의외로 단순하다.

그 다음 나는 황홀할 정도로 아름다운 이오카스테도 보았소,
오이디푸스의 어머니인 그는 엄청난 죄를 지었소.
이오카스테는 의도하지 않았지만

자신의 아들과 결혼했소; 오이디푸스는 그 전에 자신의 아버지를 죽였소,

그 다음 오이디푸스는 어머니와 결혼했고, 신들은 이를 폭로했소.

신들은 불쾌했고 그에게 복수했소.

행복한 테베에서 카드모스 종족의 왕은 불행하게 지냈고

이오카스테는 절망에 빠진 채

놋쇠로 빗장을 지른 하데스의 문으로 갔소,

스스로 궁정의 천장에 목을 대롱대롱 매달고

탄식을 유산으로 남겼소.

이오카스테의 죄 많은 아들에게

(분노의 여신들은 수없이 많은 처벌을 내렸소.)[152]

소포클레스는 천재적 재능을 발휘하여 이 짧은 이야기를 『오이디푸스왕』,『안티고네』,『콜로노스의 오이디푸스』의 3부작으로 노래했다. 소포클레스는 오이디푸스의 비극적 삶에 다양한 정치적, 철학적, 윤리적, 도덕적 토론거리를 담아 우리에게 제시한다. 당신이 오이디푸스라면 어떻게 할 것인가? 오이디푸스의 삶을 둘러싸고 시민들은 서로 다른 생각을 토론할 뿐이었다. 정답은 없었다. 이 질문에 최초 정답을 던진 자들이 있다. 소크라테스와 플라톤이다.

소크라테스는 『에우티프론』에서 오이디푸스의 우연에 의한 아버지 살해를 의지에 의한 아버지 살해, 즉 도덕적이고 윤리적인 문제로 던진다. 소크라테스는 질문을 던진다. 당신의 아버지가 살인죄를 지었다면, 당신은 아버지에 대한 법적 책임을 물을 것인가?『에우티프론』의 내용은 다음과 같다.

에우티프론은 자신의 아버지가 살인죄를 저질렀다고 관청에 아

버지를 고발하러 간다. 소크라테스는 에우티프론에게 아버지의 부정한 행위를 단죄하는 것이 올바름이고 경건한 행위인가라는 질문을 던진다. 플라톤의 첫 저작이자 소크라테스의 첫 행적을 기록한 『에우티프론』은 문학적이자 시적인 오이디푸스의 도덕적, 윤리적, 법적인 변신이다.

소크라테스는 아버지뻘인 소포클레스를 윤리적인 죄인으로 단죄한다. 소크라테스는 그 후 『크리톤』에서도 "어머니한테든 아버지한테든 폭력을 쓴다는 것은 불경한 짓"[153]이라고 단언한다.

소크라테스의 제자 플라톤은 할아버지뻘인 소포클레스를 음험한 방법으로 끌어들이고 자기편으로 만들려고 한다.

플라톤은 오이디푸스와 어머니의 근친상간을 일반적인 성욕의 문제로 전환시킨다. 그는 『국가』 1권에서 "소포클레스 선생, 성적인 쾌락과 관련해서 어떻습니까?"라는 질문을 던진다. 플라톤은 소포클레스가 "쉿, 이 사람아! 그것에서 벗어났다는 게 정말 더할 수 없이 기쁜 일일세. 흡사 광포한 어떤 주인한테서 벗어난 것만 같거든"[154]이라고 답했다고 말한다. 플라톤은 오이디푸스에게 어머니와 근친상간이라는 욕망의 화신적 성격을 부여한 소포클레스를 단 몇 마디 말로 무력화시켜 버린다.

소크라테스가 오이디푸스의 아버지 살해를 주적으로 삼았다면, 플라톤은 오이디푸스의 성욕과 근친상간을 주적으로 삼았다. 소크라테스와 플라톤은 오이디푸스를 제거해야 할 불구대천의 원수로 정하고, '올바른' 정치적인 삶과 '올바른' 철학적인 삶, '올바른' 윤리적인 삶과 '올바른' 도덕적인 삶을 거침없이 주장해 나간다.

플라톤의 오이디푸스적 인간 유형에 대한 적대는 『국가』 2권에서 시작한 성욕에 대한 금지에서 명확히 나타난다. 그는 이상국가에서 아이들에게 가르치지 말아야 할 이야기로 오이디푸스적 성욕의 발산 금지를 주장한다.

제우스가 넋을 잃고서, 침실로 들어갈 생각조차 않고, 바로 그 자리의 땅바닥에서 교합하고 싶어 할 지경이 되어[155]

소크라테스의 평생 유업을 이어받은 플라톤은 거침없이 오이디푸스를 비판한다. 플라톤은 『국가』 2권에서 오이디푸스의 아버지 살해를 직접 비판하는 것이 아니라 신화에 빗대어 간접적으로 비판한다. 플라톤은 이상국가에서 가르치지 말아야 할 것을 나열한다. 크로노스가 아버지 우라노스를 살해한 이야기, 제우스가 아버지 크로노스를 유폐시킨 이야기를 금지한다.

올바르지 못한 짓을 저지른 아버지를 온갖 방법으로 응징하는데도, 그런 자가 신들 가운데서도 으뜸가고 가장 위대한 신들이 한 바로 그런 짓을 하는 것으로 이야기해서는 아니되네.[156]

'올바르지 못한 짓을 저지른 아버지'라는 극단적 상황에 처해서도 인간은 아버지를 비난하거나 비판하거나 그 죄의 대가를 물어서는 안 된다는 게 플라톤의 주장이다. 이 상황은 소크라테스와 에우티프론 대화의 연장일 뿐이고, 모든 정치적, 윤리적, 도덕적, 철학적 사유의 근본 가정이다. 이 근원에는 오이디푸스의 삶이 놓여 있다.

플라톤은 또한 아들 헤파이스토스가 어머니 신 헤라를 결박한 이야기를 금지시켜야 한다고 말한다.[157] 플라톤은『국가』의 결론에 해당하는 10권에서 연로한 아버지와 형을 살해한 아르디아이오스 참주를 지옥 중에서도 가장 끔찍한 지옥에 빠뜨린다. 플라톤은 무시무시한 형벌의 엄포를 놓는다.

> "팔다리와 머리를 한데 묶어서는, 아래로 내던져 살갗이 벗겨지도록 두드려 주더니만, 길 옆으로 끌고 나가 가시덤불 같은 고문 기구에다 문질"[158](러지는)

플라톤은 신들로 비유된 오이디푸스적 행태의 거부를 이것으로 끝내지 않는다. 플라톤은 오이디푸스 적대 행위를 오이디푸스의 자식들에 대한 태도까지 밀고 나간다. 플라톤은 오이디푸스가 자식들 간의 싸움을 일으켰다고 비난한다.

> 자신의 유산을 아들들이 칼로써 분배하게 해 달라고 오이디푸스가 무턱대고 빌었다고들 하네.[159]

플라톤은 오이디푸스를 아버지 살해 행위, 어머니와 근친상간, 자식들 분열의 원죄를 지은 자로 간주한다. 플라톤은 오이디푸스를 "미친 사람"[160] 또는 "무분별한 사람"[161]으로 간주한다.

플라톤 사상의 국가적인 무한 변환은 법이며, 신성한 성체 변환은 종교이며, 사회적 형질 전환은 윤리이며, 개인적 개체 전환은 도덕이다. 플라톤의 사상은 다양한 변주곡을 통해 발전되었지만, 그 핵심 가치는 반오이디푸스적 가치의 신성화이자 현실화이다. 소크라테스와 플라톤 사후 2,300년 넘게 이에 균열을 낸 시도는 거의 없었다. 플라톤의 사상은 자연적 자연이 아닌 사회적 자연이 되었고, 이 사회적 자연을 떠난 인간을 동물로, 동물보다 못한 존재로 취급했다.

니체는 플라톤의 사회적 자연에 균열을 낸다. 그는 플라톤과 정반대로 오이디푸스에 커다란 인류사적 가치 체계를 부여한다. 오이디푸스는 원죄를 지은 죄인이 아니라 인간이라면 누구나 겪을 수밖에 없는, 운명에 의해 수동적 고통을 부여받은 자의 전형이다. 니체는 소크라테스와 플라톤에 의해 단두대에서 사형을 당한 오이디푸스를 위한 변론을 편다. 오이디푸스야말로 인간이 어쩔 수 없는 우연에 의한 죄를 지었고, 인간은 고의가 아님에도 죄를 지을 수밖에 없으며, 그 죄에 대한 대가로 양심의 가책이라는 커다란 고통을 당한다. 운명의 여신 모이라가 오이디푸스의 삶을 그렇게 정한 것이다.

오이디푸스는 잘못했는가? 니체는 단언한다. 그는 잘못하지 않았다. 오이디푸스는 사회적 자연으로 된 시스템화된 질서를 파괴하는 자의 운명을 지고 태어났을 뿐이다. 고대 페르시아의 옛 전설을 보라. 그로 인해 새로운 세계가 생겨나고, 새로운 질서가 생겨난다. 오이디푸스는 과거의 질서적 자연을 해체하고 새로운 세계를 여는 자이다. 니체의 초인 자라투스트라는 오이디푸스의 한 단면이다.

니체의 과업은 끝나지 않았다. 프로이트가 그 유업을 이어받았다. 프로이트는 소크라테스와 플라톤을 비판하지 않고 니체를 찬양하지도 않는다. 그는 다만 인간에게 인간 그 자신도 모르는 무의식의 세계가 있다고 강조한다. 인간이라면 누구나 그 무의식의 세계에 아버지 살해와 근친상간의 원죄를 지을 수밖에 없었던 오이디푸스의 행위를 품고 있다. 너무 어려서 다만 기억하지 못할 뿐이다. 프로이트는 그 질주하는 욕망의 전차를 분석함으로써 기존의 모든 종교적, 윤리적, 도덕적 가치에 도전했다. 프로이트는 인간 정신에 대한 새로운 가능성의 분석 보고서를 제출한다.

결론적으로 인간과 관련된 사유, 사상, 철학, 학문이란 반오이디푸스냐 친오이디푸스냐 두 길 중 하나이다. 소포클레스 당시 오이디푸스 공연을 본 사람이라면, 지금 오이디푸스를 읽은 사람이라면 소포클레스가 투척한 뜨거운 질문과 자신의 전율적인 답변에 몸서리치며 고민하고 고민해야 한다. '오이디푸스를 어떻게 받아들여야 할 것인가?' 인문학자라면, 사회과학자라면 적어도 오이디푸스라는 저 크나큰 태산을 넘어야 한다.

3. 능동적인 영웅, 프로메테우스

이제 나는 수동성의 영광의 자리에 능동성의 영광을 비교해 볼 것이다. 능동성의 영광은 아이스킬로스의 **프로메테우스**를 비춰주고 있다. 이것에 대해 사상가로서 아이스킬로스가 우리에게 말해야 했지만, 그는 시인으로서 비유적인 형상으로 우리에게 암시했을 했을 뿐이다. 청년 괴테는 자신의 프로메테우스에서 대담한 언어로 이를 다음과 같이 폭로했다.

나는 여기에 앉아 인간을 만든다,
나의 형상을 따라서,
나를 닮은 한 종족은,

고통스러워하고, 울고,

즐기고, 기뻐하며,

그리고 당신 따위는 존경하지 않는다,

내가 그랬던 것처럼![1]

인간은 자신을 거인과 같은 상태로 끌어올리고서 자신의 문화와 투쟁을 하며, 신을 자신과 타협하도록 강요한다. 왜냐하면 인간은 자기만의 지혜로 신의 존재와 한계를 자신의 수중에 장악하고 있기 때문이다.[2] 하지만 그의 기본적인 사유에 따르면 불경함에 대한 고유한 찬가인 저 프로메테우스 시의 가장 놀라운 점은 **올바름**Gerechtigkeit[3]에 대한 심오한 아이스킬로스적인 경향이다. 한편으로는 대담한 '개별자'의 헤아릴 수 없는 고통과 다른 한편으로는 신들의 황혼[4]을 예감케 하는 신들이 처한 곤란, 즉 화해와 형이상학적 통일을 강요당하는 저 두 고통스러운 세계의 힘, 이러한 모든 것은 아이스킬로스 세계관의 핵심이자 주제라는 것을 가장 강력하게 상기시켜 준다. 아이스킬로스의 세계관에 따르면 영원한 올바름으로서 운명의 신 모이라Moira가 신들과 인간들을 통치하고 있는 것으로 나타난다.[5]

아이스킬로스는 깜짝 놀라울 정도로 대담하게 올림포스 세계를 자신이 가진 올바름의 저울에 달았다. 우리는 여기서 명상적인 그리스인이 형이상학적인 사유의 확고부동하게 견고한 토대를 그 신비한 신에게서 찾았으며, 그의 모든 회의주의적 변덕을 올림포스 신들에게 폭발시켰다는 것을 그려 볼 수 있다.[6] 그리스 예술가는 특히 신의 성격을 고찰하면서 뚜렷하지는 않지만 상호

의존을 감각적으로 느꼈다. 그리고 곧장 아이스킬로스는 프로메테우스에서 이러한 느낌을 상징화시켰다. 거대한 거인 예술가는 인간을 창조하고 올림포스 신들을 최소한 절멸시킬 수 있다는 대담한 신앙을 자각했다. 그리고 그는 숭고한 지혜를 통해서 이렇게 자각할 수 있었지만, 영원한 고통을 통해서 그 지혜를 속죄하도록 강요받았다. 영원한 고통으로도 거의 속죄될 수 없는 위대한 천재의 숭고한 '능력', 즉 **예술가의 준엄한 자존심**[7]—이것이 아이스킬로스 시의 내용이자 정신인[8] 반면, 소포클레스는 자신의 오이디푸스에서 **신성한 자의 승리**를 연주했다.[9]

하지만 아이스킬로스가 신화에 부여했던 저 시로도 그 경악스러운 공포의 깊이가 측정된 것은 아니다. 오히려 예술가의 생성의 기쁨, 모든 재앙에 저항하는 예술가적인 창조의 명랑성은 슬픔으로 가득 찬 검은 바다 위에 비춰진 밝은 구름과 하늘의 형상일 뿐이다.[10] 프로메테우스 전설은 아리안족 전체 민족 공동체의 근원적인 요소이자 심오하고 비극적인 것에 대한 그들의 천부적 재능의 기록이다.[11] 아리안 종족의 본질을 구성하는 이 신화에 셈 종족의 본질을 이루는 원죄 신화Sündenfallmythus[12]가 갖는 이와 같은 특징적 의미가 내재해 있다는 것, 두 신화 사이에는 마치 오빠와 누이 사이와 마찬가지로 친족 관계가 있다는 것은 전혀 개연성이 없는 것은 아니다.

저 프로메테우스 신화의 전제는 자연 그대로의 인간이 모든 성장 중인 문화의 진정한 수호신으로서 불에다 부여했던 충만한 가치이다. 하지만 인간이 불을 자유로이 지배한다는 것, 불이 불을 내는 번갯불이나 뜨거운 태양열과 같은 하늘의 선물로 주어지지 않는다는 것은 저 관조적인 원초적 인간Ur-Menschen의 입장에서 본다면 신성모독이자 신적인 자연에 대한 강탈로 나타난다. 그래서 동시에 최초의 철학적 문제가 인간과 신 사이에서 아무리 애써도 해결할 수 없는 모순이 세워지고, 모든 문화의 문 앞에 서 있는 바윗덩어리 같은 이 모순을 한쪽으로 밀쳐 버린다.[13] 인간이 공유할 수 있는 가장 최고의 것이자 최상의 것을 인간은 신성모독을 통해 간신히 얻어 냈으며, 엄청난 홍수 같은 고통과 근심이 그 결과를 휩쓸어 갔다. 즉, 모욕을 당한 하늘은 오르려고 노력하는 고귀한 인간 종족을 괴롭혔던 것이다.[14] 이것은 날카롭고 예리한 사상이다. 이 사상에 따르면 원초적 인간은 신성모독에 참여함으로써 존엄성을 얻게 되고, 특히 셈 종족의 원죄 신화를 공격한다.[15] 셈 종족의 신화란 결국 호기심, 거짓된 기만, 유혹에의 굴복, 음탕함, 줄여 말하면 주로 여성적인 일련의 질병이며 악의 원천이다.

아리안 종족적 표상을 특징짓는 것은 **능동적 죄**를 프로메테우스적인 고유한 미덕으로 보는 고상한 관점이다. 이와 더불어 동시에 인간의 악행Übel의 **정당화**라고 하는 염세주의적 비극의 윤리적 토대가 확립되고, 악행에 따른 벌로서 고통을 인간의 책임이라고 보는 윤리적 토대가 확립된다.[16] 사물의 본질에 내재한 불행(관조적인 아리아인은 경향상 이렇게 억지 해석을 하지 않는다.), 세계의 심장에 내재한 모순은 그에게 다양한 세계, 즉 신적인 세계와 인간적인 세계의 혼란으로 나타난다. 즉, 각각의 세계는 개별자로서 정당하지만 다른 것 옆에 있는 개별자로서 개별화하기 위해서는 고통을 겪을 수밖에 없다. 개별자가 보편자로 영웅적으로 쇄도하려는 경우, 개별화의 장벽을 뛰어넘고 세계의 본질 그 자체가 되려는 경우 사물에 은폐된 원모순을 기꺼이 감수해야 한다. 즉, 그는 신성모독을 감행하고 고통을 겪어야 한다.[17] 아리안 종족이 남성으로서 신성모독자로 이해되고, 셈 종족은 여성으로서 죄인으로 이해되며, 최초의 신성모독이 남성에 의해 그리고 원죄가 여성에 의해서 행해진다.[18] 덧붙여 말하면 마녀합창단은 이렇게 말한다.

> 그게 무슨 대수랴,
> 여자들이 수천 걸음 앞서면 어떠랴.
> 제아무리 서두르더라도
> 남자들이 단 한걸음이면 따라잡거늘.[*162]

1. 괴테가 1772년에서 1774년 사이에 지은 시로, 프로메테우스가 유일신격에 해당하는 제우스에게 저항하고 제우스를 비난하는 내용을 담고 있다. 이 시는 독일의 질풍노도 운동에서 아주 중요한 작품이다.

이 시는 니체가 말하고 싶은 반종교적 사상, 반기독교 사상을 집약하고 있다. '제우스'를 우리가 알고 있는 기독교적인 '유일신'으로 바꿔 놓으면, 니체가 하고 싶은 주장이 다 드러난다. 괴테의 이 시는 니체 사상의 골격을 전체적으로 조망하게 해 주므로 전체를 감상하면 좋다.

> 당신의 하늘을 덮어라, 제우스여,

불을 나르는 프로메테우스 (얀 코시에르, 1637년, 프라도 미술관 소장)

어두운 구름으로

그리고 행동하라, 어린아이처럼,

엉겅퀴 머리를 자르라,

참나무와 산꼭대기에게 덤벼라.

그럼에도 당신은 나에게 맡겨야만 한다

내가 서 있는 이 대지를

그리고 당신이 만들지 않았던 나의 오두막을

그리고 나의 화로를, 집 안에서 타오르던

불을, 당신이 나에게 주기를 그토록 아까워했던.

내가 알기로 태양 아래서

당신들, 신들보다 더 불쌍한 존재는 없다!

당신들은 거지처럼 먹는다.

신들의 당당함은

바쳐진 제물 위에

그리고 기도하는 자의 숨소리에 있을 뿐.

당신들은 굶어 죽을 지경일 것이다

만약 아이들과 거지들이

그토록 어리석은 기도를 드리지 않는다면.

어렸을 적,

아무것도 알지 못해 어쩔 줄 몰라서,

나는 나의 길을 잃은 눈을

태양으로 향했다, 나의 슬픔에 들어 주는 귀가

나의 고통을 안타까워하는 마음이

있는 것으로 여기고.

누가 나를 도와주었는가?

거인족의 폭력에 맞서서.

누가 죽음으로부터 나를 구원했는가?

노예 상태에서.

당신은 그 모든 것을 완수하지 못했다,

신성하게 불타오르는 심장이?

그리고 젊고 착하게 불타올랐던 당신에게

속았으며, 구원에 고마워했다

저 위에서 잠든 자에게.

내가 당신에게 경의를 표해야 하는가? 무엇 때문에?

당신은 저 짐을 진 자들의

고통을 경감시켜 준 적이 있는가?

당신은 저 불안한 자들의

눈물을 씻어 준 적이 있는가?

나를 인간으로 단련시켜 준 것은

나의 주인이자 당신의 주인인

전능한 시간

그리고 영원한 운명이 아니었던가?

당신은

내가 모든 꽃 같은 꿈을

이룰 수 없기 때문에

삶을 증오하고

사막으로 도망치리라고 생각하는가?

나는 여기에 앉아 인간을 만든다

나의 형상을 따라서,

나를 닮은 한 종족은,

고통스러워하고, 울고,

즐기고, 기뻐하며,

그리고 당신 따위는 존경하지 않는다,

내가 그랬던 것처럼!

2. 괴테의 시에서 프로메테우스는 제우스에 저항하는 자이자 자신을 닮은 인간을 창조한 자이다. 프로메테우스에 의해 창조된 인간은 프로메테우스와 마찬가지로 신에게 저항하는 자이다. 인간은 프로메테우스에게서 불을 선물로 받았다. 이전에 불은 제우스의 번개가 칠 때나 나무와 나무의 자연적 마찰에 의해 얻어질 수 있다고 한다면, 프로메테우스에 의해 불을 전수받은 인간은 이제 불의 지배자가 되었다.

인간이 불의 지배자가 된다는 것은 인간이 불의 신이자 번개의 신인 제우스와 같은 능력을 갖는다는 것이다. 인간은 불을 통해 자연으로부터 벗어나 문화의 단계에 이르고, 궁극적으로 자연을 지배할 수 있는 능력을 소유하게 되었다.

3. Gerechtigkeit는 천편일률적으로 '정의'로 번역되곤 한다. 엄밀한 의미로 말하면 잘못된 번역이다. 좋은 번역어는 '올바름' 정도이

다. 아이스킬로스나 소크라테스, 플라톤이 활약하던 고대 철학에서 우리가 현재 알고 있는 정의나 법적인 의미의 사법적 정의Justice는 정리되지 않았기 때문이다.

소크라테스가 평생 동안 사유하면서 다루었던 문제는 '올바름이란 무엇인가?'였다. 소크라테스는 『에우티프론』에서 자신이 왜 기소를 당했는가를 다루면서 '인간적으로 올바름이란 무엇인가'라는 최초의 인류적 질문을 던진다. 그는 『변론』에서 자신이 한 행동이 올바르다는 것을 역설하고, 『크리톤』에서 법정 재판을 받은 후 어떻게 행동하는 것이 올바른가의 문제를 다룬다.

소크라테스의 제자 플라톤 역시 『국가』, 『법률』 등에서 정의를 다룬 것이 아니라 '무엇이 올바른 것인가'를 다루었다. 독일어 Gerechtigkeit는 그리스어 dikaosynē에 해당한다. 박종현은 『국가(정체)』 331c 주22에서 dikaosynē를 '올바른 상태' 정도로 본다. 시민으로서의 올바름, 통치자, 수호자, 생산자로서 각각의 올바름, 국가로서 올바름 등을 다루는 것이 플라톤의 철학이다. 한마디로 말하면 소크라테스와 플라톤의 정치학과 철학에서 우리가 알고 있는 것과 같은 '정의'를 찾아내려고 하는 것은 올바르지 못하다.

소크라테스보다는 한 세대 전이고 플라톤보다는 두 세대 전인 아이스킬로스의 비극에서 프로메테우스적인 '정의'를 찾는 것은 옳지 못하다. 다만 우리는 아이스킬로스의 프로메테우스의 행동에서 무엇이 올바른 것이었는가를 찾아보는 것이 필요하다.

4. '개별자의 헤아릴 수 없는 고통'은 프로메테우스가 제우스의 독수리에 의해 간을 쪼이는 것을 말하며, '신들의 황혼Götterdämmerung'은 괴테의 시에서 보듯이 프로메테우스가 인간에게 준 능력이 신들의

종언을 고하게 한다는 점을 뜻한다. 마지막으로 '화해와 형이상학적 통일을 강요당하는 저 두 고통스러운 세계'의 힘은 프로메테우스에 의해 창조된 인간의 세계와 인간에 의해 고통을 당하는 신들의 세계를 뜻한다. '신들의 황혼'은 후일 니체의 저작『우상들의 황혼Götzen-Dämmerung』을 예감케 한다.

5. 3장 4절에 '모든 인식을 넘어 무자비하게 지배하는 저 모이라'라는 말이 나온다. 이는 인간이 모든 지식을 동원한다 해도 운명을 알수 없다는 뜻이다. 필멸의 인간도 모이라에 의해 지배되며, 또한 괴테의 시에서는 프로메테우스와 제우스를 포함한 신들 역시 모이라에 의해 지배당한다. 제우스가 자식들에 의해 권력을 빼앗길 거라는 것 역시 운명의 신 모이라의 힘이다.

6. '명상적인 그리스인'은 아이스킬로스를 가리킨다. '형이상학적인 사유의 확고부동하게 견고한 토대를 그 신비한 신에게서 찾았으며'는 형이상학적인 진리의 토대를 프로메테우스에게 찾았다는 뜻이다. '회의주의적 변덕을 올림포스 신들에게 폭발시켰다'는 신을 믿지 않는 아이스킬로스가 제우스를 비롯한 올림포스를 부정하고 거부했다는 뜻이다.

전체를 풀어 말하면 아이스킬로스는 프로메테우스를 통해 인간 중심적인 새로운 종교사상을 만들어 냈으며, 그리스 시민들은 이를 바탕으로 제우스를 비롯한 기존 올림포스의 신들을 거부했다는 뜻이다.

니체는 아이스킬로스의 새로운 종교관을 바탕으로 유럽에서 지배적인 기독교 사상을 부정하고 거부할 수 있는 토대를 만들어 낸다.

결박된 프로메테우스 (야코프 요르단
스, 1640년경, 발라프 리하르츠 미술
관 소장)

7. '거대한 거인 예술가'는 프로메테우스를 말한다. '대담한 신앙'은
프로메테우스 자신이 만든 인간이 지혜를 갖게 되고, 그 지혜에 의
해 올림포스 신들을 절멸시킨다는 것을 뜻한다. '숭고한 지혜'는 제
우스 시대의 종말을 알고 있는 프로메테우스의 지혜를 말한다. '영
원한 고통'은 제우스의 독수리가 간을 쪼고 나면 없어지는 것이 아
니라 다시 살아나고, 또 다시 독수리에 의해 간의 쪼임을 당하는 것
을 말한다. '그 지혜를 속죄하도록 강요받았다'는 것은 제우스가 자
신 시대의 종말을 두려워했으며, 그 공포감을 해소하기 위해 프로
메테우스에게 신탁을 알려 달라고 말하지만 들어주지 않자 독수리
를 통해 엄청난 고통을 야기한 것을 뜻한다. "영원한 고통으로도 거
의 속죄될 수 없는 위대한 천재의 숭고한 '능력', 즉 예술가의 준엄

한 자존심"은 프로메테우스가 제우스의 강요와 협박을 이겨 내고 인간을 창조하고 올림포스 신들을 이겨 냄을 뜻한다.

프로메테우스가 올림포스 신들을 진짜 이겨 냈는가? 프로메테우스는 결과에서 승리한다. 프로메테우스는 사소한 전투에서는 패배하지만, 즉 제우스가 프로메테우스를 협박하여 육체적 고통을 통해 굴복시키려 하지만 거대한 전쟁에서는 승리하는, 즉 제우스로 표현되는 기존 종교를 극복할 수 있는 사상을 제공하는 것에 성공한다. 아이스킬로스는『결박된 프로메테우스』에서 다음과 같이 프로메테우스가 전투에서 진 것을 표현한다.

> 이제 이미 말부터 행위까지 모든 것이
>
> 실제로 변하는 중이구나. 대지가 흔들리는구나.
>
> 바다 밑에서 으르렁거리는 천둥이
>
> 그러렁거린다. ……
>
> 하늘이 이제 바다와 뒤섞였구나.
>
> 이런 소동은 아주 명백하게 나를 노리고
>
> 제우스가 나를 겁먹게 하려는 거다.
>
> 오 신성한 대지의 여신이여, 성스러운 하늘이여,
>
> 모든 것을 비춰 주는 빛을 내리소서.[163]

프로메테우스는 제우스의 천둥 앞에서 먼지로 사라진다.(내용상으로 본다면 실제로 프로메테우스가 죽었는지 알 수 없다.) 하지만 프로메테우스는 제우스와의 전쟁에서 승리한다. 프로메테우스의 반제우스 전투, 반종교 사상은 프로메테우스의 자식들인 인간에게 남아 있다. 인간은 프로메테우스를 찬양하고, 반종교 사상의 기치를 들고 반제우스, 반기독교, 반종교를 외친다. 프로메테우스의 힘은 점차 넓게 펴져 가고 있다. '신은 죽었다'고 외친 니체가 그 증거이다.

8. 니체는 앞 단락에서 아이스킬로스 '세계관의 핵심이자 주제'를 말했으며, 여기에서는 그 세계관을 설명하는 '아이스킬로스 시의 내용이자 정신'을 설명한다. 니체는 오이디푸스를 설명한 곳에서 '능동성'과 '수동성'을 잣대로 오이디푸스를 설명했다.

9. 프로메테우스는 능동적 영웅으로서 온갖 고통을 겪었지만 굴하지 않음으로써 자존심을 지켜 냈고, 오이디푸스는 수동적 영웅으로서 온갖 고통을 견뎌 내고 승리했다는 뜻이다.

10. '예술가적 창조의 명랑성'이란 이중적 의미를 지닌다. 하나는 프로메테우스를 예술가로 보는 것이다. 이는 제우스의 방해 책동, 프로메테우스의 인간 창조, 제우스의 독수리에 의한 프로메테우스의 고통, 제우스를 비롯한 올림포스 신들에 대한 프로메테우스가 창조한 인간들의 저항에서 보는 것처럼 고통 뒤에 행복이 오는 것을 뜻한다.

다른 하나는 일반적인 예술가적 창조의 명랑성이다. 예술가들이 작품을 창조할 때 온갖 고통을 겪지만 작품이 완성되고 난 뒤의 행복감을 뜻한다. 니체는 '예술가적 창조의 명랑성'을 '소크라테스적 명랑성', '학문적 명랑성', '알렉산드리아적 명랑성'과 대비되는 뜻으로 사용한다. 니체는 초기 글에서 예술가적 창조의 명랑성을 탐구하고, 사상이 심화될수록 그 반대 영역의 명랑성을 혹독하게 비판한다.

11. 니체는 프로메테우스 신화를 아리안족 신화의 공통성으로 이해

한다. 니체는 거인 프로메테우스의 신화를 남성적인 신화로 받아들이고, 곧장 니체의 초인관과 자라투스트라로 발전시킨다. 니체는 유대교의 신화를 프로메테우스 신화와 정반대인 여성적인 신화로 이해하고, 이를 비판하는 것을 평생의 과제로 받아들인다.

12. 셈족은 성경의 창세기에 나오는 인물로 노아의 세 아들 중의 장남인 셈에서 출발한다. 현재 셈족은 주로 에티오피아, 이라크, 이스라엘, 요르단, 레바논, 시리아, 아라비아반도, 북아프리카 등지에 살고 있다.

셈족은 유대교·기독교·이슬람교 같은 주요 종교를 만들어 냈다. 셈족은 공통적으로 우리가 흔히 알고 있는 원죄 신화를 공유한다. '원죄'는 이브가 뱀의 유혹에 빠져 선악을 구분할 수 있는 사과를 먹는 걸 말한다. 원죄의 결과 낙원에 살던 인간은 현세로 쫓겨났고, 남성은 노동의 고통, 여성은 출산의 고통을 겪는다.

13. 인간과 불 그리고 신의 관계가 모든 문화의 출발점에 있다. 불은 인간의 소유가 아니라 신의 소유였다. 제우스가 최고 신이 된 것도 번개로 상징되는 불을 소유하고 있기 때문이다. 프로메테우스는 가장 최고의 신의 전유물인 불을 인간에게 전해 주었다. 인간이 신의 독점적 전유물인 불을 자유자재로 다룰 수 있는 순간, 인간은 인간만의 문화를 발전시키고 신을 넘어서서 신을 복종시킬 수 있는 힘을 갖게 되었다. 프로메테우스 신화가 갖는 문화의 상징성은 인간이 곧 신을 극복할 능력을 갖게 된다는 점이다.

14. 제우스는 불을 통한, 문화를 통한 신들의 지배에 반기를 든 인간에 대한 복수를 판도라를 통해서 한다.

전에 인간의 종족은 지상에서 재앙으로부터

멀리 떨어져 힘겨운 노고도 없이, 인간들에게

죽음의 운명을 가져다주는 병도 모르고 살았으니 말이오.

……

인간들에게 큰 근심을 안겨 주었던 것이오.

오직 희망만이 거기 부술 수 없는 집 안에,

……

그 밖에 무수히 많은 고통이 인간들 사이를 떠돌고 있소.

그리하여 육지도 재앙으로 가득 차고 바다도 재앙으로 가득 찼소.

병들은 낮에 인간들을 찾아가고 다른 병들은 밤에 찾아가오.

자청하여, 인간들에게 재앙을 가져다주며, 소리 없이,

지략이 뛰어나신 제우스께서 그들의 목소리를 빼앗으셨기 때문이오.[164]

　　인간에게 '희망'은 저주이다. 인간에게 희망은 행복 약속이 아니
라 저주의 유예이다. 인간에게 희망은 미래의 쾌락을 위한 현재 즐
거움의 유예이다. 인간은 희망 때문에 죽어 가는 줄도 모르고 노동
을 하고 돈을 모은다. 희망은 약자를 일하게 만드는 마약일 뿐이다.
인간은 죽음을 눈앞에 둔 상황에서도 희망을 꿈꾸지만 절망으로 끝
날 뿐이다. 얼마나 많은 사람이 희망의 등불 앞에서 스러져 가는가?
제우스는 인간에게 저주를 내리기 위해 희망을 선물로 주었고, 기
독교는 사후 영생을 희망의 약속으로 주었다.

15. 인간과 신의 대결을 둘러싼 프로메테우스적인 신화와 원죄 신
화의 대결! 전자는 인간 중심적인 반면, 후자는 신 중심적이다. 전
자에서 인간은 능동적으로 신과 싸움을 걸고 신을 극복해 나가는

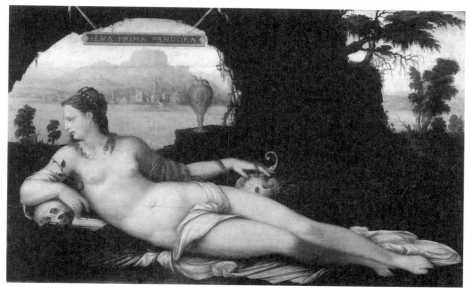

에바 프리마 판도라 (장 쿠생 1세, 1550년경, 루브르 박물관 소장)

반면, 후자는 신이 인간을 징벌하고 그 원죄를 벗어나기 위해 신에게 간구해야 할 뿐이다. 전자에서 인간은 신을 유희와 조롱거리로 삼는 반면, 후자에서 인간은 신의 종과 노예에 지나지 않는다.

16. '인간 악행의 정당화'를 논의하기 전 신의 악행을 정당화해야 한다. 신도 악행을 하고 이것이 정당하다면, 인간 역시 악행을 해도 이것 역시 정당하다는 논리가 성립한다. 니체는 신과 인간의 악행을 연결하여 다음과 같이 설명하면서, 이것이 고대 그리스 비극의 토대가 된다고 말한다.

이와 반대로 그리스인들에게 신성모독 또한 가치를 지닐 수 있다는 생각이 스며들었다. 프로메테우스의 절도, 아이아스의 광적인 질투심에 의한 무분별한 가축 살해가 그 예이다. 그리스인들은 신성모독 가치를 예술적으로 형상화하고 구현하기 위해 비극을 창안했다.[165]

플라톤처럼 '신은 선하다'는 관점을 갖거나 기독교적인 유일신과 신은 절대 선하다를 믿는 사람의 관점에서 본다면 니체의 이 주장은 절대 이해될 수 없다. 그들은 선한 신이 악행을 저지르거나 인간이 이를 모방해 악행을 저지른다고 생각할 수 없기 때문이다.

17. 모든 인간이 고통스럽게 살지 않을 수 있다면, 우리가 사는 세상이 조화와 평화로만 유지되고 있다면 얼마나 좋을까? 그 바람은 현실적으로 불가능하고 영원히 실현될 수 없다. 절대신이 존재한다면, 왜 이렇게 인간은 고통스럽게 살아야 하고 싸우고 다투며 살아야 하는가? 이것이 신의 뜻이란 말인가! 절대신이 존재하지 않기 때문에, 고통을 겪지 않는 인간 그리고 조화와 평화의 세상을 가정하는 것 자체가 불가능하다. 절대신이 존재한다면, 참회와 회개만 하면 인간과 신의 불화는 존재하지 않는다. 인간은 신에게 절대 복종하여 잘 살아갈 수 있기 때문이다.

인간이 겪는 고통, 모든 세계에 근본적으로 내재된 불화와 모순을 어떻게 해석할 것인가? 프로메테우스가 그 질문에 답한다. 프로메테우스가 등장하기 이전, 인간이 문화를 만들지 않고 제우스의 뜻대로만 살던 시절에는 인간은 병도 걸리지 않았고 고통도 겪지 않았다. 하지만 프로메테우스의 등장 이후, 프로메테우스의 도움을 받은 인간이 신의 세계에서 독립한 이후부터 인간의 세계와 신의 세계는 대립한다.

인간의 세계와 신의 세계는 서로가 서로를 견제하고 공격하지 않는 한, 상호 독립적으로 살아갈 수 있었다. 인간이 문화를 만들고 신을 공격하는 순간, 인간이 개별자로서 자신의 개별화를 주장하는 순간 신의 세계는 혼란을 겪었다. 반대로 신의 세계 역시 인간을 공격하는 순간, 제우스가 판도라를 통해 인간을 공격하는 순간 인간의 세계는 혼란을 겪게 되었다. 신으로부터 인간의 독립은 신의 세계의 절멸을 꾀하며, 신의 세계가 인간의 세계에 공격을 개시한 순간 인간의 세계는 고통과 곤란, 혼동에 빠진다. 각 세계의 개별화는 서로 다른 세계의 고통을 야기한다.

18. 니체는 여기에서 인간모독의 원죄를 짓는 기독교를 여성에, 신성모독의 능동적 죄를 짓는 프로메테우스를 남성에 비유한다. 니체가 인용한 글은 능동적인 신성모독자 프로메테우스를 비유하기 위해 괴테의 『파우스트』에서 인용한 것이다. 괴테는 이 인용문 바로 앞에서 니체식의 인간모독적인 원죄를 짓는 기독교를 연상시키는 합창을 기술한다.

> 우리는 달팽이처럼 느릿느릿 기어가는데,
> 여자들은 휘이휘이 앞서가는구나.
> 악惡의 고향을 찾아갈 때는
> 여자들이 수천 걸음을 앞서기 때문이리라.[166]

다시 보기 1

신성모독의, 저항의 아이콘으로서 프로메테우스와 불경죄를 지은 프로메테우스 중 누구를 선택할 것인가? 사회과학과 인문학에 관심을 가진 사람이라면 오이디푸스와 마찬가지로 프로메테우스에 대해서도 태도를 분명히 정해야 한다. '최고의 신에게 도전하다 불경죄로 지독하게 고통스러운 벌을 받는 프로메테우스' 대 '저항과 전복의 아이콘으로서 프로메테우스.'

간을 쪼이고 다음날 또 다시 그 간이 자라는 고통을 당하고 싶지 않은 자라면 프로메테우스의 고통을 통해 신성모독을 저지르지 말아야 한다는 교훈을 얻어야 한다. 다음날 다시 간이 쪼이는 극심한 고통을 당하고서라도 자신이 사랑하는 것을 위해 목숨을 바칠 각오가 되어 있는 자라면 전복의 아이콘으로서 프로메테우스를 선택해야 한다. 프로메테우스를 둘러싼 사상 투쟁, 정신 투쟁은 오이디푸스를 둘러싼 전쟁보다 먼저 시작되었고, 정리되었다.

호메로스의 『일리아스』와 『오디세이아』에는 프로메테우스가 나오지 않는다. 사상 투쟁의 첫발은 헤시오도스가 나선다. 헤시오도스는 『신들의 계보』에서 프로메테우스를 최고의 신 제우스와 지혜를 겨루는 신으로 표현할 뿐이다. 프로메테우스는 소의 위로 덮은 뒤 소가죽에 싼 살코기와 내장을, 기름 조각으로 싼 소의 흰 뼈를 내놓고 제우스에게 선택하라고 한다. 인간을 싫어하는 제우스는 인간을 사랑하는 프로메테우스의 계략을 알아채고 기름 조각에 싸인 뼈를 선택했다. 그 덕분에 인간은 살코기와 기름진 내장을 먹게 된 반면 신들은 뼈를 구운 냄새만 맡게 된다. 인간을 사랑한 프로메테우스는 불을 훔쳐 내어 인간들에게 전해 준다. 화가 난 제우스는 인간에게 결혼이라는 불행을 안겨 준다. 최고의 신 제우스는 인간을 사랑하는 프로메테우스를 증오했고, 그에게 독수리에게 간을 뜯어먹히는 형벌을 내린다.[167]

프로메테우스에 관한 또 다른 기록은 헤시오도스의 『일과 날』이

판도라 (존 윌리엄 워터하
우스, 1896년)

다. 제우스는 음모를 꾸민 프로메테우스에게 분노하여 온갖 재앙과
단 하나의 희망만 있는 판도라의 상자를 인간에게 선물한다. 나중
에 생각하는 자이자 프로메테우스의 동생인 에피메테우스는 상자
를 열지 말라는 형의 조언을 무시하고 판도라의 상자를 연다. 그 후
인간들은 재앙 폭탄을 맞고 희망만을 바라보고 평생 고통스럽게 살
아가는 형벌을 받는다.[168]

　헤시오도스가 묘사한 프로메테우스는 밋밋하고 단선적이다. 프
로메테우스가 자신이 만든 인간을 사랑해서 밤을 밝히고 요리를 할
수 있는 불과 기름진 고기를 주었다는 정도이다. 물론 올림포스의

절대신 제우스는 프로메테우스의 음모를 다 알고 있었기에, 프로메테우스와 인간을 응징한다.

아이스킬로스는 『결박된 프로메테우스』에서 헤시오도스의 평면적이고 단순한 프로메테우스 이야기를 놀라운 상상력으로 전복시킨다. 그는 왜 절대적 지위에 있는 제우스가 프로메테우스를 괴롭히는가라는 문제를 깊이 판다. 연기로만 맛을 볼 수 밖에 없는 그까짓 소뼈 때문에 절대신 제우스가 그토록 화가 났는가? 그는 더 깊은 원인이 있을 거라고 가정한다.

아이스킬로스는 헤시오도스의 신화적 세계관을 문학적 상상력으로 전복한다. 미리 아는 자인 프로메테우스가 올림포스 최고 신 제우스의 운명을 알고 있다고 아이스킬로스는 상상한다. 제우스는 프로메테우스에게 그 정보를 알려 달라고 조르고, 프로메테우스는 단연코 거부한다.

프로메테우스는 청천벽력 같은 고급 정보를 전 세계의 신들과 인간들에게 선언한다. '아버지 크로노스를 살해하고 권력을 잡은 제우스 당신 역시 자식들에 의해 권력을 박탈당하고 제거될 것이다.' 아이스킬로스는 고대 그리스 신화의 역사적 전통, 크로노스의 아버지 우라노스 살해, 제우스의 아버지 크로노스의 살해라는 무시무시한 신화적 사실을 예술적 상상력으로 제우스 분노의 빈 공간을 채운다. 그 구체적인 전모를 알려 주지 않았기 때문에 프로메테우스는 제우스의 독수리에 의해 간을 쪼이는 고통을 당하고 다음 날 또 당한다고 아이스킬로스는 상상한다. 고대 신화의 가장 커다란 비밀, 자식에 의한 아버지 살해!

아이스킬로스의 기발한 문학적 상상력은 이것으로 끝나지 않는다. 아이스킬로스는 프로메테우스가 인간을 너무 사랑한 나머지 불을 주었고, 그 불은 인간의 문명을 가능케 했다고 공언한다. 또한 아이스킬로스는 불과 문명 덕분에 인간이 신을 능가할 정도의 힘과 능력을 지니게 되었으며 그 때문에 신들 역시 인간에 의해 정복당하고 지배당할 수밖에 없거나 인간과 타협할 수밖에 없다고 선언한다. 인간이 중심이 되는 새로운 세상의 개벽!

아이스킬로스는 프로메테우스를 통해 한발 더 나간다. 프로메테우스는 외친다.

나는 모든 신을 증오한다.[169]

프로메테우스는 종교에 적대적인 세계관과 인간의 세계중심을 선언한다. 제우스의 아들이자 충실한 전령인 헤르메스는 세상의 모든 종교관을 대변해 "당신은 미쳐도 단단히 미쳤구려."라고 말할 뿐 어떤 행동도 더 이상 하지 못한다. 신들의 세계의 종언!

아이스킬로스는 놀라운 상상력과 전복적인 사유로 고대 그리스 올림포스 신들의 세계를 단숨에 뒤집어엎어 버린다. 단단히 미치고 신을 증오하는 프로메테우스를 선택할 것인가, 신성모독으로 제우스의 단죄에 극도의 고통을 받는 가련한 프로메테우스를 선택할 것인가? 후자를 선택한 자는 플라톤이고, 전자를 선택한 자는 니체이다.

플라톤은 아들에 의한 아버지 살해를 부정한다. 플라톤은 아버지 다시 세우기의 전사이다. 플라톤은 오이디푸스 이야기에서 보았듯이 제우스가 자식들에 의해 제거당해 최고 신의 자리에서 내려오는 것을 상상하는 것조차 불손하다고 생각한다. 플라톤은 인간이 프로메테우스에 의해 갖게 된 불도 고작해야 '생존을 위한 지혜'[170] 정도로 축소시킨다. 인간에게 불이 얼마나 위대한 발견이고, 그 불 덕분에 밤을 밝히고 추위를 몰아내고 문명을 건설할 수 있었다는 사실을 플라톤은 부정한다.

한술 더 떠 플라톤은 인간으로서 지녀야 할 '염치와 정의'를 포함한 '시민적 지혜'를 오로지 제우스만 소유하고 있었고, 제우스가 이 지혜를 인간들에게 전달해 주었다고 말한다.[171] '시민적 지혜'가 불에서 비롯하는가, 아니면 제우스에게서 비롯하는가라는 문제는 인간 중심적 세계냐 신 중심적 세계냐를 결정하는 문제이다. 아이스킬로스는 2,500년 전 이미 신 중심적 세계를 부정하고 인간 중심적 가치로 올림포스 신의 세계를 저울에 달았다. 프로메테우스적인 인간적 중심이 올바른가, 아니면 제우스적인 신적인 질서가 올바른가?

노동해방, 인간해방, 종교를 아편이라고 부르짖은 마르크스를 프로메테우스로 비유한 많은 사례를 생각해 보자. 니체의 『비극의 탄생』 표지에 프로메테우스의 그림이 실려 있었다는 점을 다시 상기해 보자. 프로메테우스는 분명 기존의 모든 가치의 전복자이다. 니체는 아이스킬로스의 프로메테우스 사상을 조금 더 발전시킨다. 9장 3절은 니체의 프로메테우스 사상이자 향후 니체의 반기독교 사상의 맹아를 보여 준다.

니체는 프로메테우스를 능동적인 죄를 지은 자이고, 인간해방 사상을 가진 자로 간주한다. 니체는 프로메테우스가 말한 '나는 모든 종교를 증오한다'는 말을 적극 수용하고, 기독교적인 모든 신앙과 관념을 극복할 수 있는 길을 발견한다. 니체는 세상의 모든 사람들로부터 '당신은 미쳐도 단단히 미쳤구려'라는 말을 들어도 아랑곳하지 않는다. 제우스의 죽음은 곧 종교의 죽음이라는 것을 인간을 사랑한 프로메테우스, 아이스킬로스는 알았다. 니체에게 프로메테우스, 아이스킬로스는 종교의 종언을, 기독교의 종언을, 신의 죽음을 2,500년 전에 선지자처럼 알려 준 혁명가이다.

인간해방은 종교의 부정으로부터 나온다는 것, 이는 이미 2,500년 전 아이스킬로스의 대선언이다. 소크라테스와 플라톤 연합군은 그리스 사상 투쟁에 다시 발을 딛는다. 그들은 인간해방의 모든 사상을 부정하고 인간을 억압하는 정치적 윤리적 족쇄를 담금질한다. 플라톤은 프로메테우스가 제우스에 의해 벌을 받았다는 신화적 사실만을 중시하고, 시민적 지혜가 신의 선물이라고 강변한다.

프로메테우스를 둘러싼 사상 투쟁은 예나 지금이나 바로 이 자리에서 벌어진다. 니체는 말한다. 프로메테우스를 따르라, 그가 자라투스트라이고, 그가 디오니소스이다. 그는 바로 당신이다.

다시 보기 2

니체의 글을 읽다 보면 혼동스럽고 의문스러운 점이 있다. 니체가 여성을 이야기할 때이다. 대부분 니체의 글에는 여성혐오적인 사상이 있다고들 비판한다. 니체의 여성관을 어떻게 이해해야 할 것인가는 사실 니체 읽기의 험난한 과제이다.

니체의 종교 사상을 중심으로 니체의 여성관을 보면 이해되는 측면이 있다. 니체는 셈족의 종교인 기독교와 유대교 등을 여성에 비유한다. 니체는 셈족의 종교를 여성에 비유하고, 여성적인 종교의 특징을 "호기심, 거짓된 기만, 유혹에 굴복, 음탕함, 줄여 말하면 주로 여성적인 일련의 질병이며 악의 원천"으로 보았다.

니체가 여성을 언급할 때 가장 우선적으로 보아야 할 점은 여성과 기독교와 유대교와의 비유이다. 니체가 여성의 특징과 악행을 언급했다면, 그 내용적 측면이나 본질적 측면에서 서구를 지배한 기독교를 비판한다고 이해할 필요가 있다.

그럼에도 니체의 여성관은 불편하다. 불편한 정도가 아니라 곤혹스럽다. 그렇다면 어떻게 보아야 하는가? 니체가 여성과 종교를 결합해서 사유하고, 여기서 한발 더 나아가 여성적 특성 자체를 비판한 것으로 이해하면 좋을 듯하다. 여성적인 질병을 앓는 기독교에 대한 비판과 여성성 자체에 대한 비판의 중첩이 니체 여성관의 특징이다. 니체의 여성 비판은 성경에 나오는 이브의 속성을 여성 전체의 속성으로 확장한 것이다.

이때도 필요한 것은 니체가 아리안족의 종교적 특성이라고 말한 남성적 프로메테우스와 비교하며 읽는 것이다. 남성적 종교의 전형적 인물인 프로메테우스의 특성과 대비되는 셈족의 여성적 종교의 전형적 인물인 이브의 특성으로 여성을 보는 것이다. 니체의 여성에 대한 비판은 여성 자체에 대한 비판이 아니라 종교적 성격을 은연중에 드러낸 여성성에 대한 비판이다.

결론적으로 말하자면. 니체의 궁극적 남성관과 여성관은 무엇인가라는 질문을 던지는 것은 우문이다. 오히려 그보다 니체가 궁극적으로 바라본 인간관은 무엇인가를 물을 필요가 있다. 남성이건 여성이건 바닷가에서 모래성을 쌓았다가 부수는 걸 아무렇지도 않게 여기는 어린아이가 되어야 한다. 어떤 도덕적, 윤리적, 종교적인 가치에 구애받지 않고, 모래성을 쌓고 부수는 것 자체를 놀이로, 유희로 여기는 인간이 되어야 한다.

생물학적 성이 중요한 것이 아니라 인간이라면 지향해야 하는 가치가 중요하다. 남성과 여성의 대립에서 벗어난 헤파이스토스가 그토록 찬양하고 니체가 발전시킨 아이와 같은 속성을 지닌 인간이 진정한 인간이다.

4. 디오니소스적이며 아폴론적인 프로메테우스

프로메테우스 전설의 저 가장 내적인 핵심을 이해하고자 하는 자—특히 거인적인 투쟁을 하려는 개인에게 요구되는 신성모독의 필연성—는 동시에 이러한 염세주의적 표상의 비아폴론적 성격을 당연히 느껴야만 한다. 왜냐하면 아폴론은 개체들 사이에 경계선을 긋고 자기인식과 척도라는 아폴론 자신의 요청을 가장 신성한 법칙으로서의 경계선을 상기시킴으로써 개체들에게 편안함을 주려고 하기 때문이다.[1]

이러한 아폴론적인 경향이 그 형식을 이집트적인 딱딱함과 냉정함으로 굳어지지 않도록, 개별적인 파고가 그 길과 영역을 규정하려고 노력하다가 전체 바다의 운동이 경직되지 않도록, 디오니소스적인 높은 파도가 모든 저 작은 원들, 즉 일면적인 아폴론적인 '의지'가 그리스적인 것을 사로잡으려고 시도했던 저 범주들을 시시때때로 파괴시켰다. 갑작스럽게 끓어오르는 디오니소스적인 것의 저 홍수는 개체라는 개별적인 소규모 물마루를 자신의 등위에 태워 싣고 갔다.[2] 프로메테우스의 형인 거인 아틀라스가 마치 지구를 등에 지듯이 말이다. 모든 개체들의 아틀라스가 되어 모든 개체들을 넓은 등 위에 태워 점점 더 높이, 점점 더 멀리 옮기려는 이러한 거인적인 열망은 프로메테우스적인 것과 디오니소스적인 것의 공통점이다.[3] 이런 고찰에서 아이스킬로스의 프로메테우스는 디오니소스의 가면을 쓴 것인 반면, 올바름에 대해 앞에서 상술했던 심오한 속성을 본다면 아이스킬로스는 개별화와 올바름의 범주의 신인 아폴론의 부계 혈통을 통찰력 있는 자에게 알려 준다.[4]

그리고 아이스킬로스가 본 프로메테우스의 이중적 본질, 디오니소스적이며 동시에 아폴론적인 본성은 다음과 같은 개념적인 형태로 표현될 수 있다. "현존하는 모든 것은 올바른 동시에 올바르지 않으며, 두 경우 모두 동시에 정당하다."[5]

이것이 당신의 세계이지 않은가! 이것을 세계라고 부르지 않는가![6]—

1. 척도와 기준, 자의 신으로서 아폴론과, 이를 파괴하는 신으로서 프로메테우스의 대결이다. 아폴론적인 것은 척도이자 규율이자 시스템이다. 아폴론은 제우스 다음으로 세상을 지배할 권력을 지닌 차세대 권력의 중심이자 자를 들고 세상을 재단하는 자이다.

디오니소스적인 것은 디오니소스 축제에서 나타나듯이 질서 전복, 현실 타파, 체제 부정 등이다. 디오니소스는 인간의 감정과 의지를 극대화시켜 질서를 파괴하고 타파하는 자이다.

프로메테우스는 기존의 질서 유지자이자 지배자이자 통치자인 제우스에게 반기를 든 자이다. 프로메테우스는 다이너마이트로 무장한 체제 전복자이자 새로운 세상을 만들어 가는 전복자이다. 이

점에서 프로메테우스는 디오니소스적인 것의 변신이다.

2. 아폴론적인 것이 지나치게 과해지면 경직되고 딱딱해지고 냉정해진다. 그리스 문화는 어떤가? 아폴론적인 것의 경직화를 막아 주는 것이 있다. 바로 디오니소스적인 것이다. 열정과 정열과 광란의 디오니소스적인 것이 이성과 계산과 합리성의 아폴론적인 경직을 막고 유연하게 만들어 준다. 그리스 문화는 이 점에서 아폴론적인 것과 디오니소스적인 것의 결합이다.

3. 마치 아틀라스가 지구를 짊어지고 있듯이, 프로메테우스는 아폴론적인 개체들을 모두 등에 싣고 하나가 되게 만든다는 뜻이다. 프로메테우스는 디오니소스의 또 다른 분신이다. 디오니소스는 어떤 자인가? 축제에서 보듯이 낱낱의 인간을 하나의 덩어리 인간으로 만들어 해방감을 만끽하게 만드는 자이다. 개체는 현실에서 하나하나 낱낱으로 살 수밖에 없지만, 축제의 공간에서 하나가 되어 '너나 없는' 공동체를 이룬다. 프로메테우스는 디오니소스의 분신으로 아폴론적인 것과 혼융하여 인간을 하나로 만들어 주는 역할을 한다.

4. 프로메테우스의 이중적 측면이다. 하나는 앞에서 언급한 대로 전복자로서 디오니스스적인 측면이다. 다른 하나는 '올바름'을 설파한 측면에서 아폴론적인 측면이다. 아이스킬로스는 프로메테우스가 올림포스 신의 세계 전체를 달 수 있는 '올바름'의 저울을 가지고 있다고 보았다. '올바름'을 규정하는 프로메테우스만의 척도와 자가 있다는 뜻이며, 이 점에서 프로메테우스는 아폴론의 척도와 자와 같은 속성을 지니고 있다.

5. 헤라클레이토스의 사상을 니체가 차용하여 설명한 것이다. 프로메테우스는 디오니소스적인 동시에 아폴론적이라는 뜻이다. 프로

메테우스는 디오니소스의 분신이지만 아폴론적인 역할을 한다는 뜻이다.

헤라클레이토스는 전체 세계가 상반된 운동으로 존재한다고 보았다. 그는 '그것은 존재한다.'라고 말할 수 있는 존재자는 없다고 보았다. 그는 항상 유동적인 상태, 되어 감의 상태만을 인정한다. 그는 상반된 것이 서로 살아남기 위해 투쟁하는 데에서 통일성을 유지하면 존재가 나타난다고 보았다. 헤라클레이토스의 다음과 같은 말들은 그 예이다.

죽음의 힘과 생명의 힘은 그가 현존하는 매 순간 모든 인간에게 작용한다.

산 자와 죽은 자, 깨어 있는 자와 잠든 자, 젊은이와 늙은이가 동일한 것 안에 있다. 꿀은 쓰기도 하고 달기도 하다. 세계는 부패하지 않기 위해 끊임없이 내용물을 휘저어야 하는 항아리이다. 삶의 밝은 태양빛과 죽음의 어둠이 같은 원천에서 흘러나온다.[172]

6. 괴테의 『파우스트』 제1부 409절에 나온 문장(Das ist deine Welt! Das heißt eine Welt!)이다. 괴테는 이 부분을 냉소적인 의미로 쓴다. 파우스트가 세상의 모든 지식을 알고자 하지만 아무것도 알 수 없다는 사실을 깨달은 후, 방 안에 너저분하게 널려 있는 책, 기구, 상자 등을 보고 이 말을 내뱉는다. 다음처럼 번역되며 부정적이며 체념적 의미를 갖고 있다.

이것이 너의 세계란 말이냐!, 이따위 걸 세계라고 불러야 하느냐?

니체는 이 부분을 긍정적 의미로 말한다. 프로메테우스가 지배하는 세상은 디오니소스적인 것과 아폴론적인 것의 혼융이며, 모든 것이 옳기도 하고 그르기도 하다는 진리를 보여 준다. 이때 번역어를 직설적으로 표현하면 다음과 같다.

> 이것이 바로 당신의 세계이다! 이것을 세계라고 부른다!

또는 강조하는 의미로 번역하면 다음과 같다.

> 이것이 당신의 세계이지 않은가! 이것을 세계라고 부르지 않는가!

다시 보기

니체는 프로메테우스에게서 또다시 아폴론적인 것과 디오니소스적인 것의 합일을 바라본다. 니체는 그 과정을 전복자로서 디오니소스적 프로메테우스와 올바름의 화신으로서 아폴론적 프로메테우스의 변증법적 통합 과정으로 설명한다. 변증법적 통합 과정을 비극의 주인공에서 찾아내는 것도 이 글을 읽는 재미이다.

9장 다시 보기

세상을 살아가는 모든 인간은 한때는 희극의 주인공일 수 있고 어떤 때는 비극의 주인공일 수 있다. 인간이 살아감에 있어 기쁨은 잠시이고 고통은 길다. 그러나 고통을 피할 수 있는 방법은 많다. 대인 관계와 세계로부터 은둔, 약물이나 술에 의한 중독, 수행 등에 의한 정신 요법, 성적 만족 추구, 예술 감상 등은 고통 대신 기쁨을 얻는 방법이다. 이런 종류에서 얻는 기쁨은 고통을 잊어버리라고 주어지는 잠시의 행복에 지나지 않는다.

인간은 정신적 고통과 육체적 고통을 겪는다. 고통은 자연, 운명, 부지불식간에 짓는 죄, 알고도 짓는 죄, 그리고 누군가의 저주, 미약한 육체적 능력과 정신적 역량 등에서 발생한다. 인류가 탄생한 이래 전혀 고통스럽지 않은 삶을 살다 간 인간은 단 한 명도 없다. 실레노스가 미다스에게 전한 지혜를 반추해 보라.

비극의 주인공이 겪는 고통은 우리가 살아가면서 겪는 고통 그 자체이다. 자연에서 오는 고통, 인간이 피할 수 없는 운명에서 오는 고통은 극적인 주제가 되지 못한다. 인간은 알고도 죄를 짓고 모르고도 죄를 짓는다. 전자는 프로메테우스이고, 후자는 오이디푸스이다. 양자가 겪는 고통은 인간이라면 견딜 수 없는 극심한 고통 그 자체이다.

오이디푸스처럼 알지도 못한 채 죄를 짓는 데에서 오는 고통은 어떤 방법으로도 피할 수 없다. 내면의 시선이 죄 자체를 응시하기 때문이다. 인간은 내면에서 오는 시선을 절대 피할 수 없다. 내면의 파수대가 끊임없이 감시하기 때문이다. 오이디푸스가 자신의 눈을 찌른 것도 내면의 시선을 피하기 위한 고육지책이었다.

프로메테우스처럼 능동적으로 짓는 죄에서 오는 고통 역시 어떤 방법으로도 피할 수 없다. 죄라는 것을 알고 스스로 죄를 지었기 때문에 그 죄를 절대 속죄하지 않는다. 프로메테우스의 간이 독수리에 쪼이고도 다음날 똑같이 또 자라는 것은 프로메테우스 자신에 대한 정당성의 확신이 줄어들지 않음을 상징한다.

당신이 오이디푸스처럼 알지도 못한 채 죄를 지었다면, 그 결과 견딜 수 없는 고통을 당한다면 어떻게 할 것인가? 신에게 의지하여 고통에서 벗어날 수 있는가? 벗어날 수 없다. 운명의 신이 당신을 그런 죄를 짓도록 운명 지웠기 때문이다.

당신이 프로메테우스처럼 절대 권력, 절대 지식, 절대 권위에 도전하는 죄를 지었다면, 그 결과 견딜 수 없는 고통을 당한다면 어떻게 할 것인가? 신에게 의지하여 고통에서 벗어날 수도 있다. 하지만 벗어날 수 없다. 당신의 자존심, 당신의 양심이 이미 도전과 전복 그리고 파괴를 선언했기 때문에 당신을 고통에서 구원해 줄 수 없다.

자, 그렇다면 어떻게 할 것인가? 고통으로 울고불고 난리치며 신에게 구원해 달라고 애원할 것인가? 부질없다. 인간은 누구나 죄를 짓기 마련이다. 죄를 하나도 짓지 않고 죽은 자가 있다면, 그는 태어나자마자 죽은 자이다. 설사 그런 자마저도 자신을 잉태한 어머니의 가슴에 대못을 박고 죽는 죄를 짓는다. 인간은 누구나 죄를 짓고 그 죄로 인해 고통을 받기 마련이다. 오이디푸스를 보라. 지혜로운 오이디푸스는 자신이 알지도 못한 채 죄를 지었지만, 그 죄에 양심의 가책을 느끼고 눈을 찌르지 않았던가! 프로메테우스는 자신이 사랑하는 인간을 위해 죄를 짓고, 자신의 모든 고통을 기꺼이 감내하지 않았던가!

인간이 살아가는 한 죄에서 오는 고통을 즐겨라! 니체의 전언이다. 그 고통을 기꺼이 감수한다면 오이디푸스처럼 죽을 때 희망의 빛이 들고, 프로메테우스처럼 존경을 받는다. 반대로 고통을 못 이겨 신에게 의지한다면, 그는 고통을 겪을 대로 다 겪고 자존심도 구기게 된다. 그는 인간이기를 포기한 노예가 되거나 주인만 보면 꼬리를 치는 인간 개가 된다.

디오니소스의 가면을 쓴
비극의 영웅들

1. 디오니소스 고통의 또 다른 표현으로서 주인공

의심할 여지가 없는 전승[1]에 따른다면, 그리스 비극은 가장 오래된 형태에서 디오니소스의 고통을 주제로 삼았으며 오랜 시간이 지난 뒤에도 유일하게 존재하는 무대의 주인공 역시 디오니소스였다는 점이다. 그리고 에우리피데스에 이르기까지 비극의 주인공이 디오니소스였다는 것은 여전히 사실이지만 그리스 무대의 유명한 모든 인물들, 예컨대 프로메테우스나 오이디푸스 등은 모두 저 원초적인 주인공 디오니소스의 가면이라는 사실역시 명약관화하다고 보아야 한다.[2] 이러한 모든 가면 뒤에 신성이 있다는 것은 저 유명한 인물들을 바라보다 종종 깜짝 놀라 멈칫거리게 되는 전형적인 '이상성'에 준하는 하나의 본질적인 근거이다.

나는 누가 주장했는지 잘 모르겠지만, 모든 개인Individuen은 개인으로서 희극적이기 때문에 비극적이지 않다는 말을 들었다. 이러한 사실로부터 그리스인들은 일반적으로 개인이 비극 무대 위에 서 있는 것을 참을 수 없어했음을 추론할 수 있다.[3] 실제로 그리스인들은 다음과 같은 것을 느낀 것처럼 보인다. 이는 일반적으로 세계를 '우상', '모상'과 대립된 '이데아'로 구분하고 평가하는 플라톤적인 사유가 그리스적인 본질에 깊이 내재되어 있는 것과 마찬가지이다. 플라톤적인 용어를 이용하여 그리스 무대의 비극적 인물들에 관하여 다음과 같은 어떤 것을 말해 보도록 하자. 하나의 진정한 실재인 디오니소스가 다양한 인물로, 싸우고 있는 주인공의 가면을 쓰고, 마찬가지로 개별적인 의지의 망 속에 연루되어 나타난다.[4] 이제 모습을 드러낸 신이 말하고 행동하는 것과 마찬가지로 그는 잘못된 길에 들어 애쓰지만 고통받는 개인을 닮는다. 그리고 그가 일반적으로 서사적인 확실성과 명료성과 더불어 나타난다는 것은 꿈의 해석자 아폴론의 작용이다. 아폴론은 합창가무단에게 자신의 디오니소스적 상태를 저 비유적인 현상으로 암시하기 때문이다.[5]

하지만 실제로 저 주인공은 비밀 종교 의식의 고통받는 디오니소스, 개별화Individuation의 고통[6]을 스스로 경험하는 저 신이며, 다음과 같은 놀라운 신화를 설명하는 신이다. 그는 어렸을 적 티탄 신들에 의해 갈기갈기 찢겼으며, 이러한 상태에서 자그레우스[7]로 숭배받는다. 이것은 다음과 같은 것을 암시한다. 이렇게 찢긴 상태가 고유한 디오니소스적 고통이며, 공기, 물, 흙, 불로 전환한다는 것, 우리는 개별화의 상태를 모든 고통의 원천이자 근원으로서, 그 자체로 비난받아 마땅한 것으로 고려한다는 점이다. 이러한 디오니소스의 웃음으로부터 올림포스 신들이 발생하고, 그의 눈물에서 인간들이 발생한다.[8] 찢겨진 신의 저 존재에서 디오니소스는 잔혹한 야수적인 악마와 온화한 성질을 지닌 지배자라는 이중적 본성을 갖게 된다.

하지만 에폭푸테스들Epopten[9]은 디오니소스의 부활을 기대했고, 우리는 이제 불길하기는ahnungsvoll 하지만 이 환생을 개별화의 종말로 파악해야만 한다. 에폭푸테스들의 왁자지껄한 환호의 노래가 이와 같이 나타나는 세 번째 디오니소스에게 울려 퍼진다. 그리고 이러한 기대 속에서만 갈기갈기 찢기고 개별화로 파괴된 세계의 얼굴에 한 줄기 기쁨의 빛이 나타난다. 신화는 이것을 그림을 그리 듯 묘사한다. 사람들이 영원한 슬픔에 잠긴 데메테르에게 **다시 한번** 디오니소스를 잉태할 수 있다고 말하자 데메테르는 슬픔에서 처음으로 다시 **밝아졌다.**[10]

인용된 견해에서 우리는 이미 심오하고 염세주의적인 세계관의 모든 구성과 동시에 다음과 같은 **비극의 신비한 가르침**을 모두 보게 된다. 모든 현존하는 것의 통일에 관한 근본 인식, 고통Übel[11]의 근원적 토대로서 개별화의 고찰, 개별화의 속박이 파괴되는 즐거운 기대로서 그리고 반복해서 재생되는 통일의 기대로서 예술[12] 등이 그것이다.

1. 헤로도토스의 역사 5권 67에 나오는 내용이다.

시퀴온인들이 아드라스토스에게 경의를 표하는 한 가지 방법은 비극의 합창가무단들이 그의 수난을 기리게 하는 것이었다. 비극의 합창가무단은 대개 디오니소스를 찬양하지만 시퀴온에서는 아드라스토스를 찬양했다. 그런데 클레이스테네스는 이것을 바꾸어 합창가무단들을 디오니소스에게 돌려주고 ……'[173]

헤로도토스의 이 서술은 그리스 비극이 디오니소스의 고통을 다루고 있음을 보여 준다. 여기서 니체는 비극의 주인공들이 곧 디오니소스의 또 다른 분신이라는 추론을 끌어낸다.
2. 니체의 이 주장에 대한 비판의 글이 실린 번역이 있다. 『비극의 탄생』, 김남우 옮김, 137쪽, 주2에 다음과 같은 글이 실려 있다.

> 빌라모비츠의 반박을 들어 보자. '논란의 여지가 없는 전승인바 오랜 시간 계속해서 디오니소스가 무대 위의 유일한 주인공이었으며 에우리피데스까지 디오니소스가 주인공이 아닌 때는 없었다는 주장은 또 어떠한가? 니체 선생은 이번 여름 학기 강의 주제로 『제주를 바치는 여인들』을 공지했다. 그가 이 비극을 한 번이라도 읽어 보았는지 의심스럽다. 『제주를 바치는 여인들』에서 도대체 누가, 『탄원하는 여인들』, 『자비로운 여신들』, 『페르시아 사람들』, 『아약스』, 『엘렉트라』, 『필록테테스』에서 도대체 누가 부활하는 디오니소스의 분신이란 말인가?'[174]

이 비판에 대한 비판은 다시 보기에서 다루도록 한다.
3. 비극의 주인공들이 디오니소스의 분신이라는 니체의 논증 하나. 니체는 이 논증을 쇼펜하우어의 『의지와 표상으로서의 세계 I』4부 59장에서 받아들인다. 그 내용은 아래와 같다.

우리가 모든 개인의 삶을 전체적으로 그리고 일반적으로 조사해 보고 그 중에서도 가장 중요한 부분만을 강조한다면, 모든 개인의 삶은 실제로 항상 비극이지만 세세하게 조사해 보면 희극적 성격을 지니고 있다. 왜냐하면 하루 동안 벌어지는 행위와 고뇌, 순간적으로 치밀어 오르는 노여움, 한 주 동안의 욕망과 분노, 매 시간 다가오는 불운은 모두 철저하게 우연이고, 이 우연은 부분적으로 희극의 장면들인 익살스러운 경향이 있다. 하지만 욕망은 결코 충족되지 않으며, 노력은 좌절로 끝나고, 희망사항은 운명에 끝없이 짓밟히고, 삶 전체는 불운한 실수의 연속이며, 결과적으로 점점 더 고통받다 죽음에 이르는 걸 본다면, 삶은 항상 비극이다. 따라서 운명이 비참한 우리의 존재에 웃음거리를 던져 준다 할지라도, 우리의 삶은 모두 고통스러운 비극을 내포할 뿐이다. 그럼에도 우리는 비극적 인물들의 존엄성을 주장할 수조차 없다. 삶을 광범위하면서도 세세하게 생각해 보면 우리의 삶은 어쩔 수 없이 어떤 희극의 어리석은 인물일 수밖에 없다.[175]

인간의 삶은 본질적으로 비극적이지만 겉으로 드러날 때에는 희극적이라고 쇼펜하우어는 말한다. 니체는 이를 일반화해서 인간의 삶은 희극적이기 때문에 비극의 주인공이 될 수 없다고 말한다. 니체가 쇼펜하우어를 바탕으로 내린 결론은 명확하다. 인간의 삶이란 희극적인 것으로 보이기 때문에 개개의 인간은 비극의 주인공이 될 수 없다는 것이다. 다시 말하면 비극의 주인공은 결국 극도의 고통을 겪은 디오니소스의 분신일 수밖에 없다.

4. 비극의 주인공들이 디오니소스의 분신이라는 니체의 논증 둘. 니체는 단 하나의 본질과 다양한 현상으로 나눠 사고하는 그리스인들의 일반적인 사유 방법에 근거하여 이를 설명한다. 도식화하면

사물의 본질인 이데아	=	비극의 본래 주인공 디오니소스
현실의 다양한 현상들의 모상	=	프로메테우스, 오이디푸스 등 다양한 주인공

위와 같다.

플라톤이 본질에 해당하는 이데아와 다양한 현상에 해당하는 모상들을 나눠 세상을 설명했듯이, 비극의 본래 주인공은 디오니소스이고 다양한 주인공들은 디오니소스의 가면을 쓴 것에 지나지 않는다고 니체는 주장한다.

5. 비극의 주인공들이 디오니소스의 분신이라는 니체의 논증 셋. 이 책 9장에서 상세하게 설명했다.

6. 니체는 1장 3절에서 개별화의 원리를 고통과 연결하여 해석하고, 1장 4절에서 개별화의 원리의 파괴를 다루면서 디오니소스 축제와 연결하여 해석했다. 또한 니체는 9장 1절에서 개별화를 디오니소스와 연결하여 설명했다.

디오니소스는 개별화의 원리를 겪은 신이므로 극도의 고통을 겪은 자이며, 디오니소스를 기리는 축제는 개별화의 원리가 파괴되는, 다시 말하면 파괴되었던 개체들이 다시 하나가 되는 즐거움을 누리게 된다. 이 문장 다음 내용은 개별화의 원리에 따른 분열의 고통을 디오니소스의 탄생과 찢김과 연결하여 설명하고, 개별화 원리의 파괴에 따른 하나 됨의 기쁨을 디오니소스의 재탄생과 축제를 연결하여 설명한다.

7. 니체는 티탄들에 의해 갈기갈기 찢긴 상태로 데메테르의 신자들

에 의해 숭배를 받는 자그레우스Zagreus를 어원학과 철학사를 통해 살펴보고 있다. 그 내용은 다음과 같다.

> 조닉소스Zonnyxos(=레스보스-에올리아 방언으로 Dionisos, 원래는 Dionysos), 이것은 또 다른 어간인 ver, 즉 vekus, vekros(둘 다 '죽다'란 뜻) 등으로 이어진다. -neco('죽다'란 뜻.)
> 디오니소스는 헤라클레이토스에 따르면 하데스이다.
> 제우스의 쿠렌텐 예식Kuretenkult des Zeus은 근원적.
> 조닉소스Zonnyxos는 '죽은 제우스' 또는 '죽이는 제우스'이다―사냥꾼 제우스=자그레우스Zagreus 그리고 식육하는 자homestes.[176]

니체는 또한 거인들에 의해 찢긴 자그레우스를 '개별화'로 이해한다.[177]

위의 두 가지 근거에 따르면 공통적으로 나타나는 것은 '죽은'이다. 니체의 자그레우스는 '죽은'이라는 의미와 연관된다. '개별화' 역시 하나의 본질에서 다른 현상으로 나타나는 것이므로 본질이 '죽은' 것이다. '하데스' 역시 '죽은' 자의 세계를 다스리는 신이다.

결론적으로 자그레우스는 어떤 이유에서 한 번 또는 여러 번 '죽은' 의미를 갖고 있다. 여러 번 죽었다는 뜻은 반대로 말하면 여러 번 태어난다는 것이다. 니체가 말한 영원회귀 사상의 출발점은 여기에서 비롯한다.

자그레우스의 또 다른 의미는 '강력한 지배'라는 뜻이다. '죽은 제우스'는 디오니소스가 제우스 다음으로 세상을 지배할 신이지만 '죽음'을 뜻한다. '죽이는 제우스'는 제우스처럼 강력한 힘을 가지고

서 사냥을 하는 등의 뜻이며, 이는 '식육하는 자'와 연관된다. 디오니소스가 자신을 따르지 않는 자들을 강력하게 처벌한 것은 여기에서 비롯한다.

자그레우스의 신화적 의미는 뒤에서 디오니소스 신화를 자세하게 설명할 때 연결하여 설명하도록 한다.

8. 니체는 이와 동일한 의미와 구조를 지닌 문장을 이미 언급했다.

> 판신Phanes의 웃음으로부터 올림포스 신들이 발생하고, 그의 눈물에서 인간들이 태어난다.*178

이 문장을 신화적 맥락에서 해석하는 것은 옳지 않다. 디오니소스 이전에, 판신 이전에 이미 올림포스 신들이 존재했기 때문이다. 판신은 제우스의 아들 헤르메스와 드뤼오프스왕의 외딸 페넬로페 사이에서 태어났다.

이 문장은 비유적 맥락에서 해석해야 한다. 디오니소스이건, 디오니소스를 따르는 판신인건 이는 중요하지 않다. 웃음에서 올림포스 신들은 즐겁고 행복하다는 뜻을 끄집어내고, 눈물에서 인간들은 고통스럽고 괴로운 삶을 살아간다는 뜻으로 해석하는 것이 좋다. 올림포스 신들은 즐겁고 행복하게 살기 때문에 판신이나 디오니소스의 웃음에서 태어나는 반면 인간은 고통 속에서 살 수밖에 없기 때문에 디오니소스의 눈물에서 태어난다는 뜻으로 새기면 된다.

또 다른 해석의 여지가 있을지 고민해 봐야 한다. 조금 더 깊이 생각해 보면, 이 해석은 3장 1절 "이러한 의미에서 우리들 입장에서 아폴론은 올림포스 세계의 아버지이다."에서 찾을 수 있다. 아폴론

니논 석판(Ninnion Tablet)으로 신자들이 곡물과 수확의 여신 데메테르, 그리고 봄과 씨앗, 명계의 여신 페르세포네의 종교에 입문하는 것을 보여 준다. 횃불을 든 사람이 에포푸테스들이고 그 뒤에 따르는 자들이 새로 입문하는 것으로 보인다. (기원전 370년경, 아테네 국립 고고학 박물관 소장)

이 '올림포스 세계의 아버지'이듯이 디오니소스도 '올림포스 세계의 아버지'이자 '인간 세계의 아버지'일 수 있다. 아폴론이 올림포스 세계의 아버지가 될 수 있었던 것은 아폴론이 꿈의 신으로서 형상을 주조하는 자였기 때문이다.

니체의 이러한 주장을 바탕으로 유추해 보면, 디오니소스도 올림포스 세계의 아버지가 될 수 있다. 디오니소스의 포도주가 웃음과 기쁨을 선물로 주며, 신들은 고통이 없는 웃음과 기쁨의 세계에서 살기 때문이다.

반면 디오니소스는 인간 세계의 아버지가 될 수도 있다. 디오니소스 삶과 죽음 자체가 고통이며, 디오니소스의 분신인 포도넝쿨의 생존 자체가 고통이듯이, 인간 역시 고통의 산물로서 눈물을 운명처럼 지니고 살기 때문이다. 더구나 디오니소스의 분신인 프로메테우스가 인간의 아버지이므로 디오니소스는 당연히 고통에 눈물을 흘리고 사는 인간의 아버지가 된다. 인간의 고통을 프로메테우스처럼 안쓰러워하는 디오니소스는 신들에게 웃음과 기쁨을 주는 포도주를 인간에게 선물로 줌으로써 인간의 고통을 잠시나마 멈추게 한다.

지나친 억지 해석일지 모르지만 이런 식의 추론이 가능하다고 생각한다.

9. 에포푸테스들Epopten은 곡물과 수확의 여신인 데메테르를 기본적으로 섬기는 비교秘教의 신자들 중에서 가장 높은 지위에 있는 자를 칭한다. 이들은 혜안으로 정신세계를 경험한 전문가들을 칭하기도 한다. 니체는 에포푸테스를 '최고의 지혜der letzten Weisheit'를 갖춘 자로 보았으며, '선택된 소수의 무리들'로 '최고의 경지에 참여'할 수 있

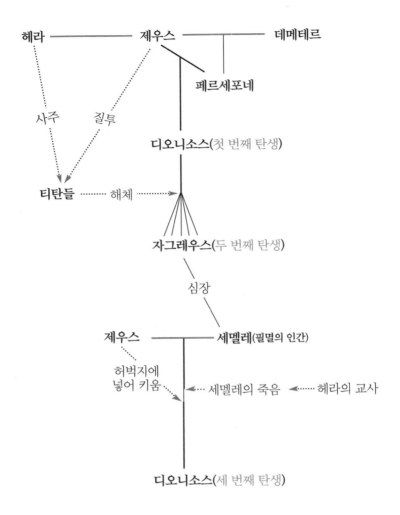

헤라 ——————— 제우스 ——————— 데메테르

페르세포네

사주   질투

디오니소스(첫 번째 탄생)

티탄들 ········ 해체 ········►

자그레우스(두 번째 탄생)

심장

제우스 ——————— 세멜레(필멸의 인간)

허벅지에
넣어 키움 ········► ◄······ 세멜레의 죽음 ◄········ 헤라의 교사

디오니소스(세 번째 탄생)

니체의 이해에 따른 디오니소스의 탄생

는 자로 보았다.[179] 두 번째 단계의 신자들이 있는데, 이들은 헌신적인 자, 또는 봉헌된 자Eingeweihten라고 불린다. 이들은 사적 행복과 삶의 개인적 전망을 추구하면서도 '지혜'를 추구하는 자들이다. 마지

막으로 비신자die Uneingeweihten는 '사후 진흙탕에 누워 있는 자'로 칭해진다.

10. 세 번째 태어난 디오니소스란 구절을 중심으로 디오니소스 신화를 정리해 볼 필요가 있다. 디오니소스 신화는 니체 사상의 골간을 이루는 가장 중요한 신화적 기반이자 이후 니체 사상의 발전 근간을 구성하는 철학적 토대이다.

고대 디오도로스Diodorus의 역사서 *Diodorus Siculus: The Library of History*에 따르면 디오니소스는 세 번, 노누스Nonnus의 서사시 *Dionysiaca* 등에 따르면 디오니소스는 두 번 탄생했다고 한다.

니체는 자신의 철학적 사유에 따라 세 번 탄생했다고 해석했다. 첫 번째 탄생은 제우스와 데메테르가 페르세포네를 낳았고, 다시 제우스가 자신의 딸 페르세포네와 관계를 맺고 디오니소스를 낳았다.(다른 신화에 따르면 데메테르가 디오니소스를 낳았다고도 한다.) 니체에 따르면 디오니소스가 처음 탄생한 것이다.

디오니소스는 태어나서 얼마 지나지 않아 제우스의 가장 중요한 능력인 번개 등을 다룰 줄 알게 되었다. 그러자 후일 디오니소스가 제우스의 후계자가 될 것이라는 신탁이 돌았다. 이에 놀란 제우스의 부인 헤라가 디오니소스를 질투하고, 티탄들을 부추겨 디오니소스를 죽이라고 사주한다. 티탄들은 디오니소스의 사지를 해체하였고, 이 찢어진 상태를 자그레우스라고 불렀다. 니체에 따르면 디오니소스가 이때 두 번째 탄생한 것이다.

데메테르와 페르세포네를 숭배하는 신자들은 이 자그레우스를 숭배하였으며, 지하의 신 하데스와 동격으로 대했다.(노누스 등에 따르면 디오니소스로 태어난 것이 아니라 뿔이 달린 자그레우스로 태어났다고

허벅지에서 태어나는 디오니소스
(기원전 405~385년, 타란토 국립
고고학 박물관 소장)

한다. 이들은 이때가 디오니소스 자그레우스의 탄생, 즉 첫 탄생으로 본다.)
디오니소스의 해체에 분노한 제우스는 티탄들을 지하세계에 유폐
시켰다.

제우스는 찢겨진 디오니소스, 즉 자그레우스 중에서 심장을 필멸
의 인간인 세멜레에게 다시 잉태시켰다. 이번에도 헤라는 디오니소
스가 제우스 사후의 지배자가 될 것이라는 신탁이 두려워서 디오니
소스의 탄생을 저지하고자 했다. 헤라는 세멜레에게 자신이 사랑하
는 신이 진짜 제우스인지 확인해 보라고 유혹한다. 세멜레는 제우
스에게 본래의 모습을 보여 달라고 했고, 제우스는 마지못해 번개
인 자신의 모습을 세멜레에게 보여 주었다. 세멜레는 번개 제우스
를 보고 불에 타 죽는다. 제우스는 죽음을 맞은 세멜레의 태내에 있
던 디오니소스를 허벅지에 넣어 키워 다시 태어나게 만들었다. 니
체에 따르면 이것이 디오니소스의 세 번째 탄생이다.

데메테르와 페르세포네를 섬기는 신자들은 디오니소스의 세 번
째 탄생, 부활을 기뻐한다. 디오니소스가 이미 자그레우스로 태어
나면서 개별화의 고통을 당했으므로, 다시 태어난 디오니소스는 개
별화의 고통을 당하지 않기 때문이다. 개별화의 고통은 모든 인간
이 겪는 고통의 근원이므로, 결국 디오니소스의 숭배는 곧 개별화

의 고통을 겪지 않는 인간으로 거듭남을 의미한다. 이는 기독교적으로 말하면, 디오니소스에 의해 구원을 받은 상태이다. 디오니소스적인 사유에 따른다면, 축제와 그리스 비극에서 인간은 개별화의 고통을 이미 초극한 상태가 된다.

11. '고통Übel의 근원적 토대로서 개별화의 고찰'에서 Übel을 대부분 악으로 번역하고 있다. 이 번역어는 단어 자체를 그대로 우리말로 옮긴 것이다. 오히려 Übel을 das Leid를 뜻하는 '고통'으로 번역하는 것이 좋을 듯하다.

Übel을 철학적 의미에서 검토하면 형이상학적 본질에서 개별적인 하나의 존재로 변하는 것이다. Übel은 신화적 의미에서 디오니소스가 티탄들에 의해 여러 갈래로 갈기갈기 찢어지는 것이고, 디오니소스가 공기, 물, 흙, 불로 바뀌는 것을 뜻한다. 개별화 자체가 악일 수는 없으므로, 철학적, 신화적, 인간적 의미에서 '고통'으로 번역하는 것이 좋다. Übel은 니체적인 의미에서 인간이 일상의 삶에서 겪는 고통을 뜻한다.

니체는 왜 자주 써 왔던 das Leid 대신 악의 의미가 강한 Übel을 사용했는가라는 질문을 던질 수 있다. 우선 인간에게는 고통 자체가 '나쁜'의 뜻인 악의 의미가 있기 때문이고, 두 번째로 인간은 자신이 악한 행동을 하거나 원죄와 같은 의미에서 이미 악을 행했기 때문에 고통을 받는다고 생각하기 때문이다.

12. 1장에서 9장의 내용을 집약적으로 요약한 것이다.

다시 보기

비극의 주인공들은 디오니소스의 화신들인가 아닌가? 빌라모비츠는 디오니소스의 화신이 아니라고 단언한다. 빌라모비츠는 니체가 『제주를 바치는 여인들』을 도대체 읽어 보고 강의하는지조차 의심스럽다고 신랄하게 비판한다. 빌라모비츠의 극악무도한 비판에 숨겨진 칼이 있다. 비극의 주인공들이 디오니소스의 분신이 아니라고 한다면, 니체의 비극관 전체가 무너질 뿐만 아니라 니체의 사상 체계 전체를 무너뜨리려는 것이 그의 암수이다.

니체는 『제주를 바치는 여인들』에 대한 비판이 있을 것이라고 예견을 한 듯, 3장에서 인간에게 가해지는 다양한 종류의 고통을 이야기하면서 '오레스테스가 어머니를 살해하도록 강요한 아트레우스 가문의 저 저주'라고 단 한마디로 요약했다. 이 저주에 대해서는 이 책 3장 4절 해설 5에서 자세하게 설명했다.

빌라모비츠의 의견에 동의하는 연구자들이나 독자가 있을 수 있다. 니체의 의도를 살펴보면 그 오해가 풀릴 것이다. 니체의 디오니소스론의 의도는 비극의 주인공이 인간으로서는 감내하기 힘든 고통을 겪는다는 점, 그 고통을 겪고 나면 오이디푸스처럼 어떤 형태의 구원에 도달하거나 프로메테우스처럼 스스로 운명을 개척해 나간다는 점을 보여 주는 것이다.

일반적인 독자라면 『제주를 바치는 여인들』의 주인공인 오레스테스와 엘렉트라가 정부와 힘을 합쳐 아버지를 살해한 어머니를 죽일 수밖에 없는 심리적 고통을 겪는다는 점에 공감하면서도 어머니를 살해한다는 것에 분노한다. 우리가 오레스테스와 엘렉트라와 같은 상황에 처했다고 가정해 보자. 공감과 분노 사이에 서 있는 것 자체가 인간으로서 감내할 고통이 아니다. 『자비로운 여신들』을 읽은 독자라면, 어머니를 살해한 오레스테스가 평균적인 지혜를 갖춘 배심원들과 지혜의 여신 아테네에 의해 구원을 받는 것에 안도의 한숨을 내쉴 것이다.

극도의 심리적 고통 속에서 살다 마침내 구원을 받고 새로운 나라를 건설하는 시조가 되는 아트레우스 가문의 오레스테스는 니체가 말한 오이디푸스와 다를 바 없다. 오레스테스는 오이디푸스에 버금가는 고통을 겪고, 오이디푸스에 버금가는 구원을 받는다. 여성으로서 스스로 삶을 개척해 나가는 엘렉트라가 디오니소스의 분신인 프로메테우스의 여성판이라는 것을 이해하지 못할 독자가 있는가! 나아가 안티고네 역시 인간의 법을 넘어서서 자연의 법이 존재한다는 것을 힘주어 강조한 프로메테우스적인 여성 주인공이라는 것을 부정할 자가 있는가!

빌라모비츠한테 되물어 보자. 니체의 『비극의 탄생』을 읽어 보기나 하고 비판을 하는가? 읽었다면 제대로 읽기나 한 건가! 읽을 줄 안다고 해서 다 이해하는 것은 아니다. 한 학기 강의를 하기 위해서 얼마나 많은 준비를 해야 하는지 아는가! 『제주를 바치는 여인들』을 강의한다고 고지한 니체가 이 글을 두고 얼마나 많이 고민했을지 상상해 보자. 빌라모비츠의 천박한 비판은 비판이 아니라 비난이다. 그의 비판은 정당한 대결로 강력한 상대를 이길 수 없을 때, 부정한 방법으로 상대를 살해하기 위한 눈에 보이는 폄훼에 지나지 않는다.

2. 호메로스 신화를 되살리는 디오니소스적 음악

이미 앞에서 암시한 바대로[1] 호메로스의 서사시는 올림포스 문화의 시이며, 이 시는 티탄 전쟁의 경악스러움에 대한 올림포스 신들의 승전가를 찬양한 것이다.[2] 이제 비극 시의 압도적인 영향 하에서 호메로스의 문화가 새롭게 탄생되며, 그 올림포스 문화도 그 사이에 한층 더 심오한 세계관에 의해서 극복된다는 것이 이 러한 순환 과정Metempsychose[3]에서 나타난다.

대담한 티탄인 프로메테우스는 자신을 괴롭히는 자인 제우스 가 프로메테우스 자신과 적당한 시기에 타협하지 않는다면, 일찍 이 제우스의 지배가 가장 위협을 받게 될 것이라고 예언했다.[4] 아 이스킬로스에게서 우리는 자신의 종말에 놀라 두려워하는 제우 스와 티탄의 동맹을 보았다.[5] 이렇게 해서 예전 과거의 티탄 시대 가 점차 다시 타르타로스로부터 빛을 발한다. 야수적이고 벌거벗 은 자연의 철학이 민낯을 드러낸 진리의 표정을 짓고서 춤추며 지나가는 호메로스 세계의 신화를 바라본다.[6]

디오니소스 예술가들의 강력한 주먹이 호메로스 세계의 신화 를 새로운 신성에 복종하도록 강요하자마자 호메로스 세계의 신 화는 창백해지고, 호메로스 세계의 신화는 이러한 여신[7]의 번개 같이 무서운 눈앞에서 부르르 떤다. 디오니소스적 진리는 신화의 전체 영역을 자신의 인식의 상징으로 수용하며, 이를 한편으로는 비극의 공연 문화 속에서 다른 한편으로는 신비한 축제의 신비 한 거행 속에서 표명한다. 단, 예전의 신비의 껍데기를 버리지는 않는다.[8]

프로메테우스를 독수리로부터 해방시키고 신화를 디오니소스 적 지혜의 수단으로 전환시키는 이것은 도대체 어떤 힘인가? 이 것은 음악의 헤라클레스적인 힘이다. 이것은 비극 속에서 그 가 장 최고의 현상으로 나타나고 신화를 새로운 심오한 의미로 해

석할 수 있는 어떤 힘이다. 우리는 이미 이것을 음악의 가장 강력한 능력으로 특징지었다.[9]

실로 모든 신화의 운명이란 것이 있다. 신화가 소위 역사적 현실의 좁은 틈으로 기어들어 가고, 그 이후 어떤 시간에 의해서 역사적 요구를 지닌 유일무이한 사실로 취급되는 것이 바로 그것이다. 그리고 그리스인들은 이제 막 자신들의 완전히 신비한 어린 시절 꿈Jugendtraum을 영리하게 그리고 자의적으로 역사-실용적historisch-pragmatische인 **어린 시절의 역사**Jugendgeschichte로 낙인을 찍었다. 참으로 이것은 종교가 어떻게 사멸하는가를 보여 주는 방식이다. 한 종교의 신비적 전제들이 정통적인 독단론의 엄격한 합리적인 시선하에서 역사적 사건의 완성된 총계로서 체계화될 때, 사람들이 겁을 먹은 채 신화의 신뢰성을 지키려고 방어하지만 신화의 모든 자연스러운 보전과 자연스러운 성장 그 자체에 거역할 때, 따라서 신화에 대한 감정이 사멸하고 종교가 응답해야 할 자리에 역사적 근거가 들어설 때이다.[10]

이제 디오니소스적 음악의 새로운 천재가 이처럼 사멸하는 신화를 차지한다. 신화는 이 천재의 손안에서 신화가 아직까지 한 번도 보여 준 적 없었던 색채와 형이상학적 세계의 안타까운 갈망을 분격시키는 향기와 더불어 다시 한번 꽃을 피운다. 이처럼 마지막으로 꽃을 피운 뒤 신화가 몰락하고, 신화의 잎들이 시들자, 고대의 풍자가 루키아노스들은 곧장 모든 바람에 의해 날려 가고 퇴색하고 황폐화된 꽃들을 날째게 붙잡는다.[11]

신화는 비극에 의해서 가장 심오한 내용과 가장 명백한 그 형태에 도달한다. 신화는 부상당한 영웅처럼 다시 한번 우뚝 일어선다. 그 엄청난 힘이 죽어 가는 신화의 지혜로운 평온과 더불어 그 눈 속에서 최후의 강력한 빛을 불태운다.

1. 5장의 1절을 말한다.

2. 호메로스 서사시의 내용을 한마디로 정의한 것이다. 호메로스는 『일리아스』와 『오디세이아』를 지었다. 티탄 전쟁은 제우스와 제우스의 자식들을 중심으로 한 올림포스 신들과 제우스의 아버지인 크로노스와 티탄들이 싸운 전쟁을 말한다. 이 전쟁에서 제우스가 번개를 휘두르며 전쟁에서 승리하여 세계를 지배하는 최고 신이 되었다. 호메로스가 지은 두 서사시에는 주로 제우스와 제우스의 자식들이 활약한 내용이 나오고, 티탄들은 거의 나오지 않는다. 니체는 이런 상황에 근거하여 호메로스의 서사시들을 티탄들에 대한 호메로스 신들의 승전가라고 이해한다.

3. Metempsychose는 종교적 의미에서 윤회이나, 여기에서는 순환 과정을 뜻한다. 티탄과의 전쟁에서 승리한 제우스는 티탄들을 지하 세계에 유폐시켰다. 티탄 신들은 올림포스 신들의 지배 이후 우리의 역사와 신화 속에서 자리를 차지하지 못한다.

　니체는 우리가 알고 있는 신화를 뒤집는다. 9장과 10장에서 니체는 디오니소스의 분신 중 하나로 티탄 신 프로메테우스를 예로 들었다. 티탄 신 프로메테우스는 제우스의 협박에도 굴하지 않고 독수리를 통한 고문을 견뎌 내고, 제우스를 자신과 타협하도록 만든다. 이로써 프로메테우스는 제우스와 타협을 통해 다시 우리의 신화와 역사 속에 등장하고, 우리 세계에 다시 개입할 수 있는 힘을 얻었다고 니체는 이해한다.

신들과 티탄족의 전쟁 (요아킴 브테바엘, 1600년, 시카고 미술관 소장)

이 점에서 고대 그리스 신화의 세계는 순환이다. 크로노스와 티탄 신들의 지배, 제우스와 올림포스 신들에 의한 크로노스와 티탄 신들의 유폐, 티탄 신 프로메테우스의 제우스와 투쟁, 제우스의 티탄 신 프로메테우스에의 양보, 티탄 신 프로메테우스의 재등장은 신화 세계의 순환 과정Metempsychose이다.

4. 프로메테우스가 말하는 타협이란 사슬에 묶인 자신을 풀어 주는 것이다.

이런 잔악한 사슬이 풀리기 전에는

제우스가 내 입으로 말하도록 강요하기 위해 사용하는

어떤 고문도 어떤 처벌도 소용이 없다네.[180]

제우스의 지배가 위협을 받는다는 것은 제우스의 아버지 크로노스가 아들 제우스에 의해 권력을 빼앗겼듯이, 제우스 역시 자신의 자식에 의해 권력을 빼앗긴다는 뜻이다.

제우스가 고집 세기는 하지만

풀이 죽을 것이요. 그가 자신의 전제군주의 자리에서

자신을 제거할 때가 바로 그때요.

......

그의 아버지 크로노스가 물러났을 때 말했던

자신의 옛 왕좌를 잃었을 때 중얼거렸던

저주가 실현될 것이요.[181]

5. 프로메테우스는 제우스가 자신과 타협할 것이라고 다음과 같이 말한다.

제우스는 고집 센

분노를 누그러뜨리고,

나와 친구가 되기를 갈망할 것이요.

그때가 되면 나 또한 그러길 바랄 것이요.[182]

니체는 올림포스의 주신인 제우스와 티탄족인 프로메테우스가 동맹을 맺었다고 전제한다. 그 결과 지하 감옥 타르타로스에 갇혔던 거인족들이 신화의 세계에 다시 등장하고 영향력을 행사하는 것으로 니체는 서술한다.

실제로 양자는 동맹을 맺었는가? 올림포스의 주신 제우스와 티탄 신인 프로메테우스가 동맹을 맺는 모습은 그리스 신화에 나오지 않는다. 아이스킬로스의 『결박된 프로메테우스』에서도 양자가 동맹을 맺는다는 설정은 없고, 앞에서 언급한 프로메테우스만의 바람과 기대만이 나타날 뿐이다.

제우스와 프로메테우스의 동맹과 관련해서는 상이한 두 가지 해석이 가능하다. 이 두 해석이 모두 가능한 것은 천재 아이스킬로스의 여백 활용 글쓰기 때문이다. 그는 서로 완전히 상이한 해석이 가능하도록 글을 썼다.

첫 번째 해석은 우리에게 익숙한 제우스의 프로메테우스 징벌론이다. 기존 권력과 힘에 우월적 지위를 부여하는 우리 상식에 의거한 해석이다. 올림포스 최고의 신인 제우스가 프로메테우스의 저항과 항변을 참지 못하고 괘씸히 여기고 응징한다. 제우스의 벼락을 맞은 프로메테우스는 다시 타르타로스로 떨어진다. 제우스의 자식 헤르메스가 프로메테우스에게 전달한 내용이 그 증거이다.

> 내 말이 당신을 설득하지 못한다면
> ……
> 먼저 아버지 제우스께서는
> 천둥과 번개의 화염으로 이 들쭉날쭉한 암벽을 쪼개고

당신 몸을 바위에 묻을 것이고 ……[183]

헤르메스의 이 전언이 실현된다면, 프로메테우스는 극의 말미에서 제우스의 응징을 당하는 것이 된다. 이런 생각을 따른 편집자나 해석자들은 '프로메테우스가 벼락을 맞고 사라진다.'는 괄호 설명을 덧붙인다.

또 다른 해석은 프로메테우스의 동맹 바람 실현론이다. 이 설명은 프로메테우스가 제우스의 멸망을 예견한 강력한 비밀을 쥐고 있으므로, 제우스도 어쩔 수 없이 프로메테우스와 타협할 수밖에 없다는 견해이다. 프로메테우스는 자신이 어떤 경우에도 죽지 않을 것이라고 강력하게 선언한다.

> 당신은 내가 겪는 이 고통을
> 보는 것이 어려울 것이오. 나는 죽을 수 없는
> 운명이고, 그리고 죽음이 나를 고통에서
> 구원해 줄 것이기 때문이오. 하지만 내가 겪어야만 하는
> 고통이 끝은 아니오. 제우스가 자신의 권좌에서
> 쫓겨나는 그 순간까지는 말이오.[184]

프로메테우스는 자신이 결코 죽지 않으며, 제우스가 권좌에서 축출되어야만 자신의 운명이 결정된다고 주장한다. 프로메테우스는 미래를 예견할 수 있는 자, 미리 아는 자이다. 오죽하면 올림포스 최고 신인 제우스가 프로메테우스에게 자신의 미래를 알려 달라고 구걸했겠는가? 제우스의 번개와 벼락 정도로 프로메테우스는 절대

죽지 않는다는 게 이 해석의 핵심이다. 실제로 아이스킬로스의 원문에 따르면, 프로메테우스가 죽는 것을 암시하는 괄호 글이 없다.

동맹 실현론의 또 다른 근거는 합창가무단이다. 합창가무단은 프로메테우스를 강력하게 지지하고, 헤르메스의 협박에도 불구하고 프로메테우스와 고통을 함께할 것을 결심한다. 아이스킬로스는 프로메테우스를 묶어 둔 바위에 번개가 내리친 후 합창가무단이 어떤 일을 겪었는지 기술하지 않았다. 이는 합창가무단이 프로메테우스와 동고동락한다는 것을 은연중에 묘사한 것과 다름없다. 결론적으로 프로메테우스는 죽지 않았고, 살아 있다면 제우스는 어쩔 수 없이 프로메테우스와 동맹을 맺은 것이 된다.

응징설에 따른 해석은 현재 권력 중심적 해석인 반면, 동맹 실현론에 따른 해석은 저항 중심적, 새로운 세계관 중심적 해석이다. 전자는 제우스의 힘과 권력, 종교 중심적인 신의 권능을 중시하는 반면, 후자는 미래지향적이며 인간 중심적인 시선에 근거한다. 대다수가 프로메테우스의 징벌에 무게를 둔다면, 니체는 정반대로 티탄 프로메테우스의 부활에 힘을 실어 준다.

질문을 던져 보자. 왜 니체는 고전적인 그리스 신화를 파괴하고, 아이스킬로스의 『결박된 프로메테우스』에서 동맹을 맺었다고 가정하는가? 니체 철학의 지향점 때문이다. 니체의 그리스 신화 해석은 철학적 지향점의 출발점이다. 니체는 제우스와 제우스의 자식 아폴론을 필두로 한 올림포스 신들의 지배가 현재 인간을 지배하는 도덕, 윤리, 법과 비슷하다고 판단한다. 니체는 올림포스 신들의 티탄 신들에 대한 승전가 대신 제우스에 대한 저항을 통해서 티탄 신들의 복권을 지향한다. 티탄 신들은 디오니소스의 분신이고, 그 분신들의 새로운 유형이 자라투스트라이다.

6. 티탄 신인 프로메테우스가 제우스에게 타협을 강요하였고, 그 결과 티탄의 자연철학 세계가 다시 드러나기 시작했고 힘을 행사하기 시작했다는 뜻이다. 다른 말로 하면 아이스킬로스 덕분에 디오니소스의 철학이 세계에 힘을 행사했다는 뜻이다.

이 문장은 11장 이후 나오는 에우리피데스와 소크라테스가 중심이 된 새로운 비극의 탄생을 비판하는 첫 글에 해당한다. 이를 읽는 가장 간단한 방법은 '티탄, 디오니소스, 자연' 대 '제우스 중심의 호메로스 세계, 아폴론, 소크라테스에서 시작한 학문'의 대립으로 읽는 것이다.

디오니소스를 계절 중 하나인 봄으로 놓고 이해해 보자. 봄이 오면 나무에서 움이 트고 싹이 나는 것은 생명의 새로운 탄생 과정이지만 나무 자체의 입장에서는 껍질이 파괴되는 과정이다. 디오니소스는 새로운 탄생과 파괴의 신이다. 디오니소스를 자연에 위치시키는 것을 니체는 이렇게 말한다.

꿈처럼 관조되는 신의 위치에 자연을 놓는 충동은 ……[185]

이 책 14장에서도 니체는 "디오니소스적 경향이 자연주의적으로 묘사된 격정으로 변하는"으로 표현한다는 점에서 디오니소스가 곧 자연을 표현한 것으로 볼 수 있다. '꿈처럼 관조되는 신'은 아폴론이며, '자연'은 디오니소스이다. 니체는 『비극의 탄생』 1장을 꿈과 아폴론에서 시작했고, 10장을 꿈과 대비되는 자연과 디오니소스로 끝을 맺는다. 1장의 '꿈'과 10장의 '자연'은 완벽한 문학적 대비이자 철학적 대구이다.

니체는 '디오니소스가 철학자'[186]라고 말하며, '자라투스트라는 이렇게 말했다'를 '디오니소스는 나에게 이렇게 말했다'[187]라고 이해할 정도로 디오니소스를 철학과 깊은 관계가 있는 사람으로 이해한다. 디오니소스의 철학은 무엇에 근거하는가를 질문으로 던지는 것은 아폴론의 철학은 무엇에 근거하는가라고 뒤집어 질문을 던지는 것과 같다. 디오니소스가 '자연'에 근거를 둔 혁명적 철학이라면, 아폴론의 철학은 '자', '척도', '기준'에 근거를 둔 체제 유지적 철학이다.

아폴론이 꿈의 형상을 드러내는 척도를 중심으로 새로운 세상을 만들어 갔다면, 디오니소스는 생식과 파괴로서 자연을 중심으로 구 세계를 파괴하고 새로운 세계를 건설하는 신이다. 니체는 아폴론을 국가의 목적[188]으로 보았으며, 국가의 신 아폴론을 호메로스[189]로 이해했고, '최고의 아폴론적 준비는 윤리학의 성스러움과 절제'[190]로 받아들였으며, 국가의 외부에서 아폴론적 개인을 이론적 인간으로 평가했으며, 이론적 인간의 시초인 소크라테스를 '아폴론의 하인'[191]으로 비판한다.

디오니소스는 아폴론과 정반대에 위치한다. 니체는 디오니소스를 인간이 살아가는 존재의 목적[192]으로 보았으며, 제우스에 저항하는 자[193]로 받아들이며, 올림포스 신들의 세계가 윤리적 세계 질서로 바뀌는 것[194]에 저항하여 새로운 문화를 만들어 내는 신으로 이해한다. 디오니소스에 대한 이러한 철학적 이해의 근저에는 디오니소스신이 보여 주는 자연적 속성이 있다.

척도와 꿈의 아폴론과 자연과 감정의 디오니소스의 그리스적인 적절한 융합은 비극이다. 비극은 아폴론의 척도와 디오니소스의 파괴가 적절한 타협과 협력을 이뤄 만들어 낸 환상적 결합의 산물이다. 이 결합은 영속적일 수 없다. 아폴론적 요소가 강해지면, 국가 중심의 척도가 지배하는 사회와 가련한 인간이 무릎을 꿇을 수밖에 없는 윤리적인 세계 질서가 된다. 디오니소스적 요소가 강해지면 파괴적인 전능의 힘이 압도적 힘을 행사하는 광란과 향락 그 자체의 세계가 된다.

소크라테스의 등장 이후 세상은 아폴론적 요소가 지배하게 된다. 아폴론적 요소는 점점 더 강해져 세상 모든 것을 지배하고, 디오니소스적 요소는 프로메테우스와 같은 티탄들처럼 힘을 잃고 지하의 세계로 다시 유폐된다. 니체는 스스로 불붙은 다이너마이트가 되어 아폴론적 요소, 아폴론의 하인 소크라테스에 전투를 벌이려고 달려든다.

11장은 어느 누구도 벗어날 수 없는 거대하고 촘촘한 윤리적인 세계를 구축한 에우리피데스와 소크라테스에 대해 디오니소스라는 단 하나의 짧은 단검을 들고 싸우는 니체의 근접전이자 백병전의 시작이다.

7. 그리스 신화에서 '진리'는 여신으로 표현한다. 여기서 디오니소스적 '진리'를 말하므로 '여신'으로 표현되었다.

8. 디오니소스와 관련된 비극과 축제가 '신비의 껍데기'를 벗고서 호메로스 세계를 지배하기 시작했다는 뜻이다. 다른 말로 하면 디오니소스의 사상과 철학이 아폴론 중심적인 호메로스 세계를 지배하기 시작했다는 뜻이다.

9. 디오니소스가 가장 잘 드러나는 것은 음악과 춤이라고 니체는

앞에서 주장했다. 특히 서정시를 다룬 5장, 민요를 다룬 6장, 합창 가무단을 다룬 7장과 8장은 디오니소스적 음악의 주요 내용을 이룬다.

10. 신화와 종교의 일반적인 사멸에 관한 니체의 통찰이다. 이에 대한 내용은 다시 보기에서 다루도록 한다.

11. 풍자시인 루키아노스(Lucianus, 120~180년)는 여러 편의 풍자 글을 남겼으며, 『신들의 대화Dialogues of the Gods』에서 호메로스가 찬양한 그리스 신들을 조롱하는 25개의 대화편을 썼다. 니체는 이 글에서 고대 그리스 신화의 시대가 저물 무렵 루키아노스가 제우스, 헤라 등 그리스 신들을 조롱함으로써 고대 그리스 신화 시대의 종말을 재촉했다고 말한다. 니체가 루키아노스를 루키아노스들이라고 복수형으로 쓴 이유는 루키아노스를 흉내 내거나 모방한 모방 작가들이 많았기 때문이다.

다시 보기

'모든 신화의 운명' 또는 모든 종교의 운명에 관한 니체의 명료한 통찰이다. 이 단락을 간단히 정리하면 다음과 같다.

    가설 : 신화의 역사화는 신화 몰락의 원인
    사례 : 고대 그리스 신화의 역사화
    일반화 : 신화 몰락의 단계
        1단계 신화의 도그마화
        2단계 신화의 자연스러운 성장과 보존의 불가능
        3단계 역사적 근거가 신화와 종교를 판별

'신은 죽었다'고 선언한 니체 사유의 결정판이다. 니체는 이 부분에 대해 별다른 설명을 달지 않았으므로 우리가 커다란 동공洞空을 채워야 한다. '역사화'라는 말에 우리는 '현실에 근거한 가치 판단'이라는 말을 넣어야 한다. 니체는 이를 '역사적 현실'이라는 말로 갈음했다.

'신화의 역사화'는 신화가 어떤 가치를 갖는가를 누군가 현실적인 이유로 어떤 특정한 역사적 시기에 결정한다는 뜻이다. 정치적인 이유(로마 제국의 안정을 위한 콘스탄티누스 1세가 주도한 니케아 공의회), 경제적인 이유(신교의 정당성을 추구한 종교개혁), 철학적 이유(소크라테스와 플라톤의 신은 선하다 규정) 등 다양한 어떤 특정 가치가 신화와 종교를 판별하여, 어떤 것은 옳은 반면 다른 어떤 것은 틀리다고 결정한다.

옳은 것으로 결정된 신화적 가치와 종교적 가치는 옳지 못한 신화적 가치와 종교적 가치를 배제하고 심판할 힘을 갖는다. 특정한 시기에 당면한 문제의 해결을 위해 결정된 가치가 초역사성을 갖고 다른 모든 종교적 가치를 배제하고 물리치는 아이러니가 발생한다. 그 결과 신화와 종교는 현실성을 상실하고 몰락의 길을 걷게 된다. 역사에 의한 신화와 종교의 죽음은 니체의 관심사만은 아니었다. 프로이트는 「나의 이력서」 후기에서 종교의 진리가 역사적 진리임을 입증했다고 밝힌다.

『환상의 미래』에서 나는 종교에 대한 부정적인 평가를 제시했다. 나중에 나는 종교를 좀 더 정당하게 다루는 공식을 찾아냈다. 종교의 힘이 종교가 포함하고 있는 진리 속에 있다는 것을 인정하면서도, 나는 그 진리가

실체적인 진리가 아니라 역사적인 진리임을 입증했던 것이다.[195]

니체는 자신의 가설에 대한 첫 검증을 고대 그리스 신화의 몰락으로 잡았다. 호메로스가 다양한 구전을 바탕으로 구축한 거대한 올림포스 신화의 세계는 선과 악의 구분이 없다. 신은 절대 선하지도 않고 절대 악하지도 않다. 신도 인간과 동일하게 행동하며 죄를 짓고 벌을 받으며, 반대로 선한 행동을 한다. 고대 그리스에서 절대 선한 신은 존재하지 않았고, 절대 악한 신도 존재하지 않았다.

소크라테스는 선과 악의 공존으로서 고대 그리스 신들을 절대 선한 신들로 탈바꿈시키는 첫발자국을 내딛는다. 소크라테스는 한 사람의 행동에 대해 어떤 신이 칭찬을 하고, 다른 어떤 신이 책망을 한다면, 그 행동은 올바른 행동일 수 없다고 주장한다. 살인죄를 저지른 아버지를 고발한 에우티프론의 행동을 보자. 어떤 신은 잘했다고 에우티프론을 칭찬하고, 다른 어떤 신은 '그래도 아버지를 고발하면 안 된다'고 비난한다면, 에우티프론의 행동은 옳지 못하다는 것이 소크라테스의 주장이다. 소크라테스는 신을 교조화 또는 정형화하려는 시도를 한다.

그의 제자 플라톤은 『국가』에서 소크라테스 주장을 한발 더 밀고 나가, 신은 좋은 것의 원인[196]이며, 불멸의 실체[197]이며, 신은 거짓말을 하지 않는다[198]고 논증한다. 플라톤은 결론적으로 신을 이데아적인 존재로, 이상화시킨 형이상학적 존재로 격상시킨다.

소크라테스와 플라톤이 선과 악의 공존으로서 고대 그리스 신화를 절대 선으로서 신으로 승격시킨 현실적 이유는 분명 존재한다. 그 이유는 페르시아 제국을 몰락시켰던 아테네가 삼류 국가로 몰락해서이다. 플라톤은 아테네 몰락의 실질적인 이유를 탐구하면서 인간과 동일하게 감정적이고 죄를 짓는 고대 그리스 신들을 절대적으로 올바른 신의 개념으로 승화시켰다. 니체는 고대 그리스 신화의 타살을 신화 죽음의 한 사례로 든다.

니체는 고대 그리스 신화의 죽음을 바탕으로 신화와 종교 몰락을 일반화시킨다. 예컨대 니케아 공의회를 보자. 이 공의회가 열린 가장 커다란 이유는 정치적인 것이다. 로마의 분열을 치유하기 위한 이교도 콘스탄티누스 1세의 고심이 공의회를 촉발시켰다. 공의회의 결과는 예수의 행적으로 기록한 다양한 경전들 중에서 정론과 사론의 구분이다. 정론은 도그마가 되었고 사론은 외경으로 배척되었다. 도그마가 된 정론은 사론을 언제든지 단죄할 수 있는 권력과 힘을 갖게 된다.

정론의 도그마화는 이제 현실적 필요에서 발생한 다양한 종교적 요구와 욕구를 수용하는 것이 아니라 옳고 그름을 판별하는 기준이 된다. 일반 시민들이 현실적 필요로 종교에서 믿음을 구하지만, 도그마에 맞는 올바른 것만을 믿어야 한다. 도그마에서 벗어난 것은 이단이고, 이단은 곧 죽음이다. 이 상태가 되면 신화와 종교는 기존의 자연스러운 신화적 내용을 보존할 수 없고, 이를 바탕으로 자연스럽게 성장할 수 없다.

현실적 필요라는 땅에서 떠난 신화는 점점 더 도그마가 되고 현실과 단절되는 결과를 가져온다. 그럴수록 사람들은 현실적 요구를 해결할 수 있는 신화와 종교를 갈구하지만, 도그마화된 종교는 이단 심판의 화형식과 교수대를 강화할 뿐이다. 과거의 현실적 필요가 현재의 현실적 욕구와 욕망을 재단하는 현상이 일상화되면, 구태의 종교를 완전히 뒤엎어 버리는 종교개혁이 발생한다. 종교개혁

역시 과거의 필요의 산물이지만, 또다시 현재의 현실을 억압하는 도그마가 된다.

'신은 죽었다!'라는 니체의 선언, 그 이면에는 '신화와 종교의 운명!'이라는 위의 사유가 깔려 있다.

3. 신화의 파괴자, 에우리피데스

신성모독자 에우리피데스여, 당신이 이처럼 사멸해 가는 신화를 다시 한번 강제 노역시키고자 했을 때 당신이 원하는 것은 무엇이었는가? 사멸해 가는 신화는 당신의 강압적인 수중에서 죽음을 맞았다.[1] 그리고 이제 당신은 헤라클레스의 원숭이처럼 오래된 장식물로 치장할 줄만 아는 모방적이며 가면을 쓴 신화를 필요로 한다.[2] 그리고 당신이 신화를 사멸시켰던 것처럼, 음악의 신이 당신을 절멸시킬 것이다.[3]

당신이 또한 모든 음악 정원을 탐욕스럽게 약탈했지만, 당신은 이것을 모방하여 가면을 쓴 음악만으로 이용했을 뿐이다. 그리고 당신이 디오니소스를 떠나자, 아폴론도 당신을 떠나 버렸다.[4]

모든 격정[5]을 그 자리에서 쫓아내서 당신의 범주에 가두고, 당신은 당신의 주인공의 대화를 위해 소피스트적인 대화[6]를 갈고 닦고 마무리해라. 그래 봐야 당신의 영웅은 모방한 가면을 쓴 격정만을 소유하고 있을 뿐이며 모방한 가면을 쓴 대화만을 말할 뿐이다.

1. 니체는 1장에서 10장까지 아이스킬로스와 소포클레스를 중심으로 '고전적인 비극의 탄생'을 다루고, 11장부터는 에우리피데스와

소크라테스를 중심으로 '왜곡된 비극의 탄생'을 다룬다.

니체가 에우리피데스를 '신성모독자'라고 부른 이유가 있다. 그의 극 속에서 고전적인 그리스 비극의 주인공인 디오니소스의 정신이 몰락하는 반면, 왜곡된 신적인 정신, 즉 모든 것을 선의 관점에서만 바라보는 종교관이 나타난다. 이에 대해서는 11장부터 자세히 다루도록 한다.

2. 에우리피데스를 '헤라클레스의 원숭이'와 같은 존재라고 니체는 단언한다. 이 내용은 앞에서 언급한 루키아노스의 철학 풍자 글 『어부 또는 다시 살아난 철학자The Fisher | Revivescentes sive Piscator』 31~33장을 바탕으로 한다. 루키아노스는 이 부분에서 진정한 철학이 아닌 철학 비슷한 것이 가져온 폐해를 지적한다. 원숭이, 당나귀, 비극 무대 위의 여성 배우, 즉 가짜 철학이 아킬레우스, 테세우스, 헤라클레스 등 진짜 철학을 연기하는 것은 진정한 연기가 아니라는 것이 루키아노스의 주장이다. 니체가 왜 이런 비유를 했는지를 여러 면에서 살펴볼 필요가 있다.

우선 가장 눈에 드러나는 것은 아이스킬로스, 소포클레스를 헤라클레스와 같은 자로 본 반면에 에우리피데스를 탈을 쓴 원숭이 같은 자로 비유한 것이다. 아이스킬로스와 소포클레스를 진정한 비극의 탄생을 가능케 한 천재적 비극 작가라고 한다면, 에우리피데스는 위대한 천재의 가면을 쓴 재롱꾼 작가에 지나지 않는다는 것을 니체는 풍자적으로 기록한다.

두 번째 유추해서 해석할 것은 소크라테스를 진정한 철학자로, 헤라클레스 같은 존재로 본 반면에 에우리피데스를 소크라테스의 꼭두각시에 지나지 않는 원숭이 같은 존재로 보았다. 니체는 11장

탬버린과 거울을 들고 있는 여성과 마주한 날개 달린 지니어스 (이탈리아 남부 마그나 그라이키아 발견, 기원전 320년경, 리옹 미술관 소장)

부터 에우리피데스와 소크라테스를 '진정한 비극'의 종말을 가져온 자들로 몰아세우기 위한 그 출발점에서 에우리피데스를 '헤라클레스의 원숭이'로 조롱한다. 흉내를 잘 내는 '원숭이' 에우리피데스가 지은 비극이 실은 조곤조곤 따지고 설명하는 '헤라클레스'적인 소크라테스가 저술한 것이라는 문헌적 주장을 니체는 뒤에서 다룬다.

마지막으로 한발 더 나아가 해석한다면, 소크라테스와 에우리피데스 연합군은 진정한 비극의 아류에도 못 미치는 원숭이와 같은 존재들인 반면 아이스킬로스와 소포클레스의 정신을 이어받은 바그녀와 니체 자신은 진정한 비극의 적자로서 헤라클레스와 같은 존재라는 점이다. 이러한 해석은 『비극의 탄생』의 전체 내용을 바탕으로 유추한 것이다.

니체가 왜 '헤라클레스의 원숭이'란 비유를 사용했는가를 정확하게 유추하기란 쉽지 않다. 니체의 유고집을 샅샅이 살펴보아도 그 근거를 찾을 수 없다. 다만 '헤라클레스의 원숭이'는 확실히 비극을 둘러싼 양대 대립을 비유하기 위한 그 시작이란 점이다. 니체는 헤라클레스의 원숭이를 통해 존재와 삶에 직면하지 않는 비극과 철학 그리고 사유에 정면 도전한다.

3. 에우리피데스가 신화를 사멸시켰다는 것은 에우리피데스가 호메로스의 올림포스 신화 전통을 계승한 그리스 비극을 죽였다는 뜻이다. 음악의 신Genius der Musik은 뒤에서 언급하게 될 디오니소스를 말한다. 디오니소스가 음악의 신이라는 것은 디오니소스의 제자 마르시우스가 그 증거이다. 또한 디오니소스가 있는 곳에서는 항상 피리, 북 등 악기가 울려 퍼졌다. 그리스 비극은 서정시와 민요와 합창가무단의 음악에 발을 딛고 있다. 신화적인 측면에서도 Genius는 본래 날개가 달린 신을 뜻한다. 지니어스는 극장, 포도밭, 축제의 신이기도 하다.

비극은 디오니소스적인 것과 아폴론적인 것의 결합이므로, 둘 중 하나가 사라지면 비극 자체도 소멸한다. 비극에서 음악의 신 중 하나였던 디오니소스가 사라지면, 결국 또 다른 음악의 신인 아폴론도 사라지게 된다.(니체는 비극에서 아폴론을 음악의 신으로 여기지 않고 오히려 언어, 대화, 대사를 담당하는 신으로 여긴다.)

이 부분을 음악의 '천재'로 번역하는 경우가 있다. 이는 오역이다.

예컨대 아이스킬로스나 베토벤과 바그너는 니체의 입장에서 음악의 천재일 수는 있지만 음악의 신은 아니다. 내용상으로 보면 음악의 신인 디오니소스가 사라지면, 비극이 사멸한다는 것을 말한다. 이와 동일한 사용의 예는 17장 7절이다. 여기서 니체는 "음악의 신 Genius이 마침내 비극에서 달아나자마자, 엄격한 의미에서 본다면 비극은 죽었다."라는 말을 사용한다.

니체는 후일 Genius를 우리가 알고 있는 '천재'의 개념으로 대부분 사용한다. Genius를 천재로 보는 것에 대해서는 16장 2절의 해설을 참고한다.

4. 비극은 아폴론적인 것과 디오니소스적인 것의 변증법적 통일이다. 아폴론적인 것이 사라진다면 당연히 디오니소스적인 것도 사라지고, 결국 비극은 종말을 고한다. 에우리피데스의 비극은 아폴론적인 것을 강조함으로써 결국 비극의 중요 요체인 음악을 소멸시켰고, 그 결과 비극 자체의 종말을 가져온다는 내용이다. 이에 대해서는 11장부터 집중적으로 다룬다.

5. 고대 시대에 인간의 정신은 이성과 감성 그리고 격노(분노, 격정)로 구성되어 있었다. 격노는 고대 전사 사회에서 대단히 중요한 인간의 덕목이었다. 격노의 가장 전형적인 예는 호메로스의 『일리아스』에 나오는 청년 주인공인 아킬레우스의 격노이다.

그리스 신들은 본래 분노하는 신, 격노하는 신들이었다. 그들은 이성보다는 감성과 분노로 자신을 표현하곤 했다. 호메로스가 쓴 올림포스 신들의 승전가를 이어받은 것이 고대 그리스 비극이라면, 고대 그리스 비극의 주인공들은 격노하는 존재들인 셈이다.

소크라테스와 플라톤의 철학적 작업은 처음부터 격노를 제거하고 격노를 이성의 통제를 받는 용기로 바꾸는 것이었다. 소크라테스의 분신인 에우리피데스의 비극 중 하나인『메데이아』는 분노 또는 격노를 하면 어떻게 되는가, 어떻게 비참한 상황에 이르는가를 보여 준다. 격노의 긍정적 의미는 사라지고 부정적 의미만을 최대한 드러낸 것이 에우리피데스『메데이아』의 목적이다.

6. 소피스트적인 대화sophistische Dialektik는 소크라테스의 대화법을 가리킨다. 이는 에우리피데스가 저술한 비극이 사실은 소크라테스가 저술했다는 설에 근거한 말이다. 모방한 가면이란 결국 소크라테스가 에우리피데스의 가면을 쓴 것에 지나지 않는다는 뜻이다. 니체는 이에 대한 자세한 설명을 뒤에서 다룬다.

다시 보기

이 절을 읽다 보면 깜짝 놀라게 된다. 사상의 혁명가이자 온몸을 다이너마이트로 무장한 니체는『비극의 탄생』1장에서 10장에 이르기까지 어디에서도 이렇게 호전적으로 글을 쓴 적이 없다. 논증의 형식성을 벗어 버리고 추론의 단계성도 생략한, 문체상의 급격한 변화가 이 절의 특징이다. 돌변한 니체의 문장은 11장부터 분석의 주제와 대상이 완전히 달라질 것이라고 선언하는 것이다.

니체는 자세한 설명을 하지 않고서 1장에서 10장까지 집약했던 모든 힘을 에우리피데스에게 정조준한다. 니체는 에우리피데스에 대한 적대감을 한껏 끌어올리고, 가지고 있는 모든 화력을 한곳에 모아 난사한다. 니체는 '에우리피데스 너야말로 인류를 파멸로 끌고 간 천하의 죽일 놈이다!'라고 선언한다.

에우리피데스는 그 정도로 커다란 죄를 지었는가? 니체는 그렇다고 말한다. 우리는 에우리피데스를 어떻게 받아들일 것인가? 니체는 아이스킬로스와 소포클레스를 최고의 비극 예술가로 숭상하는 반면 에우리피데스를 비극을 망친 자로 평가한다. 일반적으로 말하면 니체와 정반대이다. 아리스토텔레스는 『시학』에서 에우리피데스를 '가장 비극적인 시인'[199]이라고 평가한다. 그 뒤로 대다수 문학가나 작가들은 에우리피데스를 최고의 예술가로, 아이스킬로스와 소포클레스보다 한 등급 높은 예술가로 칭한다. 에우리피데스 이후 수많은 문학가들이 그를 따르고 숭배했다는 것은 너무도 유명한 사실이다. 11장 3절에서 자세하게 다룬다.

니체는 에우리피데스에 대한 기존의 평가를 부정한다. 이는 새로운 질문을 던진 것이나 마찬가지다. 당신은 주류 이탈의 길로 힘차게 나아가는 고독한 니체를 따를 것인가, 아니면 주류의 삶에서 평안한 행복을 추구하는 대다수의 길을 따를 것인가! 니체를 따른다면, 기존의 에우리피데스에 관한 이해를 완전히 전복시켜 버려야 한다.

니체는 항상 그랬던 것처럼 기존의 익숙한 가치관과 통념을 뒤집어엎는다. 자, 나를 따르라! 새로운 세계가 열릴 것이다. 따를 것인가, 말 것인가! 니체는 외친다. 니체를 따르는 자에게는 비극의 주인공이 겪는 고통이 따른다. 하지만 자신의 눈으로 세상을 이해하고 세상을 뚜벅뚜벅 걸어갈 수 있는 힘을 얻는다. 따를지 말지는 11장을 읽는 독자 스스로 결정할 일이다.

10장 다시 보기

디오니소스를 따를 것인가 아폴론을 따를 것인가? 아폴론적인 것과 디오니소스적인 것의 이상적 종합인 고대 그리스 비극이 죽음을 맞는다면, 어떤 일이 발생하는가? 절대다수는 아폴론적인 길을 택했고, 0으로 수렴할 정도로 극소수만이 디오니소스적인 길을 택한다.

아폴론적인 것의 이데아를 창출한 플라톤과 플라톤의 다양한 모상들인 그 추종자들은 인류 지성사, 정신사, 영혼의 99.99999%를 장악했다. 그들은 인류 대다수에게 척도와 자, 윤리와 국가에 충실한 아폴론적인 삶을 거미줄로 만들었다. 인류의 대다수는 그 거미줄에 옭매여 있다. 벗어나려고 애쓸수록 더 얽매일 뿐이다.

플라톤은 디오니소스에게 적대적이다. 플라톤은 앞에서 살펴본 것처럼 음악, 춤, 문학, 철학적 사유에서 디오니소스와 디오니소스적인 것을 삭제했다. 그 삭제 내용의 섬세함과 정교함은 끝이 없다. 인류의 영혼에서 쉼, 편안, 향유, 안락, 더불어 하나 됨 등은 악덕으로 규정되었다. 한 잔 마시는 술은 오로지 다음 날 노동을 훼손하지 않는 한에서만 가능하도록 윤리화했고, 인간과 인간, 인간과 자연이 하나 되는 것은 365일 중 단 며칠의 축제 기간에만 마지못해 허용되었다. 디오니소스의 찬양은 몰지각, 비합리, 정열과 열정의 열토로 내몰렸고, 아폴론의 찬양은 합리성, 이성, 계산 가능성의 동토로 나아갔다. 인간은 열토 아니면 동토 둘 중 하나에서만 살도록 강요당했다.

인간을 양자택일 상황에 놓이게 만든 것은 누구인가? 인간은 무조건적으로 아폴론적인 삶을 택하도록 만든 것은 누구인가? 니체는 11장부터 집요하게 이 질문을 추적한다. 니체는 소크라테스를 비극 살해의 교사자로, 에우리피데스를 비극 살해의 행위자로 적시

한다. 니체는 에우리피데스와 소크라테스에게 그 죄를 묻는다. 왜 인간에게 디오니소스와 반디오니소스 두 길 중 하나, 그것도 정해진 답인 아폴론적 길을 따르도록 했는가라고 니체는 날카롭게 추궁한다.

고대 그리스 비극을 보라! 아폴론적인 방파제가 있었기 때문에 아테네 시민들은 디오니소스적인 정열적 향락에 빠져 허우적거리지 않았고, 디오니소스적 파도가 있었기 때문에 인간은 아폴론적인 냉정한 사회와 국가에서도 따뜻한 삶을 유지할 수 있었다. 디오니소스가 죽으면 아폴론도 죽는다. 이것은 진리이다.

소크라테스와 에우리피데스는 디오니소스를 죽임으로써 아폴론적인 것마저 상실하는 결과를 초래한다. 소크라테스와 에우리피데스가 디오니소스적인 것을 살해하자, 인간은 냉랭해졌다. 인간은 이 차가움에서 벗어나기 위해, 차가움이 지배하는 일상의 규율과 질서에서 벗어나기 위해 극단적 향락을 찾았다. 소크라테스와 에우리피데스는 인간의 이성과 감성의 조화로운 삶 자체를 파괴하였다.

니체는 아폴론과 아폴론적인 것으로 극단적으로 치우친 삶에서 중간으로 돌아가야 한다고 선언한다. 디오니소스적인 길, 오이디푸스가 겪은 삶과 프로메테우스가 저항한 삶이 디오니소스적인 삶이다. 술 마시고, 춤추고, 노래하고, 손에 손을 잡고 인간과 인간, 인간과 자연이 하나가 되는 것을 우리는 미친 짓으로 본다. 지나치게 아폴론적인 한쪽에만 머물러 있었기 때문에 디오니소스적인 것으로 조금만 움직여도 세상이 망할 것처럼 본다. 디오니소스적인 것을 조금만 찾으려고 노력해도, 마치 광인이나 비이성적인 인간으로 본다.

그러나 보라, 고대 그리스 비극의 힘을. 비극의 힘은 정답 없음을 둘러싼 끝없는 토론이다. 비극의 주인공들과 그들의 행위 하나하나 모든 게 토론거리이다. 특정한 하나의 올바름이 지배하지 않았다. 자와 척도가 지배하지 못했다. 아이스킬로스와 소포클레스의 비극 어디에서도 무엇이 옳은가 그른가를 규정하는 정답은 없다. 오이디 푸스, 클리타임네스트라, 엘렉트라, 오레스테스, 안티고네 그들은 행위할 뿐이다. 그 행위를 두고 그리스 시민들은 오로지 토론하고 또 토론할 뿐이다.

소크라테스는 신화의 주인공, 비극의 주인공과 그 행위에서 유일 한 아폴론적 올바름을 찾았고, 에우리피데스는 그 올바름을 비극으로 만들었다. 하나의 올바름이 정해지면, 다른 모든 것은 옳지 않음 이 된다. 소의 뿔을 잡으려다 소를 죽이는 교각살우의 우를 범한 소크라테스! 0.001의 올바름을 붙잡은 소크라테스는 나머지 99.999 를 올바르지 못함으로 만들었다. 디오니소스적 가치는 모두 올바르 지 못함이 되었다. 아폴론적인 것과 디오니소스적인 것의 이상적 조합인 고대 그리스 비극은 소크라테스와 그의 분신 에우리피데스, 소크라테스의 제자 플라톤에 의해 처절한 죽음을 맞는다. 인간에게 디오니소스적 가치는 의미상실로서만 가치를 갖는다.

니체는 죽은 디오니소스를 다시 부활시키려고 노력한다. 티탄 프 로메테우스와 그의 거대한 힘이 되살아나듯이, 니체 그 자신이 디 오니소스의 유일한 제자가 되어, 현재 우리에게 디오니소스를 찾으 라고 말한다. 그래야만 아폴론의 진정한 가치가 되살아날 수 있다 고 니체는 강변한다.

1. 어떤 책인가?

겉으로 보면 『비극의 탄생』은 총 네 번의 '비극'의 탄생을 다룬다. 『비극의 탄생』은, 첫째, 고전적인 고대 아테네 비극의 탄생, 둘째, 에우리피데스와 소크라테스에 의한 '죽은' 비극의 탄생, 셋째, 오페라적인 '죽은' 비극의 탄생, 넷째, 바그너에 의해 다시 새롭게 태어난 고전적 비극의 탄생을 시대 순으로 다룬다. 아테네 비극은 비극의 모범적인 전형이며, 바그너적인 비극의 탄생은 아테네 비극의 정신과 음악을 재탄생시킨 것이다. 반면 에우리피데스와 소크라테스에 의해 탄생한 비극과 오페라적인 비극은 고전적인 비극의 정신과 음악을 훼손한 '죽은' 비극의 탄생이다.

속으로 보면 『비극의 탄생』은 아폴론과 아폴론적인 것 그리고 디오니소스와 디오니소스적인 것을 기본 축으로 음악과 예술, 철학, 형이상학, 심리학, 문명 비판, 반도덕과 반윤리, 반기독교 등의 내용을 다룬다.

니체에게 『비극의 탄생』은 자기 사상의 출발점이자 귀결점이다. 니체는 이 책을 집필하면서 모든 기존 사상을 재평가할 단초를 마련했으며, 이 책을 자신의 모든 사상의 발전 토대로 삼았다.

> 『비극의 탄생』은 모든 가치에 대한 나의 첫 번째 재평가였다. 이 책 덕분에 나는 나의 의지와 능력이 성장한 토대로 되돌아간다.[200]

니체의 모든 사상은 『비극의 탄생』의 변주이거나 발전이다. 니체 사상을 몸과 맘으로 실천하는 자인 자라투스트라는 비극의 탄생의 한 축인 디오니소스의 또 다른 분신이다. 영원회귀, 교양과 학문에 대한 부정적 관점, 선과 악, 도덕, 우상 등 니체의 복잡하거나 어려운 사상이 이해되지 않으면, 이 책을 다시 읽어 보면 큰 도움이 될 것이다.

인류 정신사의 측면에서 본다면 『비극의 탄생』은 모든 비판사상과 해방사상의 선구자적 위치와 유일 독점적 지위를 차지한다. 유럽의 지성사와 철학사가 플라톤에 대한 재해석이라고 한다면, 『비극의 탄생』은 플라톤과 정반대에 위치해 있다. 한마디로 말하면 『비극의 탄생』은 플라톤과 맞짱을 뜬 책이자, 기존의 모든 사상의 전복을 최초로 시도한 책이다. 『비극의 탄생』은 기존의 모든 사유 체계와 정반대되는 방향을 제시한 혁명적인 책이다. 이 책 안에는 우리가 물과 공기처럼 당연히 여기고 있는 기존의 모든 사상과 사유 체계를 전복하는 맹아가 있다. 28살 청년이 혼신을 담아 달뜬 열정으로 집필한 『비극의 탄생』은 인류 정신사의 새로운 길을 알려 주는 혁명적인 책이다.

2. 어떻게 읽을 것인가?

『비극의 탄생』은 일종의 서문이 세 번이나 쓰였다는 점에서 상당히 독특하다. 니체는 1872년 『음악정신으로부터 비극의 탄생』이라는 제목으로 책을 출판한다. 1886년 니체는 동일한 내용에다 「자기비판의 시도」라는 글을 달면서 『비극의 탄생 또는 그리스 문명과 염세주의』라는 제목으로 책을 다시 출판한다. 그리고 또다시 1889년에 니체는 자신의 삶을 자전적으로 고찰한 『이 사람을 보라』라는 책을 출판하면서 이 책 안에 "비극의 탄생"에 대해서 집필한다. 세 번째 글 역시 『비극의 탄생』의 읽는 방향을 제시한다는 점에서 서문으로 봐도 무리가 없다.

위에서 열거한 세 개의 글은 강조점이 각각 다르다. 니체는 1872

왼쪽부터 『음악정신으로부터 비극의 탄생』 표지, 『비극의 탄생 또는 그리스 문명과 염세주의』 표지, 『이 사람을 보라』 표지(1889년)

년『비극의 탄생』에서 '음악정신으로부터'에 강조점을 찍고, 1886년『비극의 탄생』에서 '그리스 문명과 염세주의'에 방점을 찍고, 1889년『이 사람을 보라』의 "비극의 탄생"에서 '삶에의 의지'를 부각한다. 니체는 저술 기준으로 초창기, 전성기, 말년『비극의 탄생』을 읽는 세 가지 독해법을 제시한 셈이다. 이 책을 읽는 독자라면, 당연히 세 가지 서문마다 각기 다른 니체의 의도에 따라 책을 읽어 보는 게 좋다.

첫 번째 독해 방식은 '음악정신으로부터'『비극의 탄생』을 읽는 것이다. 이 방식은 일종의 발생론적 관점에서 출발하여 음악과 비극의 관계를 집중적으로 조명한다. 이 방식대로 읽는 독자라면 비극이 음악을 토대로 언제, 어디에서 발생하고 발전했는가를 추적하고 언제, 어디에서, 무엇 때문에 몰락하는가를 찾아야 한다.

이 방식에 따른다면, 음악정신이 무엇인가를 찾아내는 게 가장 중요하다. 이 음악정신을 바탕으로 어떻게 비극이 발생했는가를 찾고, 음악정신에 토대를 둔 비극이 시민들에게 어떤 긍정적 기여를 하는가를 살펴봐야 한다. 반대로 비극에서 음악정신이 몰락하면 어떤 일이 발생하는가, 즉 비극에서 음악정신이 몰락하면 비극은 비극인가 아닌가라는 문제를 사색해 봐야만 한다. 나아가 음악의 몰락에 따른 비극의 몰락 시대는 어떤 시대인지를 살펴보는 게 역시 중요하다.

두 번째 독해 방식은 '그리스 문명과 염세주의'와 연관하여『비극의 탄생』을 읽는 것이다. 이 방식은 현실과의 대화에서 출발하여, 비극을 문명 진단적 방법으로 살펴보는 것이다. 이 방식에 따른다면, 염세주의가 무엇인가를 찾고 이를 문명의 흥망성쇠와 연결시켜 살펴보는 게 중요하다. 또한 염세주의와 비극의 관계를 살펴보고, 어떤 문명에서 비극이 탄생하고 몰락하는가를 찾는 게 중요하다.

이 독해 방식은 기존 우리의 상식을 완전히 버리고 나서 읽어야 함을 강조한다. 우리 눈에 염세적인 것처럼 보이는 비극을 건강한 아테네 시민들은 청량음료처럼 필요로 했다는 것, 건강한 시민으로 구성된 국가 아테네, 페르시아 대제국을 몰락시킨 소규모 도시국가 아테네가 비극을 필요로 했다는 것, 염세적인 것처럼 보이는 비극이 시민들에게 건강한 정신을 제공했다는 것 등의 이유를 찾아봐야만 한다. 반대로 우리의 상식과 이론에 너무 익숙하고 건강한 것처럼 보이는 소크라테스와 그의 철학이 건강한 시민을 염세주의적으로 만드는 이유 역시 살펴봐야 한다. 니체의 가치 전복, 사유 전복의 시도는 우리가 상식적으로 알고 있는 염세주의의 전복과 비극에 대한 재평가에서 시작한다.

제목에 있는 '그리스 문명'은 모든 문명에 적용되고 비교될 수 있다. 건강한 그리스 문명은 니체 당대의 보불 전쟁에서 승리한 독일 문명과 비교될 수 있다. 더 확장하면 염세주의와 문명은 모든 시대의 문명과 사조에 적용될 수 있는 이론 틀이자, 현재 현실과 대화할 수 있는 기본 도구이다.

마지막 독해 방식은 '삶에의 의지'의 관점에서 『비극의 탄생』을 읽는 것이다. 이 방식은 기본적으로 염세주의적 독해 방식과 반대되는 것으로서 인간의 삶에의 의지를 강조한다. 이 방식은 인간에게 숙명처럼 주어진 고통과 그 고통을 이겨 내는 한 방법으로 비극을 고찰하는 것이다. 이 방식에 따른다면, 삶에 필연적으로 내재된 고통이 무엇인가 알아보고, 비극 속에서 '삶에 대한 긍정'을 찾아내는 게 가장 중요하다.

이 독해 방식은 우리의 삶이 고통으로 가득 차 있음을 전제로 한다. 인간의 삶을 고통의 바다로 바라보는 불교나 원죄에 따른 고통으로 이해하는 기독교의 견해를 따르지 않더라도, 인간의 삶이 고통 그 자체라는 것은 사실이다. 니체는 고통으로서 인간의 삶을 실레노스의 지혜로 표현한다. 대다수의 종교나 철학은 인간에게 주어진 필수적인 고통을 극복하기 위해서 금욕적이고 윤리적인 삶을 주장하고, 착하게 살아서 사후의 행복을 추구해야 한다는 만병통치약을 판다. 니체는 이런 종교적이고 철학적인 태도를 비판하고 삶이 고통스러움에도 불구하고 살 만하다고 강조한다. 니체는 비극 속에서 '삶에의 의지'라는 소중한 가치를 끌어낸다. '삶에의 의지'는 한겨울을 이겨 내고 봄에 잎을 피우는 포도나무 넝쿨과 같다. 포도 넝쿨은 디오니소스의 또 다른 표현이고, 디오니소스는 삶에의 의지를 보여 준다.

> 가장 낯설고 가장 가혹한 삶의 문제에 있어서 삶 자체에 대한 긍정; 삶에의 의지 …… 나는 이것을 디오니소스적이라고 명명한다.'[201]

염세주의적 관점이 가장 짙게 녹아들어 간 것은 현재 우리가 너무나 당연하게 받아들이고 하루도 빠지지 않고 학습하는 도덕, 윤리, 종교이다. 염세주의적 관점은 고통스러운 현재 삶의 대가로 사후의 행복을 추구한다. '삶에의 의지'는 고통스럽기 때문에 삶을 포기하는 것이 아니라 삶이 고통스러움에도 불구하고 살 만한 것으로 받아들인다. '삶에의 의지'를 보여 주는 디오니소스적 가치가 꽃을 피운 것은 바로 비극이다. 비극은 염세주의적인 것이 아니라 '삶에의 의지'의 찬양이다.

'음악정신'은 니체 사상의 뿌리이자 토대이며, '염세주의'는 니체 사상의 전방위적인 비판적 태도를 구성하고, '삶에의 의지'는 니체 사상의 미래지향점이다. 이 세 가지 독해 방식은 서로 낱낱이 분리된 게 아니라 상호 연결되어 있다. 디오니소스적 가치인 '음악정신'은 염세주의적 세계관과 대립하고 삶에의 의지를 강조한다. 염세주의적 세계관을 이겨 내기 위해서는 '삶에의 의지'가 필요하고, 현재의 고통을 이겨 내기 위해서는 '음악'과 '음악정신'을 필요로 한다. '삶에의 의지'는 염세주의적 세계관과 대립되고 고통스러운 삶을 살 만한 것으로 바꾸기 위해서 '음악'과 '음악정신'의 도움을 받는다.

세 개의 서문은 출발점과 강조점이 다르지만 종착점은 같다. 니체는 세 가지 독해 방식을 시간에 따라 다르게 제시했지만, 궁극적으로 '지독하게도 고통스럽지만 그래도 살 만한 삶'을 강조한다.

이 세 가지 독해 방식이 상호 연결되어 있다고 하더라고 각각의 강조점을 달리해서 읽는 게 중요하다. 출발점이 다르면 종착점에 도달하는 과정과 길이 각각 다르다. 길이 다르면 길에서 만나는 풍경도 다르듯이, 서로 다른 출발점은 서로 다른 사상, 사유, 논리, 강조점을 만나기 마련이다. 이 책을 읽을 때는 이 세 가지 서로 다른 관점을 유지하면서도 상호 연결하며 읽는 연습이 필요하다.

3. 어떻게 구성되어 있는가?

1) 읽기의 어려움

이 세 가지 독해 방식에 익숙해졌다면, 나만의 글 읽기가 필요하다. 문명사에는 두 개의 탑이 있다. 하나는 강력한 구심력을 발휘하는 소크라테스-플라톤적인 원탑이고, 다른 하나는 원심력을 발휘하는 니체적인 첨탑이다.

소크라테스-플라톤적인 원탑은 주변의 모든 것을 자기화시키는 강력한 '중력'을 발휘한다. 소크라테스-플라톤적인 원탑은 모든 것을 끌어들여 파멸시켜 버리는 블랙홀마냥 주변의 모든 것을 게걸스럽게 먹어 치우고 도덕, 윤리, 학문과 이론, 종교 등으로 무한정 게워 낸다.

니체적인 첨탑은 뾰쪽한 끝으로 원탑에 구멍을 내고 중력의 자장권에 있는 모든 것을 달아나도록 만든다. 소크라테스-플라톤적인 원탑은 복종을 요구하는 반면, 니체적인 첨탑은 탈주를 강조한다.

니체를 읽는다는 것은 '중력'을 벗어나 탈주를 시작한다는 뜻이다. 작지만 커져 나갈 탈주를 위해서 가장 먼저 해야 할 일은 『비극의 탄생』을 나만의 방식으로 읽는 것이다. 하지만 나만의 방식으로 읽기는 쉽지 않다.

이 책은 너무 어렵다. 처음부터 끝까지 인내심을 갖고 읽었다고 해도 남는 건 아폴론과 디오니소스뿐이다. 이 책은 너무 혼란스럽다. 읽다 보면 같은 이야기가 계속 반복되는 것 같다. 아폴론과 디오니소스에서 시작하여 이 두 이름으로 끝이 나는 것처럼 보인다. 이 책은 생경하다. 이전에 우리가 알고 있는 용어와 어휘, 인물을 아주 정반대의 내용과 모습으로 바꿔 버린다. 이 책은 너무 겁난다. 우리가 보편타당하고 올바른 것으로 받아들이던 모든 것을 전면 부정한다. 이 책은 너무 흔들어 댄다. 기존의 사유 체계를 다 뒤집어 엎고 완전히 새로운 사유 방식을 들이민다.

이런 곤란을 극복하기 위한 한 가지 방법이 있다. 제목이 없는

『비극의 탄생』의 각 장과 절에 제목을 달아 보는 것이다. 각 장과 절에 제목을 달면, 글 전체의 흐름을 완전하지는 않지만 비교적 정확하게 이해할 수 있다.

2) 책의 구성

『비극의 탄생』은 「자기비판의 시도」, 「바그너에게 바치는 서문」, 그리고 25개 장의 본문으로 이뤄져 있다. 「자기비판의 시도」와 25개 장의 본문에는 제목이 없다. 여러 책들의 목차는 대개 다음과 같다.

「자기비판의 시도」
「바그너에게 바치는 서문」
25개 장의 본문

「자기비판의 시도」와 본문의 내용은 일반 독자, 심지어 전공자도 다가가기 쉽지 않다. 각 장에 제목이 없어서 읽기의 어려움이 더 가중된다. 이해를 쉽게 하기 위해 각 장과 절에 임의로 제목을 달아 보자. 이 목차를 바탕으로 니체의 의도대로 독해하고, 더 나아가 나만의 방식으로 읽기 위해서 본문의 제목을 토대로 아래와 같이 재구성해 보자. 굵은 글씨는 이해를 돕기 위해 임의로 제목을 잡아 본 것이며, 각 장에다 단 제목 역시 이해를 돕기 위해 임의로 단 것이다.

이런 구분 방법이 믿을 만한가는 4장, 10장, 15장, 20장, 24장의 마지막 절에서 찾을 수 있다. 열거한이 장들의 마지막 절은 다른 절과 문체를 완전히 달리한다. 4장의 마지막은 '지금까지 내가 이 논문의 앞머리에서 언급했던 것을 아래와 같이 다시 상술하겠다.'라고 말하면서 1~3장을 요약한다고 분명히 밝힌다. 10장, 15장, 20장, 24장의 마지막 절들은 기존의 설득력 있는 논증 문체와 완전히 다르게 웅변체로 서술한다. 그리고 5장, 11장, 21장은 앞 장들과 전혀 다른 이야기로 시작한다.

10장 마지막 절은 '신성모독자 에우리피데스여'로, 15장 마지막 절은 '이제 여기서 우리는 불안한 마음으로 현재와 미래의 문을 두드려 보자'로, 20장 마지막 절, 마지막 단락은 '자, 나의 친구들이여, 나와 함께 디오니소스적 삶과 비극의 재탄생을 믿자'로 시작한다. 24장은 '나의 친구들이여, 디오니소스적 음악을 믿는 그대들이여'로 시작한다.

이 책의 대부분 다른 절들이 논증과 추론을 바탕으로 집필되어 있다면, 위 다섯 개 장의 각 절들은 요약하거나 강력한 웅변과 호소 형식의 문체로 쓰여 있다. 니체는 문체를 달리함으로써 각각의 '비극'의 탄생을 다루고 있음을 암시한다.

3) 세 개의 서문에 근거한 구성의 기본적 이해

위의 구성을 바탕으로 세 개의 서문에 근거하여 이 책을 간략하게 요약해 보자. 이 요약은 말 그대로 간략한 요약이므로 깊은 이해를 보여 주지는 못하지만, 이 책이 어떤 주장을 말하는가를 간단하게 볼 수 있는 장점이 있다.

첫째, 위의 목차 구성을 바탕으로 1872년 『음악정신으로부터 비극의 탄생』의 관점에서 내용을 분석해 보자. '음악정신'의 관점에서 『비극의 탄생』은 무엇을 이야기하는가를 살펴보자.

　'음악정신'에 근거한 분석은 이 책의 형식적 구성 내용을 간명하게 보여 주는 동시에 가장 중요한 음악정신을 강조한다. 이에 따른다면 1부는 아폴론적인 것과 디오니소스적인 것의 결합을 설명한 서문에 해당한다. 2부는 음악에 근거하여 고전적인 고대 비극의 탄생과 그 구성 요소를 다루고, 3부는 고대 비극 작가인 에우리피데스와 소크라테스에 의한 음악의 죽음과 비극의 죽음을 다루고, 4부는 르네상스에서 시작된 오페라를 '죽은' 비극으로 고찰하고, 5부는 앞의 내용 전체를 요약하는 동시에 음악의 부활과 함께 고전적 비극의 독일적 재탄생을 다룬다.

　2부가 서정시, 민요, 합창가무단 등의 음악과 주인공을 중심으로 비극의 구성 요소가 무엇인지를 다룬다면, 3부와 4부는 2부에서 다룬 음악적 요소가 에우리피데스와 소크라테스에 의해 소멸하면, 음악을 중심으로 만들어진 비극 역시 죽음을 맞게 됨을 다루고, 5부는 음악이 되살아나면 비극 역시 왜, 어떻게 되살아나는지를 다룬다.

　둘째, 1886년 『비극의 탄생 또는 그리스 문명과 염세주의』의 관점에서 내용을 분석해 보자. '그리스 문명과 염세주의'의 관점에서 『비극의 탄생』은 무엇을 이야기하는가를 살펴보자.

　'염세주의'는 '그리스 문명'을 재단하는 도구이다. 염세주의가 지배하지 않는 문명은 '건강한' 그리스 문명이고 염세주의가 지배하는 문명은 '병든' 그리스 문명이다. 1부는 염세주의가 지배하지 않는 '건강한 그리스 문명'이다. 그리스 문명이 건강할 수 있었던 이유는 고전적인 아테네 비극이 건강하게 유지되고 있는 데에서 비롯한다. 고전적 아테네 문명은 아폴론적인 것과 디오니소스적인 것이 잘 결합된 비극이 지배하는 문명이다.

2부는 비극의 음악적 요소와 주인공을 주로 다룬다. 서정시와 민요, 합창가무단, 주인공의 고통스러운 삶으로 구성된 비극이 시민들을 건강하게 만들었다는 내용이 주를 이룬다.

3부와 4부는 염세주의가 지배하는 '병든 문명'을 다룬다. 에우리피데스와 소크라테스는 도덕을 강조하고 종교적 세계관을 열어 놓았고, 이론과 지식을 중심으로 교양이 인간을 지배하게 만들고, 인간을 계산하기 좋아하는 속물로 만든다. 그들은 시민들이 현재의 삶보다는 사후의 삶을 더 고귀한 것으로 여기게 만듦으로서 염세주의가 횡행하게 만든다. 이들의 영향을 받은 문명이 르네상스에 시작한 오페라에도 그대로 투영되었으며, 르네상스 이후 시대 역시 염세주의가 지배하는 시대가 된다.

5부는 니체 당대의 시대에 지배적인 염세주의의 조종이 울리고 있음을 다룬다. 칸트와 쇼펜하우어의 철학, 특히 베토벤과 바그너의 음악이 염세주의를 몰아낼 수 있는 가능성을 보여 준다.

마지막으로 1889년 '삶에의 의지'의 관점에서 『비극의 탄생』을 다뤄 보자. 니체가 1889년에 '삶에의 의지'를 서문으로 달아 책을 냈다고 가정해 보자. 아마도 책 제목은 『삶에의 의지의 관점에서 본 비극의 탄생』 또는 『비극의 탄생과 삶에의 의지』일 것이다.

'삶에의 의지'는 1872년 '음악정신'의 내용이자 1886년 '염세주의'의 대항마이다. 1부는 '삶에의 의지'를 북돋워 주는 요소를 다룬다. 아폴론적인 것과 디오니소스적인 것이 제대로 결합된 비극은 '삶에의 의지'를 강화시켜 준다. 특히 2부는 삶의 능동성을 다룬다. 디오니소스적 요소인 서정시, 민요는 시민들이 더불어 하나가 되게 만듦으로서 삶에 필연적으로 따르는 고통을 잊게 하고, 고통받는 주인공은 개별 시민들에게 삶의 고통을 이겨 내는 힘을 키워 준다.

3부와 4부는 '삶에의 의지'를 꺾게 만드는 내용을 다룬다. 에우리피데스와 소크라테스는 현재의 삶보다는 사후 삶을 소중하게 만들고, 도덕적이고 윤리적인 삶 또는 종교적인 금욕적인 삶을 살게 함으로써 현재의 삶을 생동감 있게 살도록 만들지 않는다. 그들은 인간들에게 현재의 삶보다는 죽음을 더 숭고하게 만드는 염세주의의 시조이다. 소크라테스의 영향을 받은 이론적 정신과 학자적 관심에서 출발한 오페라 역시 현재의 삶 속에서 형이상학적 존재자와 하나가 되지 못하게 만든다는 점에서 염세주의적이다.

5부는 삶에의 의지를 북돋워 주는 내용을 다룬다. 루터에서 시작한 새로운 찬송가는 민요적 요소를 보여 주고, 베토벤의 음악은 만인을 하나로 만들어 주고, 지크프리트의 삶은 신들의 황혼, 우상의 황혼을 가져온다.

앞에서 강조했던 것처럼, 이 책을 읽으면서 '음악정신', '염세주의', '삶에의 의지'를 상호 연결하는 동시에 분리하면서 읽는 것은 아주 중요하다.

4. 더 나은 글 읽기를 위해서

대다수의 사상이나 철학 책이나 글(우리가 아는 대부분의 글)들은 사전 준비 독서를 하면 좋다. 한 사상가의 글은 어느 날 하늘에서 뚝 떨어진 것이 아니다. 대개 사상은 현실에 닥친 문제를 해결하기 위해 출발한다. 니체는 「바그너에게 바치는 서문」에서 다음과 같이 말한다.

> 막 발발한 전쟁의 공포와 흥분 속에서 …… 우리가 독일적인 기대의 한가운데에서 소용돌이와 전환점으로서 적절하게 제기된 독일적인 문제를 얼마나 진지하게 다루고 있는지 ……

니체는 『비극의 탄생』이 현실과의 대화에서 비롯한다고 분명히 밝힌다. 하나의 글을 이해하기 위해서 그 글이 나온 당시의 정치적, 경제적, 역사적 상황 등을 살펴보면 더 좋다. 사전 정보가 많을수록 글 속에 담긴 숨은 뜻을 찾아내기도 쉽고, 그 정보를 현재에 맞춰 재해석하고 발전시킬 수 있는 가능성도 높아진다. 우리는 이 책을 읽기 위해서 니체가 다루고 있는 아테네 시대의 정치적, 사회적 배경을 미리 살펴보고, 니체가 접한 당면의 문제가 무엇인지를 살펴보기 위해서 니체가 살던 시대를 미리 알아볼 필요가 있다.

또한 우리는 이 글을 읽기 위해 많은 사전 독서를 필요로 한다. 대개의 글은 이전 사상과의 대화에서 출발한다. 『비극의 탄생』은 수많은 사상서나 철학서보다 짧은 글이지만 풍부한 사전 독서를 필요로 한다. 이 글은 비극의 내용적 독해가 아닌 음악적 이해를 시도하면서, 음악, 예술 일반, 문학, 철학, 종교 등의 영역을 전면에 다루고, 그 이면에 복잡한 정치적 상황을 깔고 있다. 이 글은 기존의 모든 사유 내용과 체계의 전복, 모든 지배 사상과 철학의 파괴를 시도하고, 소크라테스, 플라톤, 기존의 형이상학과 종교 등의 의심 불가의 성역을 하치장으로 보내야 할 쓰레기나 폐기물로 치부한다. 니체는 이러한 혁명적 전복을 시도하기 위해 기존의 모든 사상과 그 체계에 대한 철저한 이해를 바탕으로 대화를 하고 있다.

하지만 우리는『비극의 탄생』의 현실적, 정치적, 문학적, 예술적, 철학적, 음악적 배경 등을 다 알 수 없고, 다 찾아볼 수도 없다. 이런 곤란함을 극복하기 위해서 해설 부분을 참조하면 좋다. 그래도 이해가 안 되거나 해설과 다르게 바라본다면, 아래 글들을 찾아 비교해 보는 것도 좋다.

고대 비극 작가 아이스킬로스, 소포클레스, 에우리피데스의 비극과 관련한 내용을 읽고 이해가 잘 안되면, 아이스킬로스의『아가멤논』,『제주를 바치는 여인들』,『자비로운 여신들』을 최소한 읽어야 하고, 거기에『결박된 프로메테우스』를 읽으면 도움이 된다. 소포클레스의『오이디푸스왕』,『콜로노스의 오이디푸스』,『안티고네』역시 도움이 된다. 에우리피데스의『박코스의 여신도들』,『키클롭스』,『헤라클레스』,『타우리케의 이피게네이아』,『오레스테스』등도 내용 파악에 도움이 된다. 특히 비극 축제의 상황과 관련해서는『박코스의 여신도들』, 비극의 능동적 주인공과 관련해서는『결박된 프로메테우스』, 수동적 영웅과 관련해서는『오이디푸스왕』,『콜로노스의 오이디푸스』를 참조하는 게 좋다.

다만 이 비극 작품을 읽으면서 주의할 게 있다. 이 비극 작품을, 우리에게 익숙한 책읽기 방식인 내용 중심으로 읽으면 안 된다. 이해하기 어렵고 실천하기 쉽지 않겠지만 니체의 조언대로라면 음악적으로 읽어야 한다. 번역어라는 한계가 있지만 합창가무단, 주인공, 등장인물의 대사를 마치 노래라고 생각하고 읊조리는 게 좋다.

고대 희극 작가 아리스토파네스의 다음 몇 가지 작품을 읽어 두면 큰 도움이 된다. 소크라테스의 기이한 행적을 그린 『구름』, 아이스킬로스와 에우리피데스가 저승에서 어떤 것이 진정한 비극인가를 두고 다툼을 벌이는 내용을 묘사한 『개구리』, 신 아티카 디티람보스 작가 키네시아스를 비판한 『새』, 유일하게 전승되는 사티로스극인 『키클롭스』 등이다.

또한 니체가 셰익스피어와 괴테를 논의한 글이 이해가 잘 안될 경우 『햄릿』과 괴테의 『파우스트』를 읽어 두면 좋고, 필요한 경우 부분 발췌 독서를 하면 도움이 된다. 이 두 저작은 이 책에서 자주 인용되고 있으며, 니체의 사상에서도 중요한 지위를 차지한다.

니체가 논쟁을 걸고 있는 철학 부분은 생각이 많이 다를 수 있다. 니체의 주장이 낯설거나 니체의 사상에 거부감이 느껴지면 다음 부분을 찾아 읽으면 도움이 된다. 우리가 가장 이해하기 힘든 부분은 헤라클레이토스의 사상을 다룬 글이다. 우리나라에는 소개된 적당한 글이 없다. 우리가 도움을 얻을 수 있는 것은 책세상출판사에서 나온 『니체전집』 1권 중 "플라톤 이전의 철학자들"과 3권 중 "그리스 비극 시대의 철학"에서 '헤라클레이토스' 부분이다.

소크라테스 4부작인 『에우티프론』, 『변론(변명)』, 『크리톤』, 『파이돈』을 읽는 것이 아주 중요하다. 니체의 평생 과업은 소크라테스의 철학적 시도의 전복이다. 『비극의 탄생』은 소크라테스의 인간학적인 철학적 시도를 예술론적인 심리학으로의 전환이라고 볼 수 있다. 니체는 소크라테스를 염세주의의 시초로 보았으며, 그 염세주의가 현재까지 강력한 권력을 행사하고 있다고 진단한다. 니체의 이런 주장은 우리에게 너무 낯설고 불편하다. 이런 생각이 들면 소크라테스 4부작을 읽어 보면 도움이 된다.

니체의 형이상학 관련 부분이 이해되지 않는다면 플라톤의 여러 저작 중에서 『국가』를 대칭적으로 읽으면 도움이 된다. 니체의 평생 과업은 한 측면에서 본다면 소크라테스에서 시작되고 플라톤에서 완성된 이데아적 형이상학을 예술적인 형이상학으로의 전환이자 플라톤적인 세계관의 전복이라고 볼 수 있다. 니체는 소크라테스 사상을 정교화한 플라톤을, 결국 종교를 포함한 수많은 우상들의 실질적 아버지로 간주하고 플라톤의 사상 제국 허물기를 시도한다. 그 때문에 플라톤의 사상이 집대성된 『국가』 중에서 형이상학 관련 부분을 찾아 읽는 게 중요하다. 또한 니체의 음악, 모방, 비극, 이데아 등의 용어가 잘 다가오지 않거나, 내가 알고 있던 내용과 다르다면, 『국가』의 2~7권과 10권이 도움이 된다. 또한 색인에서 모방, 비극, 음악, 이데아 등을 찾아서 읽어 보는 것도 큰 도움이 된다.

니체가 동정과 공포, 카타르시스 등을 논쟁적으로 제기한 부분이 낯설면, 아리스토텔레스의 『시학』이 도움이 된다. 『비극의 탄생』은 한 측면에서 본다면 아리스토텔레스가 한 비극의 문학적 이해를 음악적 이해로 전환시킨 것이다. 아리스토텔레스는 비극을 예술, 예술 중에서 문학, 문학 중에서 시에 국한하는 해석을 시도하고, 비극을 동정과 공포에 근거한 카타르시스로 해석한다. 니체는 이와 반대로 비극을 예술 중에서 음악의 관점에서 해석하고, 동정과 공포를 도덕과 종교의 맹아로 해석하는 철학적 도전을 시도한다. 니체의 근원적 힘은 비극을 문학적으로 이해하는 아리스토텔레스와 달리 음악에 토대를 두고 이해한 데서 비롯한다. 니체는 이 지점에서 지금까지 비극을 해석해 왔던 관점에서 완전히 벗어날 수 있는 길을 찾아낸다.

니체의 사상 중에서 너무 생소한 내용이 나오면 쇼펜하우어의 『의지와 표상으로서의 세계 I』 중에서 21장, 22장, 43장, 47장, 51장, 52장, 59장, 68장을 찾아 읽으면 좋다. 이 장들에는 『비극의 탄생』의 주요 토대가 되는 의지, 비극, 삶, 시, 예술 등에 관한 쇼펜하우어의 기본 사상이 담겨 있다. 『비극의 탄생』은 소크라테스와 플라톤이라는 주적을 사상과 철학에서 제거하기 위해 쇼펜하우어 사상에 의존하고 있다. 『비극의 탄생』에서 니체의 주요 철학적 주장은 쇼펜하우어의 변형이라고 봐도 무방할 정도이므로, 위의 글들은 읽어 보면 도움이 될 것이다.

마지막으로 니체의 음악관과 비극관이 이해되지 않으면 다양한 설명을 찾아 읽고, 여러 음악을 듣는 게 좋다. 우선 니체는 음악철학의 많은 부분, 특히 공통성으로서의 음악을 베토벤에게 의지하여 설명한다. 이 설명이 낯설다면 베토벤의 《전원》과 《합창》에 충분히 심취하는 것이 좋다. 또한 베토벤 7번 교향곡을 들어 보는 것도 좋다. 베토벤은 7번 교향곡 4악장을 평가하면서 "나는 인류를 위해 좋은 술을 빚은 바쿠스(디오니소스)이며, 그렇게 빚은 술로 세상의 풍파에 시달린 사람들을 취하게 하고 싶다."[202]라는 말을 하기도 했다.

음악에 근원을 두고 있는 『비극의 탄생』은 눈과 머리로 읽기보다는 몸과 마음으로 느끼는 게 훨씬 더 좋다. 쇼펜하우어가 모방음악의 전형으로 지적한 하이든의 〈사계〉를 듣는 것도 좋다.

니체가 바라보는 이상적 비극에 잘 접근할 수 없다면, 현재 니체가 말한 이상적 비극을 찾아보고 싶다면, 바그너의 〈로엔그린〉, 〈트리스탄과 이졸데〉, 니벨룽겐의 반지 4부작인 〈라인의 황금〉, 〈발퀴레〉, 〈지크프리트〉, 〈신들의 황혼〉이 도움이 된다. 『비극의 탄생』은 바그너에서 시작(헌정사를 표방한 서문)하여 바그너 작품의 예시를 통한 비극의 재탄생(4부)을 설명한 글이나 다름없다. 『비극의 탄생』을 집필할 무렵, 바그너는 니체의 학문의 스승이자 인생의 동반자이자 정신적인 아버지나 다름없었다. 헌정사에서 나온 '이 길 위에서 있는 저의 숭고한 개척자'에서 보듯이 『비극의 탄생』은 바그너의 영향을 받아 바그너를 위해 집필한 책이라고 해도 과언이 아니다. 위에서 열거한 바그너의 작품들은 니체의 입장에서 고대 아테네 비극의 재탄생과 그 내용의 현대적인 재구현이다. 이 작품을 보는 데 아주 많은 시간이 걸리고, 바그너의 음악극이 맞지 않는다고 생각한다면, 대본을 찾아 읽어 보면 좋다. 이 음악극들은 니체가 이상적으로 바라본 비극이 무엇인지 알 수 있는 데 도움이 된다.

5. 무엇을 조심해야 하는가?

이 책을 읽으면서 주의할 점은 니체가 「자기비판의 시도」에서 스스로 인정한 자신의 한계를 중심에 두고 살펴봐야 한다는 점이다.

니체는 첫째, 「자기비판의 시도」 2장에서 청년 시절 집필한 『비극의 탄생』이 '청년기의 실수로 범벅', '지나치게 사족이 많고', '질풍노도로 가득 찬 책'이라고 스스로 비판하고 있다. 니체는 '이 책이 16년이 지난 요즈음 나에게 얼마나 혐오스럽게 보이며, 얼마나 이질적으로 보이는지'라며 스스로 비판한다.

우리는 이 글을 읽으면서 니체의 전복적인 문제 제기를 충분히 받아들이되, 아직 학문적으로 원숙하지 못한 글이라는 점을 염두에 두고 읽는 게 좋다. 우리는 이 책이 기존의 사상과 그 체계 전복의 시도로서 읽되, 그 시도가 완성되었다고 봐서는 안 된다. 그 완성은 읽는 독자인 우리에게 달려 있다. 어떤 용어나 문제의식이 나오면 이와 연관된 니체의 다른 글들을 찾아 읽어 보고, 이를 우리의 현실에 맞게 다시 생각해 보는 게 필요하다.

니체는 둘째, 「자기비판의 시도」 3장에서 이 책이 논리적 부정확성과 적절한 논증 부재의 오류를 범한다고 스스로 비판한다. 이 글을 읽으면서 우리는 눈을 부라리며 니체가 논리적으로 어떤 실수를 하는지 찾아야 한다. 이런 실수를 찾아 읽는 독자라면, 아마도 최고의 지적 능력을 갖춘 독자일 것이다. 니체가 논증하지 않고 넘어간 부분이 있다면, 그 부분을 채워 읽는 것도 필요하다. 채워 읽기를 위해서는 니체의 다른 저작을 두루 섭렵할 필요가 있다. 이런 노력을 하는 독자라면, 아마도 훌륭한 사유 능력을 갖춘 독자일 것이다. 우리는 이 책이 드문드문 비어 있고 헐겁게 짜 맞춰진 글이지 완성된 글이 아니라는 점을 반드시 기억하고, 비어 있는 부분을 채워 읽는 독서를 하자.

니체는 셋째, 「자기비판의 시도」 6장에서 이 책을 집필할 당시 나만의 언어세계와 사유 형식을 가지고 있지 못했다고 스스로 비판한다. 또한 그는 '나만의 **언어**를 사용하려는 용기(또는 대담함)를 가지고 있지 않았'으며, 칸트와 쇼펜하우어와 '정반대인 미지의 새로운 가치 평가를 칸트와 쇼펜하우어의 형식을 따라 표현'함을 부끄러워하고 스스로 비판한다. 또한 그는 바그너 중심의 독일 음악이 마치 그리스 음악과 정신의 계승자인 것처럼 오판했다고 고백한다.

우리는 칸트나 쇼펜하우어의 사상과 관련된 부분이 나오면, 긴장을 하고 읽어야 한다. 니체가 칸트와 쇼펜하우어의 용어와 사상을 어떻게 변화 발전시키고 있는지 꼼꼼히 추적해서 읽어야 한다. 니체는 후일 그토록 추종했던 바그너도 부정한다. 심지어 니체는 바그너를 전면 부정한다.

> 그 텍스트에서 바그너라는 말이 나오면, 주저하지 말고 나의 이름이나 '자라투스트라'라는 말로 대체해도 좋다.[203]

이 글에서 바그너라는 이름이 나오면, 우리는 바그너가 가져온 혁명적 성격에 주의를 기울이는 동시에 어떤 한계가 있는지 미리 생각하면서 읽는 게 좋다.

우리는 이 책을 읽을 때 니체가 스스로 인정한 한계를 고려하자. 우리는 이 책을 니체의 모든 것이나 전부가 아니라 모든 것의 시작점으로 받아들이도록 하자. 우리는 니체가 어린 나이에도 '노숙한 문제'를 제기한 것에 주의를 기울이고, 니체의 근본 문제의식이 무엇인가를 집중적으로 살펴보도록 하자. 우리는 여기에 나오는 각종 용어와 문제의식을 니체 사상의 출발점으로 받아들이고, 현재 우리에게 필요한 것은 무엇이고 어떻게 발전시킬지를 생각하도록 하자. 이런 독해법이 충실히 달성되었다고 한다면 이제는 나의 길이다.

나만의 독해법으로 이 책을 읽어 보자.

자, 무엇을 얻을 것이고, 무엇을 버릴 것인가?

나에게 달려 있다.

주석

1. DW-2—Die dionysische Weltanschauung: § 2. Abgeschlossen ca. 11/08/1870.
2. NF-1869,1[49]—Nachgelassene Fragmente Herbst 1869.
3. DW-2—Die dionysische Weltanschauung: § 2. Abgeschlossen ca. 11/08/1870.
4. A. J. Podlecki, "Archilochus and Apollo", ,in *Phoenix*, Vol. 28, No. 1, Studies Presented to Mary E. White on the Occasion of Her Sixty Fifth Birthday (Spring, 1974), p. 12.
5. Plato, *Ion*, 534d.
6. Plato, *Law*, 658b.
7. NF-1871,9[146]—Nachgelassene Fragmente 1871.
8. NF-1870,5[19]—Nachgelassene Fragmente September 1870—Januar 1871.
9. NF-1887,10[41]—Nachgelassene Fragmente Herbst 1887.
10. EH-Klug-4—Ecce homo: Warum ich so klug bin, § 4. Druckfertig 02/01/1889.
11. NF-1871,9[146]—Nachgelassene Fragmente 1871.
12. NF-1871,12[1]—Nachgelassene Fragmente Frühjahr 1871.
13. NF-1870,7[127]—Nachgelassene Fragmente Ende 1870—April 1871.
14. NF-1871,12[1]—Nachgelassene Fragmente Frühjahr 1871.
15. 플라톤, 『국가』, 399e~400d.
16. GD-Streifzuege-11—Götzen-Dämmerung: Streifzüge eines Unzeitgemässen, § 11. Erste Veröff. 24/11/1888.
17. NF-1869,3[21]—Nachgelassene Fragmente Winter 1869~1870—Frühjahr 1870.
18. NF-1870,8[7]—Nachgelassene Fragmente Winter 1870~1871—Herbst 1872.
19. NF-1871,12[1]—Nachgelassene Fragmente Frühjahr 1871.
20. NF-1871,12[1]—Nachgelassene Fragmente Frühjahr 1871.
21. Schopenhauer, *The World As Will And Idea*, p. 316.
22. C. Carey, "Archilochus and Lycambes", in *The Classical Quarterly*, Vol. 36, No. 1 (1986), p. 60.
23. 아르킬로코스, 『고대 그리스 서정시』, 김남우 옮김, 133W, 14쪽.
24. 아르킬로코스, 『고대 그리스 서정시』, 김남우 옮김, 188W, 14쪽.
25. 아르킬로코스, 『고대 그리스 서정시』, 김남우 옮김, 196aW, 15쪽.
26. 아르킬로코스, 『고대 그리스 서정시』, 김남우 옮김, 196aW, 16~17쪽.
27. 아르킬로코스, 『고대 그리스 서정시』, 김남우 옮김, 191W, 15쪽.
28. 아르킬로코스, 『고대 그리스 서정시』, 김남우 옮김, 193W, 15쪽.
29. Aristotle, *Rhetoric* Ⅲ, 1418b 29~30.
30. 아르킬로코스, 『고대 그리스 서정시』, 김남우 옮김, 122W, 11~12쪽.
31. https://www.literarymatters.org/11-1-archilochus-122/
32. Euripides, *Bacchae*, 676~686.
33. Schopenhauer, *The World As Will And Idea*, p. 319.

34. Schopenhauer, *The World As Will And Idea*, p. 322.
35. Schopenhauer, The World As Will And Idea, p. 322.
36. DW-2—Die dionysische Weltanschauung: § 2. Abgeschlossen ca. 11/08/1870.
37. Homer, *Iliad*, I , 1-6.
38. Homer, *Iliad*, 183-202.
39. DW-2—Die dionysische Weltanschauung: § 2. Abgeschlossen ca. 11/08/1870.
40. Aristotle, *Poetry*, 1449a 20~30.
41. Aristotle, *Poetry*, 1459b 30~34.
42. 플라톤, 『국가』, 380a.
43. http://www.doctorstimes.com/news/articleView.html?idxno=142155
44. NF-1871,12[1]—Nachgelassene Fragmente Frühjahr 1871.
45. NF-1871,12[1]—Nachgelassene Fragmente Frühjahr 1871.
46. NF-1870,7[127]—Nachgelassene Fragmente Ende 1870—April 1871.
47. NF-1870,7[127]—Nachgelassene Fragmente Ende 1870—April 1871.
48. NF-1870,7[127]—Nachgelassene Fragmente Ende 1870—April 1871.
49. NF-1871,12[1]—Nachgelassene Fragmente Frühjahr 1871.
50. NF-1871,12[1]—Nachgelassene Fragmente Frühjahr 1871.
51. Schopenhauer, *The World As Will And Idea*, p. 373.
52. Schopenhauer, *The World As Will And Idea*, p. 338.
53. Schopenhauer, *The World As Will And Idea*, p. 344.
54. Plato, *Nomoi*, 654b.
55. Plato, *Nomoi*, 654a.
56. Aritotle, *Poetics*, 1447. a. 26.
57. 플라톤, 『미노스』, 321a.
58. 플라톤, 『미노스』, 320e.
59. 플라톤, 『변론』, 22a~b.
60. Aritotle, *Poetics*, 1449. a. 10.
61. 플라톤, 『국가』, 394c.
62. 플라톤, 『국가』, 394b.
63. Diogenes Laertës, Ⅲ Plato, p. 133. https://www.gutenberg.org/files/57342/57342-h/57342-h.htm#Page_113
64. Aristotle, *Poetics*, 1449. a. 17.
65. Diogenes Laertës, Ⅲ Plato, p. 133. https://www.gutenberg.org/files/57342/57342-h/57342-h.htm#Page_113
66. Aristotle, *Poetics*, 1449. a. 18~20.
67. Aristotle, *Problems, Book XIX Problems Connected With Music*, 922b 19.
68. GMD-1—Das griechische Musikdrama: § [1] Abgeschlossen ca. 18/01/1870.
69. Helene Forley, "Choral Identity In Greek Tragedy" *Classical Philology* Vol. 98, No. 1 (January 2003), pp. 1~30, The University of Chicago Press.
70. 플라톤, 『고르기아스』, 502d~e.
71. 플라톤, 『미노스』, 321a.

72. 플라톤, 『국가』, 568a~d.

73. 플라톤, 『고르기아스』, 515e, 518e.

74. Aristotle, *Poetics*, 1456a 1, 25~27.

75. Schlegel, A. W. 1846. *Vorlesungen über dramatische Kunst und Literatur* I. Vol. 5 of *Sämtliche Werke*, ed. E. Böcking. Leipzig. Trans. John Black under the title *Course of Lectures on Dramatic Art and Literature* (London, 1846; reprint, New York, 1973), pp. 69~70.

76. GMD-1—Das griechische Musikdrama: § [1] Abgeschlossen ca. 18/01/1870.

77. 원문대로 번역하면 다음과 같다. "우리는 비극의 탄생이 대중의 인륜적 지혜에 대한 존중이나 볼거리 없는 관객의 개념으로 설명될 수 없다는 것을 염려한다(fürchten)." 이를 그대로 받아들이면 민중설이나 이상적 관객설을 받아들이지 못한 것이 문제가 있다는 내용으로 비춰진다. 이는 지금까지 니체가 설명한 것과 정반대의 결과를 가져온다. '염려한다'는 내용을 완화해서 '생각한다'로 바꿔야 내용이 비교적 잘 전달된다.

78. 실러의 글에 나타난 '코로스'는 합창가무단으로 이해해야 한다. 번역자의 의도를 존중하여 코로스 그대로 싣는다. '코로스'를 합창가무단으로 바꾸려면 실러의 『메시나의 신부』에서 코로스가 그리스 비극의 합창가무단과 동일한 위치에서 동일한 역할을 수행하는지를 살펴봐야 한다. 여러 방법으로 『메시나의 신부』의 실황 공연을 찾아보았지만 찾아볼 수 없었다. 따라서 '코로스'를 코로스 그대로 남겨 두는 것이 옳다고 생각한다.

79. 실러, 『메시나의 신부』, "서문: 비극에서 코로스와 활용에 관해", 이재진 옮김, 10~11쪽.

80. 실러, 『메시나의 신부』, "서문: 비극에서 코로스와 활용에 관해", 이재진 옮김, 6~7쪽.

81. 실러, 『메시나의 신부』, "서문: 비극에서 코로스와 활용에 관해", 이재진 옮김, 7쪽.

82. 실러, 『메시나의 신부』, "서문: 비극에서 코로스와 활용에 관해", 이재진 옮김, 15쪽.

83. Richard Wagner, Beethoven, tr by Edward Dannreuther, WILLIAM REEVES Bookseller Limited, London, 1870. p. 103.

84. NF-1873,29[81]—Nachgelassene Fragmente Sommer~Herbst 1873.

85. 투퀴디데스, 『펠로폰네소스 전쟁사』, 천병희 옮김, II 47 이하에 아테네의 역병을 상세하게 기록했다.

86. 투퀴디데스, 『펠로폰네소스 전쟁사』, 천병희 옮김, III 86.

87. 투퀴디데스, 『펠로폰네소스 전쟁사』, 천병희 옮김, II 53.

88. 투퀴디데스, 『펠로폰네소스 전쟁사』, 천병희 옮김, II 53.

89. 셰익스피어, 『햄릿』, 박종철 옮김, 5막 2장, 8~9.

90. EH-Weise-8—Ecce homo: Warum ich so weise bin, § 8. Druckfertig 02/01/1889.

91. NF-1873,29[56]—Nachgelassene Fragmente Sommer~Herbst 1873.

92. NF-1875,12[22]—Nachgelassene Fragmente Sommer~Ende September 1875.

93. Schopenhauer, *The World As Will And Idea*, p. 316.

94. NF-1872,19[299]—Nachgelassene Fragmente Sommer 1872—Anfang 1873.

95. NF-1887,9[139]—Nachgelassene Fragmente Herbst 1887.

96. NF-1873,30[6]—Nachgelassene Fragmente Herbst 1873—Winter 1873~1874.

97. NF-1872,19[299]—Nachgelassene Fragmente Sommer 1872—Anfang 1873.

98. 플라톤, 『국가』, 394 b~c.

99. 플라톤, 『국가』, 595a~599e.

100. 플라톤, 『국가』, 602b.

101. Aristotle, *Poetics*, 1451b, 5~10.

102. ST-1—*Sokrates und die Tragoedie:* § [1] Abgeschlossen ca. 01/02/1870.

103. NF-1870,7[196]—Nachgelassene Fragmente Ende 1870—April 1871.

104. NF-1872,19[226]—Nachgelassene Fragmente Sommer 1872—Anfang 1873.

105. MA-38—Menschliches Allzumenschliches I: § 38. Erste Veröff. 07/05/1878.

106. NF-1872,19[249]—Nachgelassene Fragmente Sommer 1872—Anfang 1873.

107. NF-1872,19[228]—Nachgelassene Fragmente Sommer 1872—Anfang 1873.

108. NF-1872,19[229]—Nachgelassene Fragmente Sommer 1872—Anfang 1873.

109. NF-1872,19[229]—Nachgelassene Fragmente Sommer 1872—Anfang 1873.

110. Homer, *Iliad*, V, 468~470.

111. Homer, *Iliad*, V, 1071~1072.

112. 플라톤, 『법률』, 700b.

113. 플라톤, 『법률』, 664c.

114. 플라톤, 『법률』, 666a.

115. Euripides, *Bacchae*, 207~209.

116. Euripides, *Bacchae*, 421.

117. Euripides, *Bacchae*, 323~324.

118. Euripides, *Bacchae*, 681~682.

119. Euripides, *Bacchae*, 378~381.

120. Aristotle, *Poetics*, 12, pp. 2324~2325. 위의 내용을 간단하게 정리하면 아래와 같다.
    프롤로그: 극 전체를 설명하기 위해 극의 맨 처음에 나오는 독백이나 대화.
    삽화: 배우와 배우, 배우와 코로스가 대화와 노래하는 부분.
    엑소도스: 합창가무단이 오케스트라에서 퇴장하면서 부르는 노래.
    등장가: 합창가무단이 오케스트라 자리에 등장하면서 부르는 노래.
    정립가: 합창가무단이 오케스트라에서 서서 부르는 노래.

121. CV-CV2—Fünf Vorreden zu fünf ungeschriebenen Büchern: § 2. Gedanken über die Zukunft unserer Bildungsanstalten. Abgeschlossen ca. 24/12/1872.

122. Aristotle, *Poetics*, 1449b1, 26.

123. Aristotle, *Poetics*, 1447a, 20 이하.

124. Aristotle, *Poetics*, 1450a1, 14.

125. Aristotle, *Poetics*, 1449b1, 34~35.

126. Aristotle, *Poetics*, 1450a1, 5~10.

127. Aristotle, *Poetics*, 1450b1, 5~10.

128. Aristotle, *Poetics*, 1450b1, 5~10.

129. Sophocles, *King Oedipus*, 872.

130. NF-1871,11[1]—Nachgelassene Fragmente Februar 1871.

131. NF-1871,11[1]—Nachgelassene Fragmente Februar 1871.

132. 플라톤, 『알키비아데스』, 108a, 108c.

133. 플라톤, 『법률』, 654a~656e.

134. 플라톤, 『법률』, 795d~796b.

135. Also sprach Zarathustra III: Vom Geist der Schwere, Erste Veröff. 10/04/1884.

136. 플라톤, 『법률』, 815c~d.

137. MA-278—Menschliches Allzumenschliches I: § 278. Erste Veröff. 07/05/1878.

138. Za-II-Grablied—Also sprach Zarathustra II: Das Grablied. Erste Veröff. 31/12/1883.

139. NF-1880,4[128]—Nachgelassene Fragmente Sommer 1880.

140. Sophocles, *Oedipus at Colonus*, 85~95.

141. Sophocles, *Oedipus at Colonus*, 396~400.

142. Sophocles, *Oedipus at Colonus*, 389~393.

143. Sophocles, *Oedipus at Colonus*, 1330~1332.

144. Sophocles, *Oedipus at Colonus*, 1760~1765.

145. GD-Deutsche-3—Götzen-Dämmerung: Was den Deutschen abgeht, § 3. Erste Veröff. 24/11/1888.

146. NF-1885,1[134]—Nachgelassene Fragmente Herbst 1885—Frühjahr 1886.

147. NF-1885,1[134]—Nachgelassene Fragmente Herbst 1885—Frühjahr 1886.

148. NF-1885,2[166]—Nachgelassene Fragmente Herbst 1885—Herbst 1886.

149. Sophocles, *King Oedipus*, 978~983.

150. 3장 4절 해설 14번 참고.

151. https://www.ranker.com/list/zoroastrianism-sex-beliefs/jacob-shelton 영어 원문은 다음과 같다. Blessed is he who has a child of his child. …… pleasure, sweetness and joy are owing to a son that begets from a daughter of his own, who is also a brother of that same mother, and he who is born of a son and a mother is also a brother of that same father; that is a much greater pleasure, which is a blessing of the joy. …… the family is more perfect; its nature is without vexation and gathering affection.

152. Homer, *The Odyssey of Homer*, by William Cowper, 324~337.

153. 플라톤, 『크리톤』, 51c.

154. 플라톤, 『국가』, 329c.

155. 플라톤, 『국가』, 390b~c.

156. 플라톤, 『국가』, 378b.

157. 플라톤, 『국가』, 379b~d.

158. 플라톤, 『국가』, 615c~616a.

159. 플라톤, 『알키비아데스 II』, 138b~c.

160. 플라톤, 『알키비아데스 II』, 138c.

161. 플라톤, 『알키비아데스 II』, 140e.

162. 괴테, 『파우스트』, 김인순 옮김, 1부 3982~3985.

163. Aeschylus, *Prometheus Bound*, 1080~1093.

164. 헤시오도스, 『일과 날』, 95~102.

165. FW-135—Die fröhliche Wissenschaft: § 135. Erste Veröff. 10/09/1882.

166. 괴테, 『파우스트』, 김인순 옮김, 3988~3981.

167. 헤시오도스, 『신들의 계보』, 521~616.

168. 헤시오도스, 『일과 날』, 47~105.

169. 헤시오도스 , 『신들의 계보』, 976.

170. 플라톤, 『프로타고라스』, 321d.

171. 플라톤, 『프로타고라스』, 320c~323c.

172. 니체, 『니체전집 1권』, 김기선 옮김, 「플라톤 이전의 철학자들」, "헤파이스토스", 316~320쪽.

173. 헤로도토스, 『역사』, 천병희 옮김, 512쪽.

174. 니체, 『비극의 탄생』, 김남우 옮김, 137쪽.

175. Schopenhauer, *The World As Will And Idea Vol. I.*, pp. 415~416.

176. NF-1869,3[82]—Nachgelassene Fragmente Winter 1869~1870—Frühjahr 1870.

177. NF-1870,7[55]—Nachgelassene Fragmente Ende 1870—April 1871.

178. NF-1870,7[123]—Nachgelassene Fragmente Ende 1870—April 1871.

179. NF-1870,7[123]—Nachgelassene Fragmente Ende 1870—April 1871.

180. Aeschylus, *Prometheus Bound*, 899~991.

181. Aeschylus, *Prometheus Bound*, 909~911.

182. Aeschylus, *Prometheus Bound*, 194~197.

183. Aeschylus, *Prometheus Bound*, 1017~1020.

184. Aeschylus, *Prometheus Bound*, 752~757.

185. NF-1871,9[53]—Nachgelassene Fragmente 1871.

186. NF-1885,41[9]—Nachgelassene Fragmente August~September 1885.

187. NF-1885,34[181]—Nachgelassene Fragmente April~Juni 1885.

188. NF-1870,7[54]—Nachgelassene Fragmente Ende 1870~April 1871.

189. NF-1870,7[122]—Nachgelassene Fragmente Ende 1870~April 1871.

190. NF-1870,7[62]—Nachgelassene Fragmente Ende 1870~April 1871.

191. NF-1870,7[64]—Nachgelassene Fragmente Ende 1870~April 1871.

192. NF-1870,7[64]—Nachgelassene Fragmente Ende 1870~April 1871.

193. NF-1870,7[64]—Nachgelassene Fragmente Ende 1870~April 1871.

194. NF-1869,3[33]—Nachgelassene Fragmente Winter 1869~1870—Frühjahr 1870.

195. 프로이트, 『정신분석학 개요』, 박성수·한승완 옮김, 「나의 이력서」, 2009, 275~276쪽.

196. 플라톤, 『국가』, 380c.

197. 플라톤, 『국가』, 381a.

198. 플라톤, 『국가』, 381e.

199. Aristotle, *Poetics*, 1453a 29.

200. GD-Alten-5 — Götzen-Dämmerung: Was ich den Alten verdanke, § 5. Erste Veröff. 24/11/1888.

201. EH-GT-3 — Ecce homo: Die Geburt der Tragödie, § 3. Druckfertig 02/01/1889, GD-Alten-5 — Götzen-Dämmerung: Was ich den Alten verdanke, § 5. Erste Veröff. 24/11/1888.

202. www.doctorstimes.com/news/articleView.html?idxno=11899

203. EH-GT-4 — Ecce homo: Die Geburt der Tragödie, § 4. Druckfertig 02/01/1889.

찾아보기

핀다로스 90, 92

ㅎ

하데스 53, 236, 276, 322, 327
하이네(적) 33, 34, 36, 37, 85, 250
하이든 376
학문(적) 166, 186, 202, 203, 275, 281, 340,
　　358, 364, 377, 378
　　비과학적 131, 133
　　사회과학(적) 274, 275, 299
한스 → 몽상가 참조
합리성 309, 354
합창가무단 5, 8-10, 14, 15, 109, 113-115,
　　117-119, 121-133, 135, 136, 138-144,
　　146-152, 154, 159, 160, 162, 165, 166,
　　172-177, 179, 181-183, 186-190, 192-
　　194, 196-199, 202-204, 210-231, 233-
　　235, 237-239, 245, 317-319, 339, 343,
　　350, 366, 369, 370, 374, 382, 384
　　코로스 79, 142, 144, 146, 147, 150, 382,
　　384
　　코로스론 8, 9, 141
　　합창단 8, 9, 117-119, 122, 153, 174, 189,
　　204, 216-218, 224-227, 285
햄릿 9, 159, 160, 163-168, 171
헤라 278, 326-328, 343
헤라클레스(적) 236, 237, 332, 347-350
헤라클레이토스 309, 310, 322, 374
헤로도토스 318, 319, 385
헤르메스 303, 323, 337-339
헤시오도스 30, 300-302, 385
헥토르 274

헬레니즘(적) 18
현상세계 57, 92, 181, 182, 189
협화음
　　불협화음(Dissonanz)(적) 367
형이상학 7, 8, 32, 37, 59, 69, 100, 109, 137,
　　184, 223, 251, 282, 291, 357, 373, 375
　　예술적(인) 형이상학 37, 375
　　형이상학적 구원 9
　　형이상학적 본질 329
　　형이상학적 세계 10, 100, 333
　　형이상학적 실체 30, 31, 37, 54
　　형이상학적 위로 9, 181
　　형이상학적 위안 151, 153
　　형이상학적 진리 182, 197, 223, 225, 231,
　　291
　　형이상학적 통일 282, 291
호랑이 175
호메로스(적) 7, 12, 15, 18, 19, 21-25, 27-30,
　　52-54, 58, 72, 74, 75, 77, 87, 90, 92, 93,
　　203, 206-208, 214, 234, 238, 248, 275,
　　300, 331, 332, 334, 340-343, 345, 350,
　　351
환영 9, 10, 51, 57, 61, 97, 144-147, 164, 181,
　　189, 192, 193, 197, 198, 201, 203, 218,
　　220, 224, 227, 228, 232, 233, 235
　　교양적 환영 182, 189
　　환영세계 192, 227, 228, 249
　　환영의 베일 9, 159, 164-167
황홀 90, 159, 233, 275
희극 61, 76, 121, 200, 311, 317, 320, 374
희극성 172, 173

참고문헌

니체 저서 약어

NW, Nietzsche contra Wagner, 『니체 대 바그너』

EH, Ecce homo 『이 사람을 보라』

AC, Der Antichrist, 『안티크리스트』

NF, Nachgelassene Schriften, 『유고』

GD, Götzen-Dämmerung, 『우상의 황혼』

GM, Zur Genealogie der Moral, 『도덕의 계보학』

M, Morgenröte. 『아침놀』

JGB, Jenseits von Gut und Böse, 『선악의 저편』

ZA, Also sprach Zarathustra, 『자라투스트라는 이렇게 말했다』

GT, Die Geburt der Tragödie aus dem Geiste der Musik, 『비극의 탄생』

DW, Die dionysische Weltanschauung, "디오니스스적 세계관" - 『유고』(1870-1873년)

GG, Geburt des tragischen Gedankens, "비극적 사유의 탄생" - 『유고』(1870-1873년)

VM, Vermischte Meinungen und Sprüche, "혼합된 의견과 잠언들" - 『인간적인 너무나 인간적인 II』

GMD, Das griechische Musikdrama, "그리스 음악 드라마" - 『유고』(1870-1873년)

ST, Das griechische Musikdrama, "소크라테스와 비극" - 『유고』(1870-1873년)

MA, Menschliches, Allzumenschliches, 『인간적인 너무나 인간적인』

CV, Fünf Vorreden zu fünf ungeschriebenen Büchern, "쓰여지지 않은 다섯 권의 책의 다섯 가지 서문" - 『유고』(1870-1873년)

WS, Der Wanderer und sein Schatten, "방랑자와 그림자" - 『인간적인 너무나 인간적인 II』

PHG, Die Philosophie im tragischen Zeitalter der Griechen, "그리스 비극 시대의 철학" - 『유고』(1870-1873년)

WB, Richard Wagner in Bayreuth, 『바이로이트의 리하르트 바그너』

HL, Vom Nutzen und Nachteil der Historie für das Leben, "삶에 대한 역사의 공과" - 『반시대적 고찰 II』

BA, Gedanken über die Zukunft unserer Bildungsanstalten, "우리 교양기관의 미래에 관하여" - 『유고』(1870-1873년)

FW, Die fröhliche Wissenschaft, 『즐거운 학문』

WA, Der Fall Wagner, 『바그너의 경우』

SE, Schopenhauer als Erzieher, "교육자로서의 쇼펜하우어" - 『반시대적 고찰 III』

니체 저서 출처 표기방식

NW-loskommen-1 — Nietzsche contra Wagner: Wie ich von Wagner loskam, § 1. Gedruckt 02/01/1889를 가지고 알아보도록 한다. NW는 니체의 독일어 원문 Nietzsche contra Wagner, 우리 번역문으로는 『니체 대 바그너』를 뜻한다. Wie ich von Wagner loskam, § 1.은

Nietzsche contra Wagner(『니체 대 바그너』) 안에 있는 1절로 '나는 바그너에게서 어떻게 벗어났는가' 장의 1절을 뜻한다. 이를 바탕으로 국내 번역본을 찾아볼 경우에는 『니체 대 바그너』의 "나는 바그너에게서 어떻게 벗어났는가"의 1절을 찾아보면 된다. 원문과 대조하고 싶을 경우에는 http://www.nietzschesource.org에 들어가서 해당 부분을 찾아보면 된다. 이 책에 사용된 인용문은 국내 역자들과 용어와 번역을 달리하고 있으므로, 다른 점을 염두에 두고 읽어야 한다.

NF-1884,25[203] — Nachgelassene Fragmente Frühjahr 1884는 조금 다른 예이다. NF는 니체가 죽은 뒤 출판된 글을 말한다. 위 예시는 니체가 1884년에 생각을 정리한 25번째 203번이란 글이다. 국내 번역본에서는 『유고』 중 1884년이란 연도가 적힌 글 중에서 25번째 203번 글을 찾아보면 된다. 원문과 대조하고 싶은 경우에는 http://www.nietzschesource.org에 들어가 확인해보면 된다.

니체 원전 자료

http://www.nietzschesource.org/

니체 한글 번역

니체전집 1 ~ 21권, 2013년, 책세상.
니체전집 1 ~ 10권, 1993년, 청하.

국내

니코스 카잔차키스, 이윤기 옮김, 『그리스인 조르바』, 열린책들, 2017.
레지날드 J. 홀링데일, 김기복·이원진 옮김, 『니체-그의 삶과 철학』, 북캠퍼스, 2017.
마키아벨리, 이남석 해제, 『군주론-시민을 위한 정치를 말하다』, 평사리, 2017.
베르길리우스, 천병희 옮김, 『아이네이스』, 숲, 2011.
셰익스피어, 박종철 옮김, 『햄릿』, 민음사, 2009.
소포클레스, 천병희 옮김, 『소포클레스 비극 전집』, 숲, 2008.
아르킬로코스, 사포 외, 『고대 그리스 서정시』, 민음사, 2018.
아르투어 쇼펜하우어, 홍성광 옮김, 『의지와 표상으로서의 세계』, 을유문화사, 2018.
아이스킬로스, 천병희 옮김, 『아이스킬로스 비극 전집』, 숲, 2011.
아리스토텔레스, 김재홍 옮김, 『정치학』, 길, 2017.
아리스토텔레스, 천병희 옮김, 『시학』, 숲, 2011.
아리스토텔레스, 이종오, 김용석 옮김, 『수사학 Ⅰ, Ⅱ, Ⅲ』, 리젬, 2008.
아리스토파네스, 천병희 옮김, 『아리스토파네스 희극 전집 1』, 숲, 2010.
아리스토파네스, 천병희 옮김, 『아리스토파네스 희극 전집 2』, 숲, 2010.
아폴로도로스, 『원전으로 읽는 그리스 신화』, 숲, 2011.
에우리피데스, 천병희 옮김, 『에우리피데스 비극 전집 1』, 숲, 2009.
에우리피데스, 천병희 옮김, 『에우리피데스 비극 전집 1』, 숲, 2011.
오비디우스, 천병희 옮김, 『변신이야기』, 숲, 2011.
요한 볼프강 폰 괴테, 김인순 옮김, 『파우스트』, 열린책들, 2017.
크세노폰, 최혁순 옮김, 『소크라테스 회상』, 범우, 2015.
크세노폰, 오유석 옮김, 『경영론·향연』, 부북스, 2015.

크세노폰, 이은종 옮김,『크세노폰 소작품집』, 주영사, 2016.

키케로, 김창성 옮김,『국가론』, 한길사, 2009.

키케로, 성 염 옮김,『법률론』, 한길사, 2007.

투퀴디데스,『펠로폰네소스전쟁사』, 숲, 2011.

프로이트, 김인순 옮김,『꿈의 해석』, 열린책들, 2010.

프로이트, 박성수, 한승완 옮김,『정신분석학 개요』, 열린책들, 2009.

프로이트, 김명희 옮김,『늑대인간』, 열린책들, 2009.

프리드리히 실러, 이재진 옮김,『메시나의 신부』, 지식을 만드는 지식, 2011.

플라톤, 박종현 역주,『에우티프론, 소크라테스의 변론, 크리톤, 파이돈』, 박종현 역주, 서광사, 2008.

플라톤, 박종현 역주,『국가(정체)』, 한길사, 2007.

플라톤, 박종현 역주,『법률』, 한길사, 2009.

플라톤, 김태경 옮김,『정치가』, 한길사, 2009.

플라톤, 박종현 역주,『필레보스』, 서광사, 2009.

플라톤, 박종현 김영균 공동 역주,『티마이오스』, 서광사, 2000.

플라톤, 김주일 옮김,『파이드로스』, 이제이북스, 2012.

플라톤, 강철웅 옮김,『향연』, 이제이북스, 2011.

플라톤, 이정호 옮김,『메넥세노스』, 이제이북스, 2008.

플라톤, 김인곤 옮김,『고르기아스』, 이제이북스, 2011.

플라톤, 강성훈 옮김,『프로타고라스』, 이제이북스, 2011.

플라톤, 강철웅, 김주일, 이정호 옮김,『편지들』, 이제이북스, 2009.

플라톤, 김인곤, 이기백 옮김,『크라튈로스』, 이제이북스, 2007.

플라톤, 김주일, 정준영 옮김,『알키비아데스 I, II』, 이제이북스, 2010.

플라톤, 이상인 옮김,『메논』, 이제이북스, 2010.

플라톤, 정준영 옮김,『테아이테토스』, 이제이북스, 2013.

플라톤, 김주일 옮김,『에우튀데모스』, 이제이북스, 2008.

플라톤, 이창우 옮김,『소피스트』, 이제이북스, 2011.

플라톤, 이정호 옮김,『크리티아스』, 이제이북스, 2007.

헤로도토스, 천병희 옮김,『역사』, 숲, 2012.

헤시오도스, 천병희 옮김,『신들의 계보』, 2009.

호메로스, 천병희 옮김,『일리아스』, 숲, 2011.

호메로스, 천병희 옮김,『오뒷세이아』, 숲, 2011.

국외

Aeschylus, tr. by Theodore Alois Buckley, *Prometheus Bound and The Seven Against Thebes*, DAVID McKAY, Philadelphia, 1987.

Aristophanes, tr. by Ian Johnston, *Clouds: A Dual Language Edition*, Faenum Publishing, Oxford, 2017.

Aristophanes, tr. by Ian Johnston, *Frogs: A Dual Language Edition*, Faenum Publishing, Oxford, 2015.

Aristophanes, *Archarnes*.

Aristophanes, tr. by Ian Johnston, *Birds: A Dual Language Edition*, Faenum Publishing, Oxford, 2017.

Aristotle, ed. by Jonathan Barnes, *The Complete Works of Aristotle*, Princeton Univ., New Jersey, 1995.

Athenaeus, tr. by C. D. Yonge, *The Deipnosophists, or Banquet of the Learned of Athenæus, Book I*, London, 2011. https://www.gutenberg.org/files/36921/36921-h/36921-h.htm

Babich, Babette, "NIETZSCHE'S ARCHILOCHUS", *New Nietzsche Studies*, Vol. 10, Nos. 1 and 2 (Spring/Summer 2016), pp. 85~122.

Carey, C., "Archilochus and Lycambes", *The Classical Quarterly*, Vol. 36, No. 1 (1986), pp. 60~67. https://www.jstor.org/stable/638943

Davis, Malcolm., "Aristotle Fr. 44 Rose: Midas and Silenus", in *Mnemosyne*, Fourth Series, Vol. 57, Fasc. 6 (2004), pp. 682~683.

DiLeo, Daniel, "Tragedy against Tyranny", *The Journal of Politics*, Vol. 75, No. 1 (Jan. 2, 2013), pp. 254~265. https://www.jstor.org/stable/10.1017/s0022381612001004

Diogenes Laertius, tr. by C. D. Yonge, *The Lives and Opinions of Eminent Philosophers*, London, 2018. https://www.gutenberg.org/files/57342/57342-h/57342-h.htm

Euripides, tr. by Ian Johnston, *BACCHAE*, Vancouver Island University, 2003.
http://johnstoniatexts.x10host.com/euripides/bacchaepdf.pdf

Euripides, tr. by Ian Johnston, *Orestes*, Vancouver Island University, 2010.
http://johnstoniatexts.x10host.com/euripides/oresteshtml.html

Forley, Helene., "Choral Identity In Greek Tragedy", *Classical Philology*, Vol. 98, No. 1 (January 2003), pp. 1~30, The University of Chicago Press.

Henrichs, Albert., "The Last of Detractors: Friedrich Nietsche's Condemnation of Euripides" in *Greek, Roman and Byzantine Studies*, Cambridge, Mass., etc. Vol. 27, Iss. 4, (Winter 1986): 369. https://grbs.library.duke.edu/article/viewFile/4871/5431

Homer, tr. by William Cowper, *Iliad*, New York, 2005.
https://www.gutenberg.org/files/16452/16452-h/16452-h.htm

Homer, tr. by William Cowper, *The Odyssey*, New York, 2008.

Horace, tr. by C. Smart, *THE WORKS OF HORACE*, Pembroke College, Cambridge, 2004.
https://www.gutenberg.org/files/14020/14020-h/14020-h.htm.

Lucretes, tr. by Cyril Bailey, *Lucretes ON THE NATURE OF THINGS*, Oxford University Press, 1948.
http://files.libertyfund.org/files/2242/Lucretius_1496_Bk.pdf
https://www.gutenberg.org/files/24269/24269-h/24269-h.htm

Davies, Malcolm., "Aristotle Fr. 44 Rose: Midas and Silenus", *Mnemosyne*, Fourth Series, Vol. 57, Fasc. 6 (2004), pp. 682~697. https://www.jstor.org/stable/4433603

Plato, ed. by John M. Cooper, *The Complete Works of Aristotle*, Hackett Publishing Company, Indiana, 1997.

Plutarch, tr. by Aubrey Stewart and George Long, *PLUTARCH'S LIVES. VOL. III. LIFE OF ALEXANDER*, London, 2004. https://www.gutenberg.org/files/14140/14140-h/14140-h.htm

Podlecki, A. J., "Archilochus and Apollo", in *Phoenix*, Vol. 28, No. 1, Studies Presented to Mary E. White on the Occasion of Her Sixty Fifth Birthday (Spring, 1974).
https://www.jstor.org/stable/1087227

Schiller, Produced by Tapio Riikonen and David Widger, "Of The Cause Of The Pleasure W

Derive From Tragic Objects" in *The Aesthetical Essays*. 2008.
https://www.gutenberg.org/files/6798/6798-h/6798-h.htm#link2H_4_0047

Schlegel, A. W. 1846. *Vorlesungen über dramatische Kunst und Literatur I*. Vol. 5 of Sämtliche Werke, ed. E. Böcking. Leipzig. Trans. John Black under the title *Course of Lectures on Dramatic Art and Literature*(London, 1846; reprint, New York, 1973).

Schopenhauer, tr. by R. B. Haldane and J. Kemp, *The World As Will And Idea I* , Kegan Paul, Trench, Trübner & Co. London, 2011.
https://www.gutenberg.org/files/38427/38427-h/38427-h.html

Schopenhauer, tr. by E. F. J. Payne, *Parerga And Paralipomena VOLUME TWO*, CLARENDON PRESS·OXFORD UNIVERSITY PRESS, 2000.
https://archive.org/stream/23341891SchopenhauerParergaAndParalipomenaV2/23341891-Schopenhauer-Parerga-and-Paralipomena-V-2_djvu.txt

Sophocles, ed. by Lewis Campbell, *The Seven Plays in English Verse*, Oxford Univ. Press, 2004. https://www.gutenberg.org/files/14484/14484-h/14484-h.htm

Sophocles, tr. by Gilbert Murray, *King Oedipus*, Oxford Univ. London, 2008.
https://www.gutenberg.org/files/27673/27673-h/27673-h.htm

Wagner, R., tr. by William Ashton Ellis, *Beethoven*, 1896.
http://users.belgacom.net/wagnerlibrary/prose/wlpr0133.htm

Weiner, Albert, "The Function of the Tragic Greek Chorus", *Theatre Journal*, Vol. 32, No. 2(May, 1980), pp. 205~212. http://www.jstor.org/stable/3207113.

기타 자료

김애령, 이대학보, "철학자의 우정 4. 자기 극복: 니체와 바그너", 2013. 5. 27.

이상일, "루터의 음악 신학과 예배에서의 음악 사용", *Korea Presbyterian Journal of Theology*, Vol. 48, No. 4, 2016. 12.

이효상, "개혁자 마르틴 루터와 두 가지 개혁운동"
https://www.christiantoday.co.kr/news/294373.

오페라와 바그너 음악극 대본 및 번역자료 http://www.goclassic.co.kr

http://letteraturaartistica.blogspot.com/2018/03/winckelmann-etruscan-art.html

http://www.pressian.com/news/article.html?no=68194

https://www.literarymatters.org/11-1-archilochus-122/

http://www.doctorstimes.com/news/articleView.html?idxno=142155

https://penelope.uchicago.edu/Thayer/E/Roman/Texts/Plutarch/Moralia/De_defectu_oraculorum*.html

도판 출처

86쪽 3권 표지: www.zvab.com-Katalog Antiquariat Dr. Haack Leipzig

198쪽 Grant Mitchell, https://www.flickr.com/photos/48683366@N00/84781528

272쪽 사진 Carole Raddato, https://www.flickr.com/people/41523983@N08

324쪽 사진 Carole Raddato, https://www.flickr.com/people/41523983@N08

349쪽 ©Marie-Lan Nguyen